최고의 영어 교사

최고의 영어 교사

초판 1쇄 인쇄 : 2013년 1월 10일
초판 1쇄 발행 : 2013년 1월 14일

기 획 | EBS 미디어
지은이 | EBS 최고의 영어 교사 제작팀
펴낸이 | 권오현
펴낸곳 | 블루앤트리(주)

편집 | 블루앤트리 제작팀   **디자인** | 블루앤트리 디자인팀
영업마케팅 | 와우라이프
판매문의 | 010-3013-4997   **팩스** | 02-334-3694

출판등록 | 2009년 11월 30일 제2009-000337호
주소 | 서울시 강남구 삼성동 144-22 삼영빌딩 8층
대표전화 | 02-2052-3131   **팩스** | 02-2052-3021
이메일 | moon@bluentree.com
홈페이지 | www.bluentree.com

ISBN 978-89-6659-154-1 13370

* 이 책은 저작권법에 따른 보호를 받는 저작물이므로 무단전재와 복제를 금합니다.
* 이 책 내용의 일부를 사용하려면 저작권자인 EBS와 출판권자인 블루앤트리(주)의 동의를 얻어야 합니다.
* 이 책은 EBS와 출판권 설정을 통해 EBS English '최고 영어 교사'를 책으로 엮었습니다.
* 파본이나 잘못된 책은 구입하신 곳에서 바꾸어 드립니다.

ⓒ EBS, All rights reserved. 2013
값 15,000원

소문난 영어 교사, 살아 있는 영어 수업, 한눈에 보다!

최고의 영어 교사

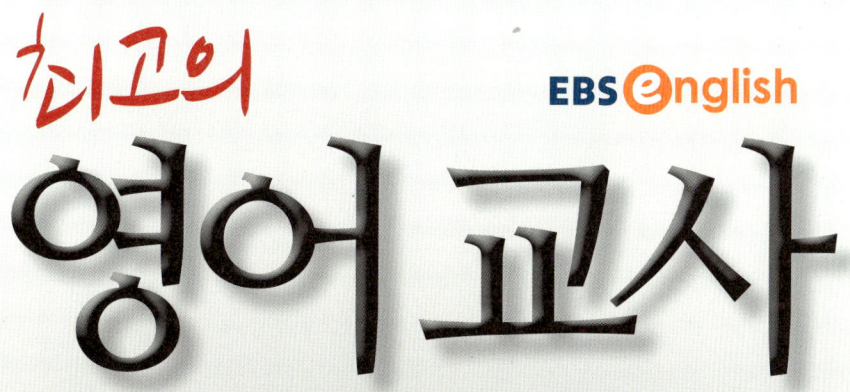

EBS 최고의 영어 교사 제작팀 지음 / EBS 미디어 기획

| 초등편 |

BLUE N TREE

왜 최고의 영어 교사인가

　오직 영어 교육에 매달리는 대한민국 학부모들, 유아 때부터 시작되는 그들의 폭발적인 열정은 눈물겹기까지 하다. 그들의 열정이 어느 정도인가는 그들이 자신의 아이들에게 영어 사교육비로 얼마의 돈을 쏟아 붓고 있는가를 살펴보면 금방 답이 나온다. 현재 대한민국은 OECD 국가 중 당당히 영어 사교육비 지출 1위를 기록하고 있다. 이것도 대단하지만, 초등학생도 아닌 유아 시기의 아이들에게 쏟아 붓는 돈은 가히 상상을 초월할 정도다. 요즘 대학 등록금이 비싸다며 말이 많지만, 이미 유아 때부터 영어 사교육에 들어가는 지출 규모는 대학 등록금을 방불케 한다.
　만약 각 가정의 경제 사정이 좋아져 이런 현상이 벌어지고 있다면 이야기가 다르겠지만, 세계 경제 악재까지 겹친 요즘의 경제 사정이 어떤지는 누구나 다 알고 있다. 그럼에도 대한민국의 부모들은 먹을 것 아껴가며, 저축할 돈까지, 심지어 빚까지 얻어가며 아이들 영어 교육시키기에 혈안이 되어 있다. 사실 영어 사교육비가 이처럼 늘어난 것은, 언제 부턴가 일기 시작한 원어민 영어 교육 영향이 크다. 이웃집 엄마가 시키니 내 경제 사정 볼 것 없이 무조건 따라하는 것이다.
　문제의 심각성은, 이렇게 조기 영어 교육을 시키는 데도 별반 효과가 잘 보이지 않는다는 데 있다. 대한민국의 IBT(Internet Based TOEFL) 성적은 세계 161개국 중 89위, 그 중 말하기 영역은 161개국 중 139위이다. 그렇게 영어 교육을 시키는 데도 왜 이런 처참한(?) 결과가 나오는 걸까?
　사실 원어민 영어 사교육을 시키는 곳에 가 봐도 별반 뾰족한 수가 보이지 않는다. 그저,

발음 교정에 좀 도움이 된다는 느낌 외에 교육 방식은 여전히 고리타분한 수준을 넘지 한다. 유아들을 대상으로 하는 경우 처음부터 끝까지 영어 노래만 잔뜩 부르다 끝나버리는 경우도 태반이다. 이런 원어민 영어 교육이, 프리토킹은 가능할지 몰라도 - 이 역시 만만치 않은 기간과 노력과 비용이 필요하다 - 또 다른 문제에 노출되어 있다. 어차피 영어 교육의 목적이 오직 프리토킹에 있는 것만이 아니기 때문이다. 한국의 영어 교육 과정에서 좋은 성적을 거두는 것도 프리토킹 못지않게 중요하다. 프리토킹 잘 한다고 학교 영어 성적이 높은 것은 아니라는 이야기다. 그래서 지금 학원의 영어 교육은 거의 두 방향으로 나뉘어 있다고 해도 과언이 아니다. 프리토킹이 목적인 학원과, 학교 영어 성적이 목적인 학원. 학부모 입장에서, 도대체 어떤 방향을 선택해야 할지 그저 막막할 따름이다.

새로운 영어 능력 시험, 니트(NEAT)의 대두

그렇다면 우리나라 교육과학기술부(이하 교과부)는 이 사실을 전혀 모르고 있을까. 그렇지 않다. 교과부 역시 이 문제를 해결하기 위해 지난 수십 년간 노력에 노력을 거듭해온 것이 사실이다. 현재는 영어 몰입 교육(교과목을 영어로 수업하는 방식) 이야기까지 나왔으며 현 재 TEE(Teaching English in English) 교육, 즉 영어 시간에 영어로 수업하는 교육 방식 을 채택해 적용하고 있다.

이에 대해, 이미 공교육의 붕괴로 교사들에 대한 신뢰가 바닥에 떨어진 마당에 과연 영어로 수업할 수 있는 영어 교사가 얼마나 될까, 의문이 들 수도 있겠지만, 이를 위해 교과부에서는 각 학교의 영어 교사들에 대한 재교육 기회도 활발히 펼치고 있다. 그뿐만이 아니다. 교과부는 특히 NEAT(National English Ability Test, 국가영어능력평가시험)를 도입하여 수능과 해외 영어 시험(토익, 토플과 같은)에 의존하는 현재의 영어 시험을 개선하려는 의지를 강력히 펼치고 있다. '니트'를 도입하려는 가장 큰 목적은 다음 2가지다.

첫째, 학교 영어 교육을 실용 영어 중심으로 개선하여 영어의 의사소통 능력을 키우기 위함이고, 둘째, 학교 졸업 후에도 직업과 연계된 단계별 목표에 따른 영어 교육 체재를 마련하기 위함이다.

사실 우리나라 영어 교육은 아무리 장시간 영어를 배워도 결국 외국인 앞에 서면 말 한마디 못하는 굴레에 갇혀 한 발자국도 나아가지 못하는 상황에 놓여 있다. 어떻게든 이 문제를 해결해야 했는데 그래서 등장한 것이 바로 '니트'이다.

이러한 니트 제도의 2가지 핵심사항을 정리하면 다음과 같다.

첫 번째, 결국 현 학교 영어 교육의 가장 큰 취약점으로 알려져 있는 말하기, 쓰기 등의 평가에 중점을 둔다. 즉, 현재의 문법적인 말하기, 쓰기가 아닌 말하기, 쓰기로 상대방을 얼마나 이해시킬 수 있는가를 평가하겠다는 것이다.

두 번째, 얼마나 글을 빨리 잘 읽을 수 있는지, 그리고 자신의 생각을 조리 있게 쓰고 말할 수 있는지를 평가하겠다는 것이다. 따라서 이러한 문장과 글의 구조에 대한 문법, 말하기에 필요한 문법을 공부하여야 하는 것이다.

숨어 있는 고수, 전국의 우수 영어 교사 발굴 대작전!

교과부는 니트 제도를 통해 보다 실질적이고 실제적인 영어 교육을 기대하고 있다. 이에 앞으로 학교 영어 시험 역시 수능 영어 시험을 폐지하고 니트로 대체할 예정이다. 이러한 니트 제도가 성공하기 위해서는 무엇보다 공교육이 활성화되어야 한다. 또다시 사교육이 활개를 친다면 이에 따른 여러 폐단들이 생길 수밖에 없기 때문이다. 그렇다면 어떻게 공교육의 신뢰를 회복할 것인가. 결국 열쇠는 교사들이 쥐고 있다. 학교에서 양질의 교육이 이루어진다면 공교육의 문제는 자연스럽게 해결될 수밖에 없다. 이에 전국시도교육청에서는 사교육 열풍으로 인해 신뢰가 떨어진 교사들에게 활력을 불어넣기 위해 우수 영어 수업 발표회도 개최하고 최고의 영어 교사를 발굴하는 노력에도 박차를 가하고 있다. 이러한 노력들은 현장의 교사들에게 보다 효과적인 영어 교수법을 개발하는 데 있어 충분한 동기부여가 될 수 있다. 다행히 잘 알려지지 않았을 뿐, 전국 곳곳에는 획기적인 수업 방식과 교수법 개발로 이미 니트에 걸 맞는 영어 교육을 하고 있는 교사들이 많이 있다는 사실이 발견되었다.

　영어로 드라마를 제작하고 연기하며 배우는 드라마 공부법, 최신 스마트폰으로 영어쓰기를 배우는 스마트폰 공부법, 국제교류를 통해 실제적인 영어를 배우는 국제교류 공부법, 등등 이러한 공부법들은 이미 학습 효과가 증명된 수업들이다.

　이 책에서 선정된 최고의 영어 교사들은, EBS 최고의 영어 교사 제작진이 전국시도교육청에서 선정한 우수 영어 수업 교사, 우수 수업 모델과 함께 각 학교의 소문난 영어 교사들, 각종 영어 수업 경진대회 수상자 들을 중심으로 공교육의 희망이 되는 최고의 수업, 최고의 영어 교사를 찾아 발굴한 대상임을 미리 밝혀둔다.

　혹자들은, 공교육에서는 이미 희망을 찾아볼 수 없다는 극단적 견해를 펼치기도 한다. 하지만 사교육 또한 앞에서도 언급했듯이 여러 병폐가 나타나고 있음을 모두가 느끼고 있지 않은가. 언제까지 막대한 돈을 쏟아 부으며 영어 교육에 이런 돈의 향연을 펼쳐야 되겠는가. 어쩌면 우리는 여기 등장하는 최고의 영어 교사들이 펼치는 최고의 영어 수업을 통해 방향을 잃고 표류하는 대한민국 영어 교육의 희망을 발견할 수 있을지도 모른다. 그만큼 이들의 영어 교육은 획기적이고 효과적이고 또 재미있고 참신하다. 학교에 이런 영어 교사들만 있다면 어쩌면 사교육이 필요 없을지도 모른다는 생각마저 들 정도로 이들의 교육은 열정적이다. 여기 등장하는 최고의 영어 교사들이 펼치는 수업은 그동안 취약점으로 우리를 괴롭혀왔던 말하기, 쓰기 문제까지 오롯이 해결해 줄 수 있는, 즉 향후 영어 시험으로 대두될 '니트'까지 만족시켜 줄 수 있는 그런 최고의 영어 수업 방식이다. 그래서 우리는 여기 등장하는 최고의 영어 교사들에게 집중해야 할 가치가 있다.

 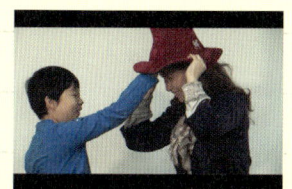 

최고의 영어교사 한눈에 보기

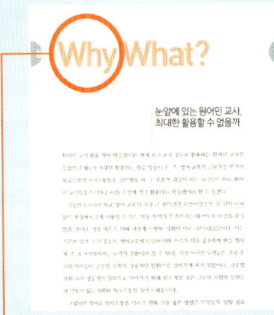

01 Why What?
왜 이러한 학습법을 만들게 되었는지, 왜 이러한 학습법을 공부해야 하는지 그 이유에 대해 설명하고 있다.

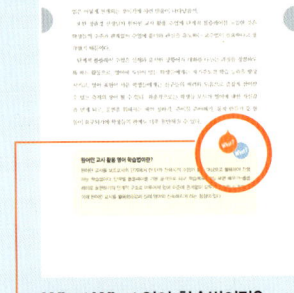

What What 영어 학습법이란?
이 학습법은 대략 무엇이고 어떤 구조로 이루어져 있는지 요약 형식으로 설명하고 있다.

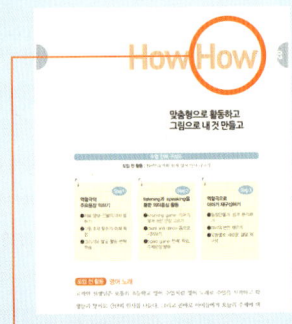

02 How How
이 수업을 어떻게 진행하는지 전체 진행 방식을 보여주는 파트로 도입 전 활동–스텝1–스텝2–스텝3의 구조로 이루어져 있다.

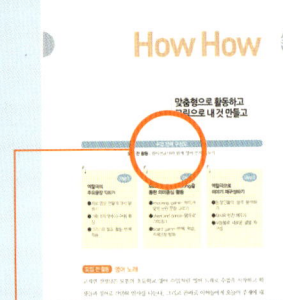

수업 전체 구성도
이 수업의 전체 형식을 한눈에 볼 수 있도록 구성하였다.

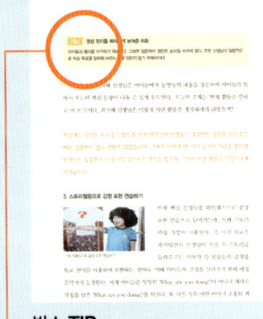

박스 TIP
본문 내용을 추가로 이해할 수 있게 안내해 주는 박스이다.

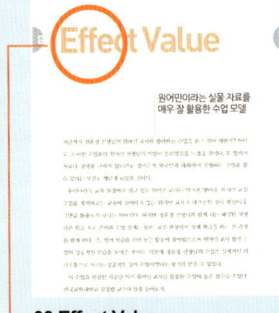

03 Effect Value
자문단의 의견을 중심으로 이 수업법의 효과에 대한 전문적인 평가를 다루고 있다.

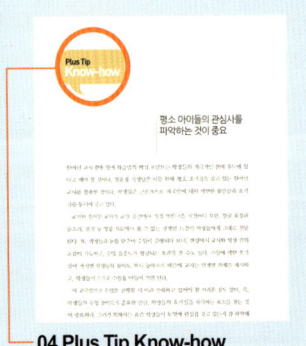

04 Plus Tip Know-how
이 수업을 따라해 보고 싶은 교사들을 위해 수업을 진행할 때의 주의점이나 추가로 알아야 할 사항 등에 대해 다루고 있다.

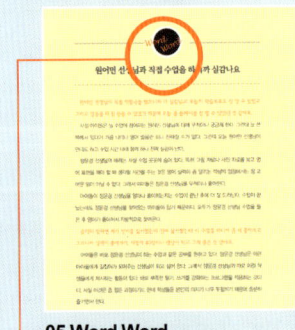

05 Word Word
철저히 학생들의 관점에서 본 이 수업에 대한 느낌을 다루고 있다.

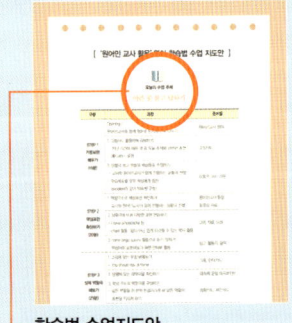

학습법 수업지도안
수업의 수업지도안을 소개하고 있다.

차 례

1부 :: 역할극으로 실제 영어에 도전한다

단계별 롤 플레이로 영어 실력이 쑥쑥!

Chapter 1 정윤경
원어민 교사 활용 영어 학습법
원어민 교사가 곧 영어교류 대상자이다

즉흥성을 살리면 실용 영어가 쑥쑥!

Chapter 2 최지혜
즉흥극, 영어 학습법
영어는 즉흥적으로 하는 것이다

역할극으로 일상생활 영어가 쑥쑥!

Chapter 3 고지연
역할극 중심 학습법
성공적인 영어는 일상생활이 곧 영어일 때이다

드라마로 배우면 영어 실력이 쑥쑥!

Chapter 4 이선경
드라마 Action 영어 학습법
현실 영어는 드라마처럼 저절로 이루어진다

2부 :: 나만의 독특한 영어가 효과적이다

스마트폰으로 배우면 영어쓰기가 쑥쑥!

Chapter 5 김향숙
스마트폰 영어쓰기 학습법
스마트폰 배움으로 활용할 수 있다

텃밭에서는 즐거운 영어가 쑥쑥!

Chapter 6 정교윤
텃밭 자연 영어 학습법
살아있는 식물과 살아있는 영어를 나눈다

뇌를 자극하면 재밌는 영어가 쑥쑥!

Chapter 7 홍정순
흥미로운 뇌자극 영어 학습법
영어는 뇌를 자극하기 원한다

국제교류를 통한 실제적 영어 수업!

Chapter 8 장효진
국제교류 영어 학습법
영어는 실제 외국인 대상으로 학습해야 하는 것이다

3부 :: 영어, 감각으로 익힌다

소리 내고 그려보고 동작하면 영어가 쏙쏙!

180 **Chapter 9** 김세희
사운드 영어 학습법
머리로 배우는 것이 아니라 감각으로 습득하는 것이다

오감을 자극하면 영어 실력이 쏙쏙!

200 **Chapter 10** 김주영
오감 자극 영어 학습법
오감을 자극하면 영어 쉽게 익힐 수 있다

그림을 이용하면 어려운 단어도 쏙쏙!

220 **Chapter 11** 전희철
그림 어휘 영어 학습법
단어는 외우는 것이 아니라 그림으로 익히는 것이다

단계적으로 배우면 쉬운 영어가 쏙쏙!

241 **Chapter 12** 은정화
체험 중심, 심플 영어 학습법
쉽게 간단히 할 수 있는 영어 학습을 원한다

4부 :: 학습자 중심 맞춤형 영어가 정답이다

파워티칭으로 맛있는 영어가 쏙쏙!

262 **Chapter 13** 오희전
파워티칭 영어 학습법
파워티칭으로 무너진 영어의 질서를 잡는다

마술 같은 수업으로 듣기 말하기가 쏙쏙!

285 **Chapter 14** 임지선
의사소통, 인성중심 영어 학습법
아이들이 좋아하는 것 중 하나는 마술이다

맞춤형 활동으로 의사소통 능력 쏙쏙!

305 **Chapter 15** 박경희
고학년 맞춤 이미지 연상 영어 학습법
맞춤형으로 다가가면 닫힌 말문도 트인다

노래, 놀이로 배우면 재밌는 영어가 쏙쏙!

327 **Chapter 16** 김은영
저학년 맞춤 놀이 영어 학습법
저학년이 좋아하는 것은 놀이이다

1부

역할극으로 실제 영어에 도전한다

•• CHAPTER 1 ••

단계별 롤 플레이로
영어 실력이 쑥쑥!

원어민 교사 활용 영어 학습법

Yunkyong Jung, Best English Teacher!

노은초등학교(대전)
정윤경 선생님

교육경력 13년 차
제12회 전국 교실수업개선 실천사례 연구 발표대회 2등급
2010 영어교과 원어민 협력수업 연구대회 1등급
2008 원어민 협력수업 최우수상 수상
2010 초등영어 평가자료 개발위원
2010 초등영어교실 교재개발 집필위원
2011 초등영어교육지원단
2012 원격 화상수업 원어민 강사채용 심사위원
2012 컨설팅장학지원단

원어민 교사가 곧
영어 교류 대상자이다

# Why What?

> 눈앞에 있는 원어민 교사
> 최대한 활용할 수 없을까

 원어민 교사 활용 영어 학습법이란 현재 보조교사 정도로 활용하는 원어민 교사를 수업의 주체로서 최대한 활용하는 학습 방법이다. 즉, 영어 교육의 근본적인 목적이 외국인과의 의사소통임을 감안했을 때 그 직접적 대상이 되는 외국인이 바로 원어민 교사임을 인식하고 이를 수업에 적극 활용하는 학습법이라 할 수 있겠다.
 그동안 우리나라 학교 영어 교육의 가장 큰 취약점은 무엇이었을까. 두말할 나위 없이 현장에서 실제 사용할 수 있는 현실 영어의 부족이라는 데 아무도 이견을 달지 않을 것이다. 이를 메우기 위해 새롭게 시행될 시험이 바로 니트(NEAT)이다. 이는 기존의 읽기, 듣기 중심의 영어 교육에서 말하기와 쓰기를 더욱 강조하여 현실 영어에 좀 더 가까워지려는 노력의 일환이라 할 수 있다. 사실 이러한 노력들은 결국 우리 아이들이 글로벌 사회의 성공적인 일원으로 살아가게 하기 위함이다. 글로벌 사회 속의 성공적인 일원으로 살아가기 위해 필수적인 것은 글로벌 사회의 일원들과 막힘이 없는 원활한 의사소통일 것이기 때문이다.
 그렇다면 영어로 의사소통을 이루기 위해 가장 좋은 방법은 무엇일까. 말할 필요도 없이 글로벌 사회의 일원들과 직접 부딪치며 영어를 배우는 것일 터이다. 이것은 영어 교육의 기본 원리이다. 놀랍게도 이미 세계는 글로벌 사회가 되었고 우리나라에도 이미 많은 외국인들이 들어와 있는 상태다. 당장 지금 학교의 영어 수업 현장에는 거의 대부분 원어민 교사가 함께 하고 있지 않은가. 즉, 바로 눈앞에 우리의 영어 상대인 외국인을 두고 있는 것이다. 그럼에도 아직까지 눈앞의 외국인인 원어민 교사를 우리의 영어 소통상대로 활용하는 영어 수업은 보기 힘들다. 이것은 마치 눈앞에 있는 진리를 두고 멀리 수행하러 다니는 구도자들의 모습과 비슷하다 하지 않을 수 없다.

이에 반기를 든 선생님이 있다. 바로 대전 노은초등학교 정윤경 선생님(6학년)이다. 그녀는 멀리서 외국인을 찾을 게 아니라 바로 지금 함께하고 있는 원어민 선생님을 활용하기로 마음먹었다. 그리고 원어민 교사와의 협력 수업으로 가장 효과적인 영어 학습법을 만들어내었다. 도대체 원어민 선생님과 어떻게 협력 수업을 만들어내었는지 궁금해지지 않을 수 없다. 먼저 정윤경 선생님의 말을 들어보자.

오늘의 수업은 원어민 협력 수업이기 때문에 단독 수업과는 차별화되면서 원어민 협력 수업의 장점을 극대화를 시킬 수 있도록 하였습니다. 이를 위해서 원어민과 역할극이라는 상황을 설정해서 학생들이 배워야 될 주요 표현들을 제시하였고요. 제시 단계에서부터 마지막 스토리텔링 단계까지 서로 유기적으로 맞물려서 진행될 수 있도록 하여 학생들의 학습 능률을 올릴 수 있도록 하였습니다.

이전까지 볼 수 없었던 이러한 원어민 선생님과의 협력 수업에 학생들은 자연스럽게 녹아들었고 외국인에 대한 부담감을 떨쳤다. 도대체 원어민 교사와의 협력 수업은 어떻게 전개되는 것이기에 이런 반응이 나타났을까.

또한 정윤경 선생님이 원어민 교사 활용 수업에 단계적 롤플레이를 도입한 것은 학생들의 수준과 관계없이 수업에 흥미와 관심을 유도하는 교수법이 필요하다고 생각했기 때문이다.

단계적 롤플레이 수업은 실제와 유사한 상황에서 대화를 나누는 과정을 경험하도록 하는 활동으로, 영어에 자신이 있는 학생들에게는 자기주도적 학습 능력을 향상시키고, 영어 표현이 서툰 학생들에게는 친구들의 배려와 도움으로 즐겁게 참여할 수 있는 축제의 장이 될 수 있다. 최종적으로는 학생들 모두가 영어에 대한 자신감을 얻게 되고, 공연을 위해서는 배역 정하기, 준비물 준비하기, 동작 만들기 등 협동이 요구되기에 학생들의 관계도 더욱 원만해질 수 있다.

원어민 교사 활용 영어 학습법이란?

원어민 교사를 보조교사의 단계에서 한 단계 진화시켜 수업의 활동 대상으로 활용하여 진행하는 학습법이다. 단계별 롤플레이를 기본 골격으로 하고 학습 목표–핵심 표현 배우기–롤플레이로 표현하기의 단계적 구조로 이루어져 있어 수준에 관계없이 모두가 참여할 수 있으며, 이때 원어민 교사를 활용함으로써 실제 영어와 친숙해지게 하는 장점이 있다.

How How

02

이야기 속, 놀이 속,
생활 속에서 즐기는
영어수업

수업 전체 구성도

도입 전 활동 : 원어민 교사와 함께 영어 인사 나누기

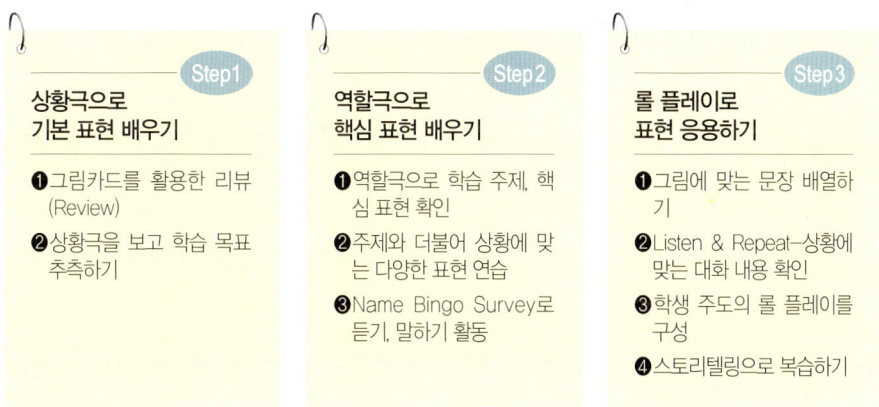

Step 1
상황극으로
기본 표현 배우기
❶ 그림카드를 활용한 리뷰 (Review)
❷ 상황극을 보고 학습 목표 추측하기

Step 2
역할극으로
핵심 표현 배우기
❶ 역할극으로 학습 주제, 핵심 표현 확인
❷ 주제와 더불어 상황에 맞는 다양한 표현 연습
❸ Name Bingo Survey로 듣기, 말하기 활동

Step 3
롤 플레이로
표현 응용하기
❶ 그림에 맞는 문장 배열하기
❷ Listen & Repeat—상황에 맞는 대화 내용 확인
❸ 학생 주도의 롤 플레이를 구성
❹ 스토리텔링으로 복습하기

도입 전 활동 리뷰(Review) 시간

정윤경 선생님은 원어민 교사 해밀턴 선생님과 자연스럽게 인사를 주고받으며 학생들 앞에 등장한다. 이때 해밀턴 선생님과 아이들이 영어로 인사를 나누고 안부를 묻

> **Tip** 리뷰 시간을 갖는 이유
>
> 전 학년 때 배웠던 내용 중 관련 내용을 바탕으로 오늘 새롭게 배울 내용과 합하면서 학생들의 문장 구성 능력을 확대하기 위해서다.

도록 유도한다.

스텝 1 상황극으로 기본 표현 배우기

1. 그림카드를 이용하여 리뷰 시간 갖기

정윤경 선생님은 오늘의 주제로 들어가기 전 리뷰(Review) 시간을 갖는다. 해밀턴 선생님과 함께 그림카드를 활용해 5학년 때 배웠던 Let's~ 표현을 떠올리게 한 것이다. 즉, Let's~로 제안했을 때의 답변 유도하기를 복습하는데, 그림카드가 스마일 얼굴일 때의 긍정의 답변(Ok, Sure, Sounds Good)과 우울한 얼굴일 때의 부정, 거절의 답변(Sorry, I can't)을 유도하는 것이다.

2. 상황극 보고 학습 목표 추정하기

갑자기 정윤경 선생님은 의사 가운을 입고 해밀턴 선생님과 함께 상황극을 보여주기 시작한다. 상황극은 해밀턴 선생님이 환자가 되어 의사인 정윤경 선생님 앞에 나타나 주사를 맞고 증상이 조금 나아진다는 내용이다. 영상이 아니라 바로 눈앞에서 펼쳐진 상황극이기에 학생들은 더욱 집중할 수밖에 없다. 이 상황극 속에는 오늘의 학습 목표가 담겨 있다.

학생들 앞에서 상황극을 펼쳐보이는 정윤경 선생님과 해밀턴 선생님. 이러한 실

학생들 앞에서 상황극을 펼쳐보이는 정윤경 선생님과 해밀턴 선생님. 이러한 실제 상황극은 학생들의 듣기능력을 최대한 끌어올리면서 수업에 대한 자극제 역할도 한다.

제 상황극은 학생들의 듣기능력을 최대한 끌어올리면서 수업에 대한 자극제 역할도 한다.

상황극이 끝나자 정윤경 선생님은 학생들로 하여금 오늘의 학습 목표를 추측하게 한다. 학생이 발표를 잘하자 정윤경 선생님은 약속된 구호(Excellent)와 박수를 보낸다. 그러자 학생들도 구호와 칭찬을 따라한다. 이것은 약속된 활동으로 정윤경 선생님만의 학습 효과를 높이기 위한 장치이다. 오늘의 학습 목표는 '아픈 곳을 묻고 답하는 것' 하기이다.

스텝 2 역할극을 통해 핵심 표현 확장하기

1. 역할극으로 핵심 표현 확인하기

이제 학습 목표에 따른 핵심 표현들을 배울 시간이다. 이때 또 다른 상황극이 펼쳐진다. 앞의 것이 학습 목표를 충분히 추측할 수 있도록 구성된 흥미 위주의 상황극이었다면 이번 것은 핵심 표현이 충분히 담기고 또 기억하기 쉽도록 구성된 상황극이다. 내용은 정윤경 선생님과 해밀턴 선생님이 오후 5시에 공원에서 배드민턴을 치기로 약속했는데, 갑자기 해밀턴 선생님

두 번째 상황극을 보여주고 있는 모습. 실질적인 의사소통이 일어나는 상황 속에서 핵심 표현이 어떻게 사용되는지 정확히 보여주기 위한 상황극이다.

이 아파서 공원에 갈 수 없다는 전화를 받는 내용이다.

앞과 마찬가지로 상황극을 얼마나 이해했는지에 대한 학생들의 발표 시간이 이어진다. 그렇다면 정윤경 선생님이 원어민과의 협력 수업에 역할극을 활용하는 이유는 무엇일까?

학생들은 원어민에 대해서 굉장히 큰 호기심을 품고 있거든요. 이 활동들을 통해서 호기심을 만족시켜주고, 학생들의 언어에 대한 부담감도 해소시켜주고, 학습에 대한 참여도도 높일 수 있기 때문에 재미있는 상황, 실제에서 일어날 수 있는 상황을 롤 플레이(Role Play)에 도입하게 되었습니다.

2. 주제에 맞는 다양한 표현 연습하기

이제 상황극 속에서 등장한 다양한 표현을 연습하는 시간이다. 문장도 연습해 보고 상황을 연출하는 사진을 보고 문장으로 표현해 보기도 한다. 이때 해밀턴 선생님이 핵심 표현을 문장으로 말하면-예를 들어 머리 아픈 모습의 사진을 보고 I have a headache 하는 식으로-학생들은 해밀턴 선생님의 표정이나 행동까지 따라하는 식으로 진행된다. 표정이나 행동을 따라하게 한 것은 당연히 실제 상황에서 좀 더 쉽게 영어를 표현할 수 있도록 하기 위한 정윤경 선생님의 의도가 숨어 있는 부분이다.

정윤경 선생님은 이렇게 핵심 표현을 익힌 후에는 Chant를 한다. 리

상황극에서 본 다양한 표현을 연습하고 있는 모습
1. 단순히 상점의 의미뿐만 아니라 속에 다음 활동의 가이드가 들어 있다. 2. 호기심을 자극하고 모둠을 하나로 결속시켜주는 효과가 있다.

듬을 활용해 핵심 표현을 연습하기 위함이다. 리듬에 맞춰 단어를 바꾸어가며 반복하다보면 즐겁게 영어를 만들어내는 분위기가 형성된다.

Chant
1. 음이 아닌 박자 위주의 리듬을 활용하는데 이는 낯선 노래를 접하는 어려움을 느끼지 않도록 하기 위한 배려 때문이다.
2. 오늘의 주요 표현과 부합하고 학생들이 쉽게 따라할 수 있는 리듬으로 만드는 것도 중요한 부분이다.

Chant 활동을 하면서 화면의 그림을 손으로 뜯어낸 후에 없어진 그림에 맞는 가사를 이야기하는 시간도 갖는다. 처음에는 그림을 보고 가사를 만들어냈다면, 이번에는 없어진 그림을 보고 가사를 생각해내야 하는 것이다. 이처럼 스스럼없이 핵심 표현을 말할 수 있도록 단계적으로 Chant가 진행된다.

3. Name Bingo Survey 활동으로 듣기, 말하기

다음으로 Name Bingo Survey 활동이 이어진다. 이는 핵심 어휘를 직접 표현해 보기 위한 인터뷰 게임으로 상대방을 만나 이름과 병명을 묻고 답하는 식으로 진행된다.

음악이 나오면 음악에 맞춰 움직이다가 음악이 멈추면 그때마다 친구들과 인터뷰를 진행하는 식이다. 이때 친구의 말을 잘 듣고 빙고 칸 안에 이름과 병명을 적어야 한다.

이렇게 칸을 모두 채우게 되면 번호 추첨을 통해 학생을 고르게 되고 번호

Name Bingo Survey

Name Bingo Game

1. 음악이 나오면 음악에 맞춰 움직이다가 음악이 멈추면 그때 만난 친구에게 병명을 묻고 답한다.
2. 빙고 칸 안에 친구의 이름과 병명을 적는다.
3. 칸을 모두 채우게 되면 번호 추첨을 통해 학생을 고르게 되고 번호에 해당하는 친구가 일어나면 나머지 친구들이 이 학생에게 질문하고 서 있는 학생이 답을 한다. 이때 본인은 물론 이 친구와 인터뷰한 친구들은 빙고 판에 동그라미를 표시할 수 있다.
4. 3개의 칸이 직선으로 연결되면 빙고를 외치고 게임에서 이기게 된다.

에 해당하는 친구가 일어나면 나머지 친구들이 이 학생에게 질문하고 서있는 학생이 답을 한다. 이때 본인은 물론 이 친구와 인터뷰한 친구들은 빙고 판에 동그라미를 표시할 수 있고 3개의 칸이 직선으로 연결되면 빙고를 외칠 수 있다. 정윤경 선생님이 이러한 빙고 게임을 하는 데에는 나름 중요한 이유가 있다.

인터뷰를 활용할 수 있는 게임이 무엇이 있을까? 그리고 반복할 수 있는 게임이 무엇이 있을까? 이 두 가지를 고려하다 보니 빙고 게임이라는 결과가 나오더라고요. 이 빙고게임은 아홉 번이나 학생들이 배운 문장을 반복하게 되고요. 그리고 학생들이 친구들과 만나는 과정에서 인터뷰를 하게 되잖아요. 자연스럽게 인터뷰와 묻고 답하기 등 영어로 말할 수 있는 충분한 기회를 가질 수 있기 때문에 매우 유익합니다.

스텝 3 · 실제 역할극으로 핵심 표현 응용하기

1. 그림에 맞는 문장 배열하기

이제 실제 역할극을 준비할 단계이다. 그 전에 오늘의 핵심 문장에 대한 이해를 위해 학생들에게 단어 카드가 주어진다. 그리고 정윤경 선생님이 그림을 보여주면 학생들은 단어 카드를 배열하여 그 그림에 맞는 문장을 만들어야 한다. 이때 자신이 맞는 단어 카드를 들고 나왔는지는 단어카드 뒷면에 적힌 번호를 보고 알 수 있다. 즉, 단어 카드 뒷면의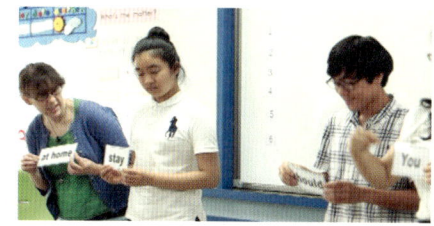

단어 카드로 문장배열하기를 하고 있는 모습

번호와 제시한 그림의 번호가 일치하면 일단 그 그림에 해당하는 문장의 단어 카드이기 때문이다.

이때 만들어지는 문장의 내용은 아픈 사람한테 조언하는 방법에 관한 것이다. 예를 들어 You should stay at home과 같은 내용이다.

문장을 모두 완성시킨 후에는 문자 없이 그림만 보고 문장을 추측해 보는 활동이 이어지는데, 이때 막연해하지 않도록 충분히 생각할 시간을 준다. 상황에 맞는 적절한 어휘 판단을 할 수 있도록 돕기 위해서다.

> **Tip** 단어 카드로 문장 배열하기 효과
>
> 1. 단어 배열하기 활동을 통하여 조언에 해당하는 영어 표현이 어떻게 이루어지는지 습득할 수 있게 된다.
> 2. 각 단어들이 문장 속에서 어떻게 주어, 동사, 목적어의 역할을 하며 배열되는지 문법적인 부분도 배우게 된다.

2. 상황에 맞는 대화 내용 확인하기

이제 앞에서 배운 내용을 총합하여 하나의 대화체로 만들어진 문장을 듣고 읽기를 반복하는 시간을 갖는다. 이는 정윤경 선생님과 해밀턴 선생님이 대화를 읽어 내려가면 학생들은 따라 말하는 식으로 진행된다. 학생들은 이 대화 문장을 잘 살펴야 하는데, 바로 모둠별 역할극에 사용할 기반이 되기 때문이다.

3. 학생 주도의 역할극을 구성하기

선생님들과 대화체 문장 읽기를 하고 있는 모습

드디어 학생 주도의 역할극을 구성할 차례이다. 모둠마다 상황 카드와 제안 카드가 주어지고 아픈 친구 역할을 맡은 사람을 제외한 모든 친구들이 이 상황 카드와 제안 카드로 대화를 이어가야 한다. 이렇게 이루어지는 역할극의 내용을 살짝 들여다보자.

  학생들 : Let's play (soccer).

  아픈 친구 : Sorry. I can't.

  학생들 : What's the matter?

  아픈 친구 : I have (a broken leg).

  학생들 : Oh, That's too bad.

  학생들 : You should (take a rest).

  아픈 친구 : Thank you.

이렇게 맡은 역할은 한 번씩 번갈아가며 돌아가기 때문에 학생 모두가 제안하는 말, 어디가 아픈지 설명하는 표현, 조언하는 내용까지 모두 말해 볼 수 있게 된다. 또 잘 모르는 친구들을 위해 친구들과 함께 묻고 답하는 시간을 주기 때문에 말하기

> **Tip** 실제 역할극의 효과
> 상황에 맞는 언어를 자연스럽게 습득해서 의사소통에 활용할 수 있게 해주는 소중한 경험이 된다.

에 자신 없는 학생들도 소외되지 않고 따라올 수 있게 된다.

이렇게 모둠별 역할극이 끝나면 대화 형식의 1:1 역할극도 진행한다. 모둠 안에서 연습했던 내용을 학생 한 명이 나와서 해밀턴 선생님과 대화로 나누어볼 수 있는 기회를 주는 것이다. 이런 활동을 통해 자신감을 얻은 학생들은 이제 오늘 배운 표현을 일상 대화처럼 자연스럽게 이어나갈 수 있게 된다. 정윤경 선생님은 이러한 역할극의 효과가 생각보다 대단하다고 말한다.

사실 학생들이 수업 시간에 공부한 것을 어디에 써야 될지 몰라 단지 외우고 쓰고 이런 것으로 끝나버리는데, 역할극을 하게 되면 상황 속에서 언어가 이루어지 때문에 이것은 더 이상 죽은 언어가 아니라 의사소통을 할 수 있는 표현의 수단이 되거든요. 그렇기 때문에 학생들은 "아, 언어라는 것이 표현을 하기 위해서 존재하는 거지 공부하기 위해서 존재하는 것이 아니구나"라는 것을 깨닫게 되는 것이죠.

4. 스토리텔링으로 복습하기

이제 정윤경 선생님의 수업은 마지막 활동만 남겨두고 있다. 바로 '스토리텔링으로 복습하기'이다. 지금까지의 수업을 총정리해주는 영상으로 학생들은 이것을 보면서 오늘 배운 전체 내용을 정리하는 시간을 가지게 된다.

Effect Value

원어민이라는 실물 자료를 매우 잘 활용한 수업 모델

지금까지 정윤경 선생님의 원어민 교사와 협력하는 수업을 본 느낌이 어떤가? 아마도 그 어떤 수업보다 원어민 선생님의 역할이 돋보였음을 느꼈을 것이다. 또 멀리서 자료나 상대를 구하지 않더라도 얼마든지 외국인과 대화하며 진행하는 수업을 할 수 있다는 사실도 깨닫게 되었을 것이다.

우리나라의 교육 현장에서 뛰고 있는 원어민 교사는 약 8천 명이다. 하지만 교실 수업을 제외하고는 교육에 참여하지 않는 원어민 교사가 대부분인 것이 현실이다. 그만큼 활용도가 낮다는 이야기다. 하지만 정윤경 선생님과 함께 하는 해밀턴 선생님은 학습 자료 준비와 수업 설계는 물론, 교실 현장에서 실제 학습을 하는 전 과정을 함께 한다. 즉, 영어 학습을 위한 모든 활동에 참여함으로써 원어민 교사 협력 수업의 성공적인 모습을 보여준 것이다. 덕분에 정윤경 선생님의 수업은 실제적인 의사소통으로 이끄는 성공적인 영어 수업이었다는 평가를 받을 수 있었다.

이 수업을 관찰한 자문단 역시 원어민 교사를 활용한 수업에 높은 점수를 주었다. 한국교원대학교 김정렬 교수의 말을 들어보자.

활동의 내용을 원어민 교사를 활용해서 아주 명확하게 잘 보여주었어요. 그러면 학생들은 무엇을 할 것인지 학습의 내용을 명확하게 인지하게 되죠. 따라서 학생들의 집중도와 흥미를 모아서 수업을 잘 이끌어갈 수 있게 된 것입니다.

즉, 동영상이나 그림이 아닌 정윤경 선생님과 원어민 교사가 직접 보여주는 상황극이 실질적인 학습 자료로 제공되어 생동감 있고 흥미진진하게 전달되므로 최고의 의사소통이 이루어질 수밖에 없는 수업이었다는 것이다.

또 Name Bingo Survey 활동을 통해 지속적으로 듣고 말하기 연습을 시킴으로써 다양한 상호작용을 유도하여 영어의 반복 학습 효과를 배가시켰다는 평가다.

리듬을 활용해 핵심표현을 연습하기 위해 했던 Chant 활동에서 음이 아닌 박자 위주의 리듬을 활용한 것이 영어 단어의 올바른 강세 익히기에 도움을 주었다는 평가다. 즉 강한 것 위주로 말하는 것을 비트라고 하는데, 정윤경 선생님이 사용한 리듬 위주의 문장 표현 활동이 음성학적으로도 비트를 잘 살린 활동이 되어 영어의 올바른 강세 익히기에도 도움이 되었다. 또한 그림이나 사진 속의 상황을 보여줄 때, 또 문장 배열을 할 때 등의 활동에서 바로 진행하지 않고 추측할 수 있는 시간을 준 것도 높이 살 수 있는 부분이다. 즉, 상황을 제시하고 그것을 추측하며 표현하게 하는 단계적 과정을 거치게 함으로써 실질적인 의사소통을 가능하게 해주었다는 것이다.

마지막으로 정윤경 선생님의 수업은 중고등학교 영어를 준비하기 위한 예비학습으로서도 좋은 평가를 받았다. 즉, 다양한 활동들이 음성 언어와 문자 언어를 연결하여 잘 구성되어 있기 때문에 자신도 모르게 영어 읽기에 도움을 받게 되고 이것이 중고등학교에 가서도 도움이 될 수 있다는 것이다.

Plus Tip
Know-how

평소 아이들의 관심사를 파악하는 것이 중요

원어민 교사 활용 영어 학습법의 핵심 포인트는 학생들의 적극적인 참여 유도에 있다고 해야 할 것이다. 정윤경 선생님은 이를 위해 평소 호기심을 갖고 있는 원어민 교사를 활용한 것이다. 학생들은 근본적으로 외국인에 대한 막연한 불안감과 호기심을 동시에 갖고 있다.

교사와 원어민 교사가 교실 공간에서 직접 역할극을 시연하다 보면, 얼굴 표정과 숨소리, 몸짓 등 영상 자료에서 볼 수 없는 생생한 느낌이 학생들에게 그대로 전달된다. 또, 학생들과 눈을 맞추며 수업이 진행되다 보니, 현장에서 교사와 학생 간의 교감이 가능하고, 수업 집중도가 향상되는 효과를 볼 수도 있다. 수업에 대한 호기심이 커지면 학생들의 참여도 역시 높아지기 때문에 교사는 단계별 과제만 제시하고, 학생들이 스스로 수업을 만들어 가면 된다.

이 교수법으로 수업을 진행할 시 미리 간파하고 있어야 할 어려운 점도 있다. 즉, 학생들의 수업 참여도가 중요한 만큼, 학생들의 호기심을 자극하는 요소를 찾는 것이 중요하다. 그러기 위해서는 요즘 학생들이 무엇에 관심을 갖고 있는지 잘 파악해야 한다. 인기 있는 연예인이나 TV프로그램, 게임 등 학생들이 관심을 갖는 정보를 간파하면 수업 구성에 많은 도움을 받을 수 있다. 또, 원어민과의 협력 수업인 만큼 원어민과의 호흡도 중요하다. 서로에 대해 마음을 열고, 많은 정보를 교류하면서 신뢰가 쌓여야 완성도 높은 수업을 만들어낼 수 있다.

정윤경 선생님이 이런 뛰어난 교수법을 개발하게 된 것은, 수업을 일방적으로 진행하기보다 학생들의 반응을 잘 살펴 어떤 부분에서 학생들이 흥미를 느끼고, 또 어떤 부분에서 지루해 하는지 잘 파악했기 때문이다. 즉, 영어가 단순히 암기 과목이 아닌, 살아 있는 언어로서 다가갈 수 있도록 고민했기 때문에 자연스럽게 나타난 결과라 할 수 있다.

영어에 대한 흥미는 언제 피어날지 모르는 씨앗과 같다고 한다. 누구나 씨앗은 가지고 있고 피어날 가능성도 있다. 그런데 그 씨앗은 혼자서는 싹틀 수 없고 누군가의 도움이 필요하다. 정윤경 선생님은 바로 그 싹을 틔워주는 게 자신의 몫이라고 믿고 있다. 그래서 오늘도 학생들과 소통하고 학생들과 교감할 수 있는 교사가 되기 위해 노력하고 있다.

원어민 선생님과 직접 수업을 하니까 실감나요

원어민 선생님이 직접 역할극을 했으니까 더 실감났고 오늘의 학습 목표도 잘 알 수 있었고 그리고 발음을 더 잘 들을 수 있었기 때문에 오늘 롤 플레이를 잘 할 수 있었던 것 같아요.

사실 아이들은 늘 수업에 참여하는 원어민 선생님에 대해 무척이나 궁금해 한다. 그런데 늘 한 쪽에서 있다가 가끔 나타나 영어 발음만 하니 친해질 수가 없다. 그런데 오늘 원어민 선생님이 연극도 하고 수업 시간 내내 함께 하니 진짜 실감이 난다.

정윤경 선생님의 배려는 사실 수업 곳곳에 숨어 있다. 특히 그림 자료나 사진 자료를 보고 영어 표현을 해야 할 때 생각할 시간을 주는 것은 영어 실력이 부족한 학생의 입장에서는 참 고마운 일이 아닐 수 없다. 그래서 아이들은 정윤경 선생님을 무척이나 좋아한다.

아이들이 정윤경 선생님을 얼마나 좋아하는지는 수업이 끝난 후에 더 잘 드러난다. 수업이 끝났는데도 정윤경 선생님을 찾아오는 아이들이 많기 때문이다. 모두가 정윤경 선생님 수업을 들은 후 영어가 좋아져서 자발적으로 찾아온다.

솔직히 말하면 제가 영어를 진짜 싫어했는데 이 수업을 하니까 좀 더 좋아지고 그러니까 실력이 좋아져서, 시험이 40점이나 향상이 되고 그게 좋은 것 같아요.

아이들은 바로 정윤경 선생님이 하는 수업과 같은 공부를 원하고 있다. 정윤경 선생님은 이런 아이들에게 길잡이가 되어주는 선생님이 되고 싶어 한다. 그래서 정윤경 선생님이 따로 이런 학생들에게 제시하는 활동이 있다. 바로 부족한 읽기, 쓰기를 강화하는 프로그램을 적용하는 것이다. 사실 이것은 좀 힘든 과정이기도 한데 학생들은 본인의 의지가 너무 투철하기 때문에 충분히 즐기면서 한다.

[원어민 교사 활용 영어 학습법 수업지도안]

오늘의 수업 주제

아픈 곳 묻고 답하기

구분	과정	준비물
STEP 1 기본 표현 배우기	Opening - 원어민교사와 함께 영어로 인사와 안부 나누기	원어민 교사 참여
	1. 그림 카드 활용하여 리뷰하기 - 지난 시간에 배운 것 중 오늘 주제와 관련된 표현 예) Let's~ 표현	그림 카드
	2. 상황극 보고 오늘의 학습 목표 추정하기 - 교사와 원어민 교사가 함께 진행하는 상황극 진행 - 학습 목표를 맞힌 학생에게 칭찬 (Excellent와 같이 약속된 구호)	상황극, 의사 가운
STEP 2 핵심 표현 확장하기	1. 역할극으로 핵심표현 확인하기 - 교사와 원어민교사가 함께 진행하는 상황극 진행	원어민 교사 등장 동영상 자료
	2. 상황극에서 본 다양한 표현 연습하기 - I have a headache 등 - Chant 활동 : 음이 아닌 쉽게 따라할 수 있는 박자 활용	그림 자료, 노래
	3. Name Bingo Survey 활동으로 듣기, 말하기 - 핵심 어휘 표현해보기 위한 인터뷰 활동	빙고 활동지, 음악
STEP 3 실제 역할극 해보기	1. 그림에 맞는 문장 배열하기 - You should stay at home	그림, 단어 카드
	2. 상황에 맞는 대화 내용 확인하기	대화체 문장 파워포인트
	3. 학생 주도의 역할극을 구성하기 - 맡은 역할을 한 번씩 번갈아가게 해 모든 역할의 표현을 익히게 하기	상황 카드, 제안 카드
	4. 스토리텔링으로 복습하기 - 오늘의 표현을 모두 담은 영상 보며 복습하기	영상

••• CHAPTER 2 •••

즉흥성을 살리면
실용 영어가 쑥쑥!

즉흥극
영어 학습법

Jihye Choi, Best English Teacher!

동화초등학교(대전)
최지혜 선생님

교육경력 10년 차
2011 전국교실수업개선실천사례연구발표대회 초등 2등급
2011 대전 영어수업개선연구대회 초등 1등급
2011 대전 연구발표 한마당축제 지도실천사례연구발표대회 1등급
2011 대전광역시 영어교육지원단 활동
2011 대전 영어평가문항 개발연구 위원
2012 대전 TEE연수 강사 활동
2012 대전 수업 컨설팅 장학 지원단

영어는 상황 속에서 즉흥적으로 하는 것이다

Why What?

실제로 활용할 수 있는 영어 실력 향상을 위하여

즉흥극 영어 학습법이란, 말 그대로 주어지는 상황에서 즉흥적으로 역할극을 함으로써 실제적으로 활용할 수 있는 영어를 학습하는 방법이다. 이는 기존의 역할극을 활용하는 영어 수업이 이미 만들어진 대본에 기반을 두고 있기 때문에 생기는 문제를 해결할 수 있다는 점에서 매우 획기적인 영어 학습 방법이라고 해야 할 것이다.

지금도 많은 영어 교사들이 실제 사용할 수 있는 영어 실력을 기르기 위한 교수법에 골몰하고 있다. 어떻게 하면 아이들의 입을 트이게 하고 귀를 트이게 할까? 하지만 그 길은 멀고 험난하기만 하다. 급기야 교과부에서도 국가영어능력평가시험(NEAT)을 도입할 정도로 상황은 절박하다. 영어 교수법 가운데 실제적으로 사용할 수 있는 영어 실력을 기르기 위한 것으로 실제 상황과 유사한 환경을 만드는 역할극이 많이 사용된다. 이 책에서도 이미 역할극을 이용하는 교수법을 소개한 바 있다. 여기에 또 하나의 역할극을 영어 교수법에 도입한 선생님이 있다. 바로 대전 동화초등학교 최지혜 선생님(5학년)이다. 그런데 최지혜 선생님의 역할극은 이전까지 했던 연극을 활용하는 영어 수업보다 좀 더 진일보해 있다. 바로 즉흥극을 이용한 수업을 하기 때문이다. 여기서 즉흥극이란 실제와 매우 비슷한 상황 속에서 대본 없이 상황을 만들어주고 즉흥적으로 하는 연극을 말한다. 이전까지의 수업이 모두 대본을 가지고 했던 것에 반해 대본 없이 즉흥적으로 연극을 한다는 것이다. 이게 과연 가능할까? 가능하다면 실용 영어를 익히기 위한 획기적인 영어교수법이 될 수 있을 것이다. 비록 연극이 실제적 영어를 익히기 위한 최상의 도구이지만 이미 대본을 만들어내는 것부터 실제 상황과는 맞지가 않게 된다. 그저 실제 상황과 유사한 상황을 만들어낼 뿐이다. 하지만 대본 없이 즉흥적으로 연극을 한다면 실제 상황에 좀 더 다가서게 된다. 정말 생활 속에서 대화하는 상황과 가장 비슷한 상황이 연출되는 것이다. 최지혜 선생님이 고안해낸 즉흥극을 활용한 영어수업이 대단한 이유는 여기에 있다.

오늘 수업은 현재진행형을 배운 후에 그 표현들을 어떻게 다양한 상황에서 활용할 수 있는지를 연습해 보고, 즉흥극을 통해 영어로 말해보는 실제적 의사소통을 중심으로 하는 수업으로 구성해 봤습니다.

최지혜 선생님의 대답에서 대강의 그림이 그려지지만 어떤 방식으로 수업을 진행하기에 즉흥극이 가능한 수업을 만들 수 있는지 이제 그 구체적인 방법 속으로 파고들어 보자.

즉흥극 영어 학습법이란?

기존의 정해진 대본을 바탕으로 하는 역할극과는 달리 아무것도 주어지지 않은 상황에서 목표 표현을 즉흥적으로 표현하는 학습 방법이다. 즉흥적으로 무엇을 표현한다는 것은 학생들에게 바로 투입하기는 어려운 점이 있어 〈표현 이해하기-표현 다지기-창의적 표현하기〉 등으로 서서히 단계를 높이면서 즉흥극을 적용하여 학생들의 자유로운 상황과 생각을 끌어낼 수 있도록 한다.

How How

| 즉흥적으로
말할 수 있는 능력이
실제적 영어를 만든다

수업 전체 구성도

도입 전 활동 : 감정 조절과 소리 조절 영어 노래하기

Step 1
표현 이해하기
❶ 동기유발 영상을 통해서 학습 목표 인지
❷ 음성 듣기, 영상 듣기로 목표 문장 확인
❸ 스토리텔링으로 감정을 넣어 영어 문장 연습하기

Step 2
표현 다지기
❶ 문장을 동작과 함께 연습하기
❷ 문장 속 오류 찾기
❸ Mini Script로 다양한 쓰기 활동

Step 3
창의적 표현하기
❶ 즉흥극으로 창의적 표현하기
❷ Freeze Game을 통한 정리 학습
❸ Lottery Ticket을 통한 핵심문장 확인

도입 전 활동 영어 노래와 함께

최지혜 선생님은 여느 교사들처럼 간단한 노래로 수업 시작한다. 하지만 이 노래는 단순한 영어노래가 아니라 뭔가 특별한 것이 숨어 있다. 바로 소리의 조절이다.

높낮이를 조절하는가 하면 감정과 동작까지 넣어서 노래를 부른다. 감정 조절과 소리 조절이 중요한 즉흥극을 위한 수업이 이미 시작된 것이다.

스텝1 상황극으로 기본 표현 배우기

1. 영상 편지로 학습 목표 알아내기

갑자기 영상편지 속에서 작년까지 원어민 교사로 일했던 제나가 등장한다. 제나는 뭔가를 피아노 앞에서 하고 있는데, 이는 오늘의 학습 목표와 관련이 있다.

동영상 속에서 원어민 교사가 등장하는 모습

하지만 정답을 제대로 알려주지 않은 채 동영상은 지지직거리는 소리와 함께 끝나버리고 학습목표를 추측하는 것은 아이들의 몫으로 넘어간다.

2. 음성 듣기와 영상 듣기로 목표 문장 확인하기

이제 음성 듣기와 영상 듣기로 목표 문장을 제대로 확인하는 시간을 가진다. 음성 듣기란 핸드폰으로 원어민 선생님과 음성으로 통화하는 활동이다. 최지혜 선생님과 원어민 선생님 간에 오간 주요 대화는 다음과 같은 것들이다.

> What are you doing?
> I'm cleaning my house.

이렇게 음성 통화를 통해 목표 문장을 확인한다. 그리고 더 나아가 이번에는 영상 통화로 목표 문장을 확인한다. 영상 통화를 통해 오가는 문장도 음성 통화와 동일하다. 하지만 더욱 현장감이 느껴질 뿐만 아니라 목표 문장을 복습하는 효과도 있다.

> **Tip** 오류가 나서 끊어지는 영상 편지를 보여준 이유
>
> 불완전한 자료를 통해 아이들의 흥미를 자극해서 집중력을 높일 수 있기 때문이다. 또한 선생님이 일방적으로 학습 목표를 알려줘 버리는 우를 범하지 않기 위해서이다.

최지혜 선생님은 아이들에게 동영상의 내용을 질문하면서 아이들의 입에서 오늘의 핵심 문장이 나올 수 있게 유도한다. 이 과정에서 최지혜 선생님은 음성 듣기(깜깜이 듣기)를 먼저 한 후 영상 보고 듣기를 한다. 최지혜 선생님은 왜 이런 순서로 듣기 활동을 하게 되었을까?

처음에는 영상을 보고 듣기 활동을 먼저 했었는데 학생들이 영상에만 집중을 하고 음성에는 집중하지 않는 경향이 있었습니다. 그래서 오히려 한 가지 감각에 의존을 한다면 학생들의 집중력이 더 올라갈 것이라고 생각해서 음성 듣기(깜깜이 듣기) 후 영상 듣기로 보조할 수 있도록 듣기 학습을 진행하였습니다.

3. 음악과 스토리텔링으로 감정 표현 연습하기

이제 핵심 문장들을 확인했으므로 감정 표현 연습으로 넘어가는데, 이때 스토리텔링 기법이 사용된다. 즉 사진 자료가 제시되면서 선생님이 사진 속 스토리를 들려주고는 이야기 속 인물들의 감정을 목표 언어를 사용하여 표현하는 것이다. 이때 아이들의 감정을 살려주기 위해 배경음악까지 등장한다. 이제 아이들은 밋밋한 What are you doing?이 아니라 제대로 감정을 담은 What are you doing?을 외친다. 예를 들어, 선생님은 한 아이가 조용히 책을 읽고 있는 사진을 보여준다. 선생님은 그 모습을 바라보는 엄마의 감정을 표현하라고 하면서 감미롭고 조용한 음악을 들려준

다. 학생들은 속삭이듯이 부드럽게 What are you doing?을 표현한다. 최지혜 선생님이 이 부분에서 음악을 사용한 것은 매우 현명한 선택이라 하지 않을 수 없다. 음악보다 인간의 감정을 잘 표현하는 장르는 없기 때문이다.

음악과 스토리텔링으로 감정 표현 연습하기

1. 선생님이 상황을 스토리로 들려주고 아이들은 감정을 담아 목표 영어를 표현한다.
2. 이야기 속 아이가 화난 상황이라면 격정적인 음악을 들려주고, 그 음악을 통해 느껴지는 감정을 화난 목소리로 말하는 식이다.

스텝 2 실제 상황을 통해 표현다지기

1. 현재진행형 문장을 동작과 함께 따라해 보기

이번에는 동작과 함께 핵심 문장을 익히는 시간이다. 최지혜 선생님은 사진을 이용하여 해당 동작에 맞는 문장을 말하면서 실제 동작을 취해보도록 지도한다. 아이들은 말하면서 동작으로 표현할때 가장 신이 난 모습으로 따라한다.

동작과 함께 현재진행형 문장 말하기

동작과 함께 현재진행형 문장 말하기

1. 선생님이 해당 동작 사진을 보여주면 아이들은 감정을 실어 동작과 함께 따라 말한다.
2. 예를 들어 달리기 사진을 보여주면서 What are you doing? 하고 물으면 아이들은 뛰는 동작과 함께 큰 소리로 I'm running. 이라고 하는 식이다.

2. 문장 속 오류 찾아내기

말하기 연습 후 최지혜 선생님은 박지성 선수의 사진을 보여주며 문장 쓰기 단계로 살짝 넘어간다. 선생님은 박지성 선수 사진 밑에 'He is run'이라고 틀린 문장을 쓴다. 그러자 누가 시키지 않았는데도 아

틀린 문장을 고치고 있는 최지혜 선생님

이들이 문장 속 틀린 부분을 콕 짚어낸다. 'He is running.'이 맞다면서 말이다.

이것은 최지혜 선생님이 일부러 유도해낸 활동이다. 최지혜 선생님의 말을 들어보도록 하자.

학생들은 다른 누군가를 지적하는 것을 굉장히 좋아하는데 그 대상이 교사가 되었을 때는 더 즐거워하거든요. 그래서 일부러 틀린 문장을 쓰고 학생들이 그것을 발견해내는 문장 속 오류 찾아내기 활동은 학생들에게 즐거움을 주면서 학생들이 자주 하는 문법적 실수도 다시 한 번 짚어줄 수 있는 간단하지만 의미 있는 활동이라고 생각해요.

3. Mini Script로 다양한 쓰기 연습

이제 최지혜 선생님은 본격적인 문장 익히기 단계로 돌입한다. 좀 더 심화된 문장 쓰기 단계로 넘어가는 것이다. 이때 이용하는 것이 Mini Script이다. 이는 가수, 축구선수, 엄마가 지금 하고 있는 일을 추측하여 각각의 문장으로 써보는 활동으로 메모 한 장에 한 문장씩 써야 하며

Mini Script로 영어 쓰기

Mini Script로 영어 쓰기

1. 메모지에 각각의 사람이 하고 있는 행동을 영어 문장으로 쓴다.
2. 쓴 메모지를 역할별로 분류하여 해당하는 보드 판에 붙인다.
3. 모둠 내에서 가장 많이 나온 문장을 그 모둠의 베스트 문장으로 뽑는다.
4. 다른 모둠의 베스트 문장이 무엇인지 나머지 모둠이 써서 알아맞히게 한다.

쓸 수 있는 문장 개수는 제한이 없다.

이렇게 자신이 쓴 메모를 역할별로 분류하여 각 보드 판에 붙인다. 이렇게 쓰기 활동이 끝나면 각 모둠별로 보드 판에 붙여진 문장을 다시 분류하여 친구들이 쓴 문장 중 가장 많이 나온 문장을 선정하여 베스트 문장으로 뽑는다.

이번에는 다른 모둠의 베스트 문장이 무엇인지 추측하는 활동으로 넘어간다. 이때의 형식은 TV 도전 골든벨 형식으로 추측한 문장을 동시에 써서 드는 방식이다. 아이들은 상상의 나래를 펴며 재미있게 이 활동에 참여한다. 최지혜 선생님은 이 활동에 대해 어떻게 생각하고 있을까?

포스트잇 쓰기 활동에서는 물론 포스트잇을 쓰는 과정에서도 학생들의 수준을 확인할 수 있지만, 수업이 끝나고 나서 보드판에 붙여진 포스트잇을 보고서도 학생의 수준을 확인할 수 있습니다. 수업후 교사가 포스트잇을 수정하여 틀린 부분을 학생들에게 다시 나누어주면 학생이 본인의 오류를 스스로 수정할 수 있게 됩니다.

Tip 미니스크립트 활동의 장점

학생들이 각자 수준에 맞는 문장 쓰기가 가능하며, 수업 후 메모지를 확인하여 학생들의 오류를 수정해 줄 수 있다.

> **스텝 3** 상황에 맞게 창의적으로 표현하기

1. 모둠별로 즉흥극 실제로 해보기

이제 핵심 문장을 듣고 읽고 말하고 쓰는 것까지 익혔다. 하지만 정해진 문장을 그대로 말하는 것은 살아있는 영어가 아니다. 자신만의 창의적인 표현이 필요하다. 그래서 이제 최지혜 선생님의 활동은 창의적 표현 단계로 넘어간다.

Item Game

Item Game
1. 빗자루, 슬리퍼 등 일상생활에 쓰는 사물을 이용해 즉흥적으로 오늘 배운 핵심 내용을 표현하는 방식이다.
2. 일상의 사물로 할 수 있는 행동을 상상하여 돌아가면서 한 문장씩 말한다.

최지혜 선생님은 2개의 즉흥극을 준비하여 그 중 하나를 선택하도록 하였다. 즉흥극 1은 Item Game이다. 이는 일상생활에서 흔히 볼 수 있는 사물 하나를 선택해 즉흥적으로 상황을 표현하는 것으로 이 활동을 선택한 학생들은 교실 한가운데 모여서 게임을 한다.

즉흥극은 학생들이 사물을 보고 즉각적으로 떠오르는 것을 행동으로 보여주면 되므로 대화 형식의 즉흥극이 어려운 학생들은 핵심 표현이 담긴 한 두 문장으로도 충분히 극을 만들 수 있어서 부담 없이 할 수 있다는 장점이 있다.

> **Tip 즉흥극의 장점**
> 이러한 즉흥극은 일반 역할극이나 드라마처럼 공연(결과) 중심이 아니라 과정 중심이기 때문에 오히려 부담이 덜하고 무엇보다도 학생들의 창의성을 자극시켜 준다는 최고의 장점을 가지고 있다.

즉흥극 2는 Mini Play로 제시된 사진(지저분한 방과 깨끗한 방)을 보고 그 속에서 일어날 상황을 상상하여 즉흥극을 만드는 것이다. 이때 즉흥극 2를 선택한 아이들은 그대로 책상에 앉아서 즉흥극을 준비한다.

Mini Play
1. 지저분한 방과 깨끗한 방 사진이 주어진다.
2. 그 중 하나를 선택해 즉흥극을 만든다.
3. 교실 곳곳에 있는 물건들과 가발, 수염 등을 소품으로 사용할 수 있다.

교실 곳곳에 있는 물건들을 소품으로 사용할 수 있으며 사진 하나로 상황을 설정하면 되고 또 대본 없이 즉흥적으로 자신이 원하는 문장을 대사로 사용할 수 있기 때문에 간편하고 자연스럽게 표현할 수 있다는 장점이 있다. 두 즉흥극 모두 조건이 있는데, 오늘의 핵심 문장인 현재진행형 문장 What are you doing?을 활용해야 한다는 것이다. 이렇게 모둠 활동이 끝나고 나면 전체 활동으로 넘어가 앞에 나와서 즉흥극을 선보이는 것으로 활동을 마무리한다. 사실 이러한 즉흥극 활용 수업이 쉽지만은 않다. 최지혜 선생님도 처음에는 준비시간을 20~30분을 주어도 만족스러운 결과물이 나오지 않아 급기야는 즉흥극 수업을 포기하려는 마음까지 먹었다고 할 정도다. 과연 최지혜 선생님은 어떻게 고비를 넘겼을까?

꾸준히 무언극, 액팅게임, 립싱크, 더빙해보기 등과 같이 아이들의 입과 마음을 풀어주는 활동들을 하다 보니 어느새 학생들이 즉흥극을 즐기고 있었습니다. 물론 5~10분 정도의 짧은 시간 동안 만든 즉흥극이 완벽하지는 않겠지요. 하지만 학생들이 즉흥적으로 무언가를 만드는 과정 자체가 충분히 의미 있다고 생각합니다.

2. Freeze Game으로 창의적 표현해보기

이제 최지혜 선생님의 수업은 마무리 단계를 향해 치닫는다. 이때 사용하는 것이 Freeze Game이다. 이것은 동작을 하다가 선생님이 카운트다운을 하면 얼음이 된 듯 그대로 멈추는데, 이때 학생들은 자신이 표현하고 싶은 동작을 취한다. 그러면 선생님이 다가가 What are you doing? 하고 질문하고 학생은 자신이 취한 동작에 대한 답을 하는 것이다. 나아가 아이들끼리도 직접 질문해보고 답해보는 것으로 마무리한다.

Freeze Game
1. 자신이 운동장에 있다고 상상하고 자신이 하고 싶은 동작을 취한다.
2. 선생님이 3, 2, 1 하고 카운트다운하면 얼음이 된 듯 멈춘다.
3. 선생님이 질문하면 자신의 동작에 대해 답한다.
4. 학생들끼리 묻고 답해 본다.

Tip Freeze Game의 장점
교과서에서 배운 내용을 넘어 실제 상황에서 쓰이는 언어를 사용하게 되므로 실생활에서 일어나는 즉흥적 상황에서도 영어를 사용할 수 있게 하는 데 한걸음 더 나아갈 수 있다. 또한 모두 다 한 문장씩을 말하고 친구들이 말한 문장을 들을 수 있기 때문에 매우 유용한 정리 활동이다.

3. Lottery Ticket을 통한 핵심 문장을 확인하기

이제 마지막 활동만 남았다. 바로 Lottery Ticket을 쓰기로 핵심 문장을 확인하며 마무리하는 활동이다. 선생님의 퀴즈에 대해 학생은 행운권에 자신의 이름과 함께 오늘 배운 핵심 문장을 적으며 오늘 배운 표현을 확인한다. 그리고 이렇게 모은 행운권은 통에 넣어뒀다가 다음시간이 시작될 때 행운권 추첨을 통해 행운의 학생을 선정한다. 이러한 Lottery Ticket 활동은 수업의 마무리를 기분 좋게 끝낼 수 있을 뿐만 아니라 다음 시간에 있을 영어 수업의 시작도 기대되게 만들어 준다.

Effect Value

실제적 영어 실력 향상과 NEAT까지 대비할 수 있는 수업모델

실제성을 강조한 듣기 자료를 투입하였고 쓰기와 말하기를 중심으로 해서 다른 사람들이 무슨 활동을 하고 있을까에 대해 추측하고 이를 문장으로 써보는 활동을 하였습니다. 마지막으로 자신의 영어를 정말로 실생활에서 사용할 수 있도록 실제적인 의사소통에 중심을 두어서 수업을 계획하고 구성하였습니다.

선생님의 말처럼 즉흥극 활용 영어 수업은 영어의 기본 요소인 듣기, 읽기, 쓰기, 말하기가 교과서 속에서가 아닌 매우 실제적으로 구성되어 생활 속에서 실제 사용할 수 있는 영어 구현에 가장 가깝게 다가간 수업 중 하나라고 해야 할 것이다. 그렇다면 이에 대한 전문가들의 평은 어떨까?

먼저, 자문단은 실제 현장에서 활용할 수 있는 영어 학습에 적합한 수업이었다고 평했다. 즉, 우리의 실제 생활에서는 순간순간의 즉흥적인 질문과 대답을 하기 마련인데, 일상생활과 가장 유사한 즉흥극을 활용함으로써, 의사소통 훈련을 성공했다는 것이다. 또한 실제 현장에서 사용하는 언어는 상황에 따라 다양한 감정이 나타나게 마련인데 이를 위해 음악을 활용한 것 역시 매우 효과적이었다. 학생들은 이러한 감정 표현을 통하여 영어가 지식이 아니라 마음의 상태에 따라 표현되는 언어라는 사실을 다시 한 번 일깨우게 될 것이다. 처음 도입 부분에 자국으로 돌아가 있는 원어민 선생님이 등장하였는데, 이는 학생들로 하여금 친근감을 불러일으키며 관심과 흥미 유발함으로써 단기 기억에 도움을 준다. 그리고 이러한 단기 기억은 다시 장기 기억으로 넘어가 전체적인 학습에 도움을 준다.

한편, 음성 듣기와 영상 듣기로 듣기 활동을 분리한 것도 매우 독창적이었다. 이는 먼저 청각에 집중한 후 영상으로 다시 보조 학습이 가능토록 함으로써 영어듣기 학습의 효율을 높인 새로운 교수법이라 할 수 있다. 또 말하기와 듣기에서 쓰기로 넘어갈 때 자칫 학생들이 어려움을 호소하며 분위기가 가라앉을 수 있는데, 이때 오류 수정을 통한 학습을 함으로써 오히려 학생들의 관심을 유발한 부분은 높이 사야 한다. 또한 이러한 오류 상황의 제시는 갈등 상황을 유발함으로써 문제 해결의 과정을 거치게 하기 때문에 학생들의 문제 해결 능력을 키우는 데도 도움을 준다. 어떤 수업이든 시작과 끝이 중요한데, 보통은 둘 중 하나에 집중하게 마련이고 이 둘 다 의미 있게 보낼 수 있는 수업은 드물다. 그러나 최지혜 선생님은 이 문제를 Lottery Ticket 활동 하나로 해결해 버렸다. 아이들은 기대 심리로 수업을 재미있게 마치고 다시 기대감을 가진 채 다음 수업을 시작할 수 있게 된다. 아이들에게 즐거움을 주기 위한 아이디어가 돋보이는 부분이다. 무엇보다 이 수업은 요즘 대세로 떠오르는 니트(NEAT)를 대비한 수업이라는 데 주목해야 한다. 니트는 기존의 영어에 Speaking과 Writing이 더 강조되는 시험인데, 즉흥극 수업에서 그림을 보고 상황 묘사하기, 질문에 즉각적으로 답하기 등의 활동이 니트에서 요구하는 유형과 비슷하다.

수준에 따라 어떤 활동을 할지 판단하는 것이 중요

즉흥극 영어 학습법은 말하기와 쓰기 등 표현에 중점을 둔 교수법으로 니트(NEAT)의 의도와도 일치한다. 이러한 즉흥극이 실제적 영어 표현에 도움이 되는 이유는 실제와 매우 유사한 즉흥적인 상황 속에서 살아있는 실제적 영어 표현을 연습하기 때문이다. 학생들은 언어적인 표현의 한계가 느껴지더라도 비언어적인 표현을 통해서도 표현할 수 있다.

이러한 즉흥극으로 수업을 진행할 시에 가장 주의해야 할 점은 학생들의 수준에 따라 어떤 활동을 하는 것이 올바른지 판단하는 것이다. 교과서의 표현을 겨우 익힌 학생들에게 다섯 개 이상의 문장을 사용하는 즉흥극은 무리가 있을 수밖에 없다. 이 경우 이를 대체할 수 있는 활동이 필요하며 앞에서 제시한 아이템 게임이 그러한 활동의 예라 할 수 있다.

좀 더 세부적으로 들어가 즉흥극으로 상황을 제시하는 방법에 대한 노하우를 소개하자면 다음 3가지를 들 수 있다.

1. **사진으로 제시** : 한 장의 사진만으로도 학생들은 여러 가지 상상을 한다. 사진을 제시할 때는 모둠별로 상반되는 상황을 제시하면, 즉흥극을 보는 학생, 만드는 학생, 모두 즐겁게 참여할 수 있다.

2. **효과음으로 제시** : 시각적인 자극뿐만 아니라 청각적인 자극으로도 학생들은 많은 상상을 하게 된다. 비오는 소리를 들려주고 즉흥극을 만들어 보라고 했을 때 학생들은 생각지도 못한 놀라운 상황(예를 들어 텔레비전이 고장 난 상황, 삼겹살을 구워서 먹는 상황, 동굴에서 보물을 찾으러 가는 상황 등)을 만들어 냈다.

3. **동화 이야기로 제시** : 동화책의 앞부분만을 제시하고, 뒷부분은 자유롭게 상황을 만들어 보게 하거나 또는 패턴이 강조된 동화책의 앞부분과 뒷부분을 읽어주고 중간부분을 상상해서 만들어보게 한다.

  물론, 최지혜 선생님이 이러한 노하우를 처음부터 알아냈던 것은 아니다. 처음에는 학생들의 상황을 모르고 게임, 노래 등의 흥미 요소에만 치중했었으나 살아 있는 영어 표현이 필요하다는 사실을 자각한 후 이러한 멋진 영어 수업을 만들어내었던 것이다.

  최지혜 선생님의 영어 교실에서는 수업이 끝났는데도 특별한 대회가 열리고 있다. 바로 자체적으로 대사를 만들고 연기를 하는 광고 콘테스트이다. 이처럼 최지혜 선생님은 학생들이 수업 내용과 관련해 자신의 영어 실력을 뽐낼 수 있는 다양한 대회를 자주 만들고 있다. 물론 강제성은 없으며 자원하는 학생들만 대회에 참가한다. 최지혜 선생님은 이러한 대회 자료를 사진이나 영상으로 남겨 수업 시간 자료로 활용한다. 최지혜 선생님이 이렇게 하는 이유를 들어보자.

아이들은 본인이 나오거나 본인이 아는 사람이 TV에 나오는 것을 매우 좋아합니다. 학생들의 발음이 완벽하지 않더라도 자신이 나온 동영상 자료를 보면서 자신감을 가지고

스스로를 학습의 주체로 생각이 된다는 점에서 매우 좋은 호응을 얻고 있습니다.

아이들 역시 이러한 활동을 통하여 자신감 향상은 물론, 수업 외 활동을 통해 스스로를 학습의 주체로 인식할 수 있다는 점에서 도움이 될 것이다.

최지혜 선생님은 '그 선생님과 함께 공부하면서 정말 재미있었어, 즐거웠어, 정말 그 선생님은 우리한테 필요한 사람이야, 가르치는 것을 즐거워했던 선생님이야' 라고 기억되는 선생님이 되기 위해 오늘도 열심히 아이들을 위한 수업을 고민하고 있다.

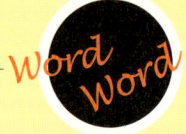

어려운 영어가 쉬워졌어요

    최지혜 선생님의 즉흥극 영어 수업을 받은 아이들의 느낌은 어떨까? 학습 주제의 범위가 넓지 않아 아이들은 간단 명료하게 영어 시간을 즐기며 머리에 콕 박히는 영어 표현을 익힐 수 있었을 것이다.

    무엇보다 수업 전체가 즉흥극을 하기 위한 활동으로 구성되어 있어 나중에 즉흥극을 할 즈음에는 연기가 아니라 진짜 생활 속에서 말하는 것처럼 감정과 액션까지 넣어서 할 수 있었다. 먼저, 내가 어떻게 즉흥극을 할 수 있을까, 고민하던 아이들은 수업 초반에 갑자기 귓전을 두드리며 등장한 음악에 마음을 열 수밖에 없었다. 음악은 음악 속에 담고 있는 감정들이 자연스럽게 드러나게 되어서 아이들이 그것을 느낄 수밖에 없기 때문이다.

    최지혜 선생님의 수업은 비단 말하기뿐만 아니라 쓰기까지 마음 편히 할 수 있게 유도해 주었다. 그래서 아이들은 Mini Script 활동을 하면서 포스트잇에다 마음껏 영어 문장을 쓸 수 있었던 것이다.

    지정된 친구들과 같이 짧은 시간 안에 즉흥극을 영어로 해야 하니까 영어 표현을 많이 할 수 있었고, 어려운 단어를 사용하는 게 아니니까 더 쉽게 할 수 있었던 것 같아요.

    그렇다. 일반 역할극처럼 대사에 어려운 단어가 잔뜩 들어가 있는 게 아니다. 그러니 역할극을 할 때는 대본보기 바쁘지만, 즉흥극을 할 때는 오히려 여유가 생겨 더욱 리얼한 연기를 할 수 있게 된다. 이런 경험을 하고 나면 아이들의 자신감이 배가될 것은 당연한 결과로 나타날 것이 분명하다.

[즉흥극 영어 학습법 수업지도안]

오늘의 수업 주제

현재 활동을 말하고 써 보기

구분	과정	준비물
STEP 1 표현 이해하기	Opening – 감정과 동작을 넣어 영어노래 하기	노래
	1. 영상편지로 학습 목표 알아내기 – 원어민교사가 제나 등장하는 동영상을 보고 학습 목표 알아내기	동영상
	2. 음성 듣기와 영상 듣기로 목표 문장 확인하기 – What are you doing? / I'm cleaning my house.	음성 녹음, 영상
	3. 음악과 스토리텔링으로 감정표현 연습하기 – 스토리와 음악에 맞게 감정을 넣어 영어 표현하기	사진 그림, 음악
STEP 2 표현 다지기	1. 현재진행형 문장을 동작과 함께 따라해 보기 – 달리기 사진을 보며 What are you doing? 하고 물으면 아이들은 뛰는 동작과 함께 큰 소리로 I am running이라고 답함	사진 자료
	2. 문장 속 오류 찾아내기 – He is run(×), He is running.(○)	4선차트
	3. Mini Script로 다양한 쓰기 연습 – 문장 쓰기 활동과 친구들이 쓴 문장 추측하여 쓰기	메모지, 보드 판
STEP 3 창의적 표현하기	1. 모둠별로 즉흥극 실제 해보기 – 즉흥극1 Item Game : 일상생활에서 흔히 볼 수 있는 사물 하나를 사용해 즉흥적으로 상황을 표현하기 – 즉흥극2 Mini Play : 제시된 사진(지저분한 방과 깨끗한 방)을 보고 그 속에서의 상황을 만들어내어 즉흥극을 만들기	일상생활 도구, 분장도구 (가발, 수염 등), 사진
	2. Freeze Game으로 창의적 표현해보기 – 표현하고 싶은 동작을 하다가 카운트다운을 하면 얼음이 된 듯 그대로 멈추고 주요 표현을 질문하고 답하는 게임	
	3. Lottery Ticket을 통한 핵심 문장을 확인하기 – 선생님의 질문에 대해 학생은 행운권에 자신의 이름과 함께 오늘 배운 핵심 문장을 적으며 오늘 배운 표현 확인함. – 행운권 통에 넣어두었다가 다음시간에 Lottery Ticket을 뽑아 행운의 학생을 선정함	행운권 종이

••• CHAPTER 3 •••

역할극으로
일상 생활 영어가 쑥쑥!

역할극
중심 학습법

zeeyoun Go, Best English Teacher!

광명광성초등학교(경기도 광명)
고지연 선생님

교육경력 4년 차
2007년 3월 ~ 9월 미국 UC San Diego에서 TEFL과정을 수료

성공적인 영어는
일상생활이
곧 영어일 때이다

Why What?

생활에 써먹을 수 있는
실제적인 영어를 하고 싶다

역할극 중심 영어 학습법이란 말 그대로 모든 수업의 과정이 역할극을 하기 위한 유기적 구조로 이루어져 있는 영어 학습 방법을 말한다. 물론 역할극을 이처럼 강조하는 이유는 역할극이 우리의 실제 생활을 표현하는 데 가장 가까운 모델이라 여겨지기 때문이며 결국 이를 통해서 실제적인 영어를 익히려는 데 목적이 있다.

어느 날 문득 길을 가다가 또는 도서관이나 지하철역에서 유창하게 영어를 내뱉는 사람들을 우리는 종종 보게 된다. 그리고 곧바로 우리의 마음속에는 엄청난 부러움과 부끄러운 열등감이 동시에 고개를 쳐든다. 그럴 수밖에 없는 것이, 똑같이 영어를 배웠는데 왜 저 사람은 영어가 유창하고 나는 그렇지 않은가 하는 것에 대한 자괴감이 끓기 때문이다.

아마도 영어를 못하는 사람과 할 수 있는 사람의 차이는 실제 생활 속에서 영어를 얼마만큼 써보았느냐에 달려 있다고 해도 과언이 아닐 것이다. 실제 우리나라 사람들이 10년 이상이나 영어를 배우는 데도 외국 사람만 만나면 고개를 숙이는 것이 학교에서 배우는 영어와 실제 생활을 너무 분리했기 때문이 아닐까. 사실 아무리 기억을 더듬어도 학교에서 배운 영어를 실제 생활로 돌아와 사용해본 기억이 거의 나지 않을 정도다.

학교의 영어 선생님들이 단 한 번도 강조하지 않아 필요성을 거의 느끼지 못했고 그래서 일상생활에서 영어를 사용한다는 것은 하나의 부끄러운 행동처럼 느끼는 분위기마저 생긴 상황이다. 오죽하면 이런 분위기가 아이들에게도 고스란히 전해져 그렇게 학교와 학원을 돌며 영어를 배워대는 아이들조차 집에 오면 영어 한마디 하지 않을 정도이겠는가. 그러니 아이들의 영어 실력은 언제나 답보 상태처럼 느껴질 수밖에 없다. 실제 어느 학부모는 이런 문제를 해결하기 위해 자신이 직접 영어 공부를 하고 집에서도 아이들에게 영어를 사용하게 해 결국 생활 영어를 정복했다는 일화도 있다.

여하튼 이런 학교 영어와 일상생활의 분리 현상에 반기를 들고 이 문제를 학교 수업 시간에 해결해 보겠다는 선생님이 나타났다. 바로 경기도 광명의 광성초등학교 고지연 선생님(4학년)이다. 선생님은 어차피 초등학교 영어 수업이 중고등학교와는 달리 활동 중심으로 이루어지는 데 착안하여 일상생활에서 이루어지는 상황을 역할극을 통해 자연스럽게 나누는 수업을 고안해 내었다. 이에 대한 고지연 선생님의 말을 직접 들어보자.

수업에서 배운 중요한 문장을 역할극에 포함시켜서 역할극을 통해 실제 사용해보는 거예요. 그렇게 하다보면 그 문장이 실제 사용할 수 있는 문장이 될 수 있는 거죠.

고지연 선생님이 고안한 수업은 여기까지가 아니다. 역할극의 마지막은 항상 열어둔다. 마지막 결말을 학생들 스스로 재구성할 수 있도록 해준 것이다. 그래서 학생들은 결말 부분을 직접 쓰고 그것을 통해서 자가 진단까지 할 수 있게 된다. 이 때문에 고지연 선생님은 이 수업에서 역할극의 마지막 부분에 가장 비중을 두고 있다.

이런 식의 수업은 분명 학생들로 하여금 실제 생활 속에서의 영어 실력 향상에 도움을 줄 것이 자명하다. 실제 상황을 감안한 역할극에서 사용했던 영어들이 무의식 속에 기억되어 있다가 비슷한 상황에 처할 때 충분히 튀어나올 수 있기 때문이다. 그래서 고지연 선생님의 수업은 매우 실제적이고 실용적인 수업이라 할 수 있다.

역할극 중심 영어 학습법이란?

- 수업 시간에 배운 영어 표현을 적절한 때에 사용할 수 있도록 수많은 상황을 만들어주고 학생들은 그렇게 배운 것을 활용해 자기 것으로 익히면서 역할극을 통해 실제 생활에서 사용되는 영어에 자신감을 얻게 하는 형식의 수업이다.
- 역할극을 위한 주요문장 익히고–의미 중심의 활동을 하고–역할극 하기의 단계적 구조로 이루어져 있으며, 모든 수업 구조가 역할극을 할 수 있기 위한 과정으로 구성되어 있어 실제적인 영어와 친숙해지게 하는 장점이 있다.

How How

맞춤형으로 활동하고
그림으로 내 것 만들고

수업 전체 구성도

도입 전 활동 : 영어노래

Step 1
역할극의
주요 문장 익히기
① 자료 영상–인물의 대사 말하기
② 그림 조각 맞추기–어휘 확장
③ 그리기와 발표 활동–반복 학습

Step 2
Listening과 Speaking을
통한 의미중심 활동
① Knocking Game–의미가 맞게 쓰인 문장 고르기
② Chant and Dance–몸으로 기억하기
③ Board Game–반복 학습, 주제 문장 발화

Step 3
역할극으로
이야기 재구성하기
① 등장인물의 성격 분석하기
② 대사의 빈칸 채우기
③ 모둠별로 새로운 결말 재구성

도입 전 활동 영어 노래

고지연 선생님은 보통의 초등학교 영어 수업처럼 영어 노래로 수업을 시작하고 학생들과 영어로 간단히 인사를 나눈다. 그리고 곧바로 아이들에게 오늘의 주제에 대

해 이야기해 준다.

스텝1 역할극의 주요 문장 익히기

고지연 선생님은 보통의 초등학교 영어 수업처럼 노래로 수업을 시작하고 학생들과 영어로 간단히 인사를 나눈다. 그리고 아이들에게 오늘의 주제에 대해 이야기해 준다. 오늘의 주제는 '계절과 날씨를 배워보기'이다.

1. 대사와 관련된 어휘와 문장 익히기

먼저, 스텝 1의 수업은 역할극을 하기 위한 주요 문장들을 익히는 것이다. 역할극을 하기 위해서는 배우가 되어야 하고 배우는 극의 대사를 해야 하므로 절차상 당연한 과정이라 할 수 있겠다.

고지연 선생님은 주제와 관련된 어휘, 예를 들면 Spring-warm, Summer-hot 등의 연관된 단어들을 가르치는가 하면 문장으로까지 확장하여 계절과 날씨를 표현하는 연습까지로 나아간다. Do you like winter? ⇒ Yes, I do./No, I don't.과 같은 식으로 말이다.

그리고 고지연 선생님은 교과서 내용을 바탕으로 만들어진 영상 자료를 아이들에게 보여준다. 이 영상 속에 나오는 대사들이 곧 자신들이 해야 할 상황극의 대사이기 때문에 아이들의 눈이 똘망똘망해지는 순간이다. 아이들이 영상에 집중하는 이유는 또 있다. 영상을 보고 난 후 영상에 등장한 대사를 기억하고 있다가 발표를 해야 하기 때문이다.

주제와 관련된 어휘학습을 하는 모습

모둠별 상점제도: 상점을 영어 알파벳으로 하는 것이 이색적이다. 이 역시 어휘를 확장시키기 이한 의도가 숨어 있다.

이때 고지연 선생님은 발표한 학생의 대사가 맞으면 학생이 속한 모둠에 포인트를 주어 모둠별 경쟁을 시킨다. 고지연 선생님은 이런 활동을 통해 무엇을 얻고자 하는 것일까?

핵심 문장(Key Sentense)을 배우기 위해서는 아이들로 하여금 무조건 소리 내어 말을 많이 하도록 하는 게 가장 중요하다고 생각했고, 배웠던 표현을 집중적으로 말하다보면 아이들이 그 안에서 핵심 문장이 뭐였는지 캐치해낼 수 있으리라 생각했어요. 또 자연스럽게 말을 많이 할 수 있도록 포인트 제도를 함께 시행하는 것이고요.

고지연 선생님은 다시 한 번 핵심 문장들을 복습한 뒤 동일한 영상을 다시 한 번 아이들에게 보여 주며 대사를 주의 깊게 듣고 따라 읽게 한다.

> **Tip** 영상 자료로 대사 익히기 활동의 장점
> 핵심 문장을 말로 표현하는 경험을 늘리고 핵심 문장을 자연스럽게 말로 표현하는 경험을 길러준다.

2. 어휘 확장을 위한 그림조각 맞추기 게임

그 후 모둠별로 그림조각 맞추기 게임을 시작하는데 이는 조각으로 나누어진 계절과 날씨 그림을 맞추는 활동으로 조각을 다 맞춘 모둠이 빙고를 외치면 이기는 게임이다. 이는 고지연 선생님이 어휘 확장을 위해 실시하는 것으로 계절과 날씨에 관한 단어에 익숙해지게 하기 위한 목적도 있고 또 그림을 통해 어휘들을 무의식 속에 잠

재시키는 효과도 누릴 수 있다.

고지연 선생님은 이렇게 완성된 그림을 보고 또다시 영어로 표현해 보기를 시킨다. 물론 이때에도 앞에서 배운 핵심문장을 다시 반복하는가 하면 연관된 표현을 좀 더 확장시켜보기도 한다.

예를 들어 비오는 날과 연관된 계절이 무엇일까, 등으로 말이다. 이렇게 고지연 선생님은 일관되게 주제와 관련하여 계절, 날씨와 연관된 어휘와 문장들을 익히게 한다.

조각 맞추기 게임
1. 조각으로 나누어진 계절과 날씨 그림을 맞춘다.
2. 완성된 그림으로 영어 표현해 보기를 한다.

3. 계절을 문장과 그림으로 표현하기

이제, 아이들이 좋아하는 계절을 문장과 그림으로 표현하는 활동을 한다. 즉 좋아하는 계절을 그림으로 표현하되 그 이유를 간단한 영어 문장으로 표현해 보고 발표하는 단계까지 나아가는 활동이다.

계절을 영어문장과 그림으로 표현하기

Tip 계절을 영어 문장과 그림으로 표현하기의 장점
자신의 그림을 설명해 보고 또 다른 친구의 것을 들어보기도 하면서 영어의 듣기, 쓰기, 말하기, 읽기 활동을 모두 해보게 된다.

스텝 2 의미를 이해하기 위한 듣기와 말하기 훈련

1. Knocking Game으로 의미에 맞는 문장 고르기

이제 고지연 선생님의 수업은 '스텝 2 의미를 이해하기 위한 듣기와 말하기 활동'으로 넘어간다. 이를 위해 첫 단계로 선택한 활동이 Knocking Game이다. 이는 영어를 듣고 의미가 맞게 쓰인 문장을 고르는 게임이며, 녹음으로 나오는 문장을 듣고 의미에 맞지 않으면 책상을 3번 두드리고 의미에 맞으면 책상을 1번 두드리면 된다.

이제 고지연 선생님의 문장 익히기 활동은 좀 더 깊은 단계로 나아간다. 조금은 어려운 문법적인 설명까지 가미하면서 확장된 문장의 의미를 이해시켜 주려는 것이다.

예를 들어 Are you cold? 와 Aren't you cold?는 상반되는 질문이지만 대답하는 방법은 둘 다 같다는 식으로. 즉, Are you cold?의 긍정 대답도 yes, Aren't you cold?의 긍정 대답도 yes라는 식으로 말이다.

고지연 선생님이 4학년을 대상으로 한 수업에서 조금 어려운 데까지 나아간 이유는 다음으로 보여줄 영상 때문이다. 처음 봤던 영상보다 조금 어려운 문장 표현이 나오기 때문에 이런 설명을 곁들인 것이다.

> **Tip Knocking Game의 목적**
> 이 게임의 목적은 문법적 표현이나 발음보다도 문장의 의미를 이해하는 데 있다. 즉, 의미를 완전히 파악할 때까지 오늘의 주제와 관련된 핵심 문장을 완전히 익히게 하려는 것이 목적인 것이다.

2. Chant and Dance를 통해 주요 문장 몸으로 익히기

이때 고지연 선생님은 곧바로 Chant and Dance 활동으로 넘어간다. 율동이 섞인 노래 영상을 보여주고 그것을 따라하게 하는 활동이다.

물론 이 노래 속에는 오늘 배운 문장의 표현들이 모두 다 들어 있다. 고지연 선생님이 이런 활동을 하는 이유는 무엇일까?

아이들이 말로써 머리로써만 공부하는 것이 아니라 팔과 머리와 몸 전체를 이용해서 영어를 익히기 때문에 잠재되어 있던 것들이 어느 순간 자연스럽게 영어 표현으로 나타날 수 있기 때문에 효과가 크다고 생각합니다.

고지연 선생님은 전체적으로 아이들과 함께 영상을 보면서 영어 노래와 함께 춤을 춘 후 대표로 몇몇 아이들을 지목하여 춤을 추게 한다. 최대한 많은 아이들을 수업에 참여시키기 위해서다.

> **Tip** Chant and Dance의 효과
> 몸 전체를 이용해서 영어를 익히기 때문에 잠재되어 있던 것들이 어느 순간 자연스럽게 영어 표현으로 나타날 수 있다.

3. Board Game으로 주요 문장 반복하기

이러한 고지연 선생님의 게임 활동은 계속 이어지는데 이번에는 Board Game이다. 주사위 놀이를 좋아하는 학생들을 위해 고지연 선생님이 직접 만든 것으로 보드 판에는 오늘 배운 표현에 대한 내용들이 영어 또는 한글로 적혀 있다.

Board Game

고지연 선생님이 보드 게임 활동을 하는 이유 역시 오늘 배운 표현의 반복 학습에 주목적이 있다. 결국 이 모든 활동들이 역할극을 잘 수행하기 위한 과정들인 것이다.

> **Tip Board Game을 하는 이유**
> 1. 다른 주사위 놀이판처럼 주사위를 던져 전진하는 게임이다.
> 2. 오늘 배운 표현의 반복 학습에 주목적이 있으며 결국 역할극을 할 때 자연스러운 대사가 표현될 수 있도록 하기 위함이다.

스텝 3 결말 재구성하여 실제 역할극을 해보기

1. 등장인물의 성격 분석하기

드디어 역할극을 해야 하는 순간이 되었다. 과연 고지연 선생님이 고안한 역할극은 어떻게 이루어질까. 지금까지의 모든 활동들이 이것을 위한 것이었으니 더욱 궁금해질 수밖에 없다.

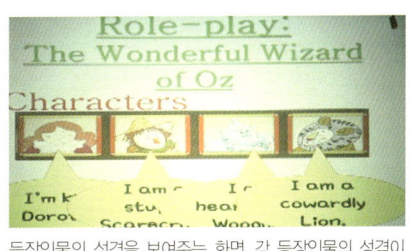
등장인물의 성격을 보여주는 화면. 각 등장인물의 성격이 표현되어 있다.

먼저, 고지연 선생님의 역할극은 등장인물의 성격을 분석하는 것으로 시작한다. 즉, 어떤 인물이 등장하고 그 등장인물들의 성격은 어떤지 알아보는 것이다. 오늘의 역할극 제목은 '오즈의 마법사'이다. 이처럼 매번 동화의 내용이 주 대본이 된다.

2. 대사의 빈 칸 채우기

이제 학생들에게 대사가 적힌 대본이 주어진다. 그런데 대본의 중간 중간에는 빈 칸이 있다.

당연히 대사의 빈칸 채우는 것은 학생들의 몫이다. 학생들은 역할극의 전체적인 줄거리를 이해하고 내용에 맞게 빈칸을 채워야 한다. 또한 대본에는 감정을 표현하는 지문도 적혀 있는데, 역할극을 하는 학생들이 인물의 성격과 감정까지 표현하며 연기를 해야 하기 때문이다.

빈칸이 매겨져 있는 대본

3. 이야기의 결말 재구성하고 실제 역할극 해보기

그런데 여기에서 고지연 선생님은 아이들에게 하나의 과제를 던진다. 이 이야기의 결말을 새로운 내용으로 재구성해야 하는 것이다. 아이들은 모둠별로 역할을 정하고 마지막 결말을 어떻게 만들 것인지 친구들과 의견을 나눈 후 대본에 적어야 한다.

실제 역할극을 하는 아이들

이렇게 대본이 완성되면 이제 아이들은 역할극 연습을 한 후 실제로 앞에 나와 역할극을 해보는 경험까지 하게 된다. 고지연 선생님은 어떤 학습 효과를 기대하며 이런 역할극을 하게 하는 걸까?

실제 미국, 영국 등 유럽 국가에서 영어를 쓸 때에는 가장 자연스럽게, 감정을 넣어서 자기네들의 억양과 발음으로 표현합니다. 이와 가장 가깝게 할 수 있는 활동이 역할극이라고 생각했어요. 예를 들어 화가 났다고 했을 때 I'm angry라고 그냥 말하면 아무도 내가 화가 났다고 생각을 안 하지만, 감정을 넣어 표현하면 영미권에서 말하는 것처럼 intonation(억양)이 들어가게 되는 거죠. 이런 역할극을 통해 교사는 학생이 잘 이해했는지 확인할 수 있는 방법도 될 수 있고, 아이도 내가 이것을 잘 했구나 하는 자가진단도 될 수 있기 때문에 절대 빼먹지 않고 하는 학습 중의 하나입니다.

즉, 아이들은 역할극 통해 감정을 섞어 영어로 표현하면서 실제적인 어휘의 억양을 익힐 수 있고, 또 그 문장이 어떤 상황에서 사용되는지 체득할 수도 있게 된다. 그동안의 교과서적인 영어가 아닌 실제적인 영어를 익힐 수 있게 되는 것이다.

특히 마지막 결말을 열어두고 아이들에게 맡긴 것은 매우 성공적이다. 아이들마다 반짝이는 아이디어로 수업 분위기를 높여주었고 아이들 스스로도 매우 만족했기 때문이다.

> **Tip** **역할극 수업의 또 다른 장점**
> 역할극은 모둠 간의 협력으로 이루어지기 때문에 협동심은 물론 각 개인의 입장에서도 내가 해냈다는 자신감까지 높일 수 있다는 장점이 있다.

Effect Value

목적을 이루는 유기적 수업으로 실제 생활 영어 정복

고지연 선생님의 역할극 중심 수업을 다시 한 번 정리해 보자. 모든 수업이 역할극에 초점이 맞춰져 있었다. 역할극을 위한 단계별 학습으로 기본적인 어휘를 익히게 했고 ⇒ 상황에 맞는 문장을 자유자재로 쓸 수 있도록 응용력을 키웠으며 ⇒ 마지막으로 역할극을 통해 실전 학습이 될 수 있도록 구성했던 것이다.

그런 면에서 고지연 선생님의 수업은 단계별로 잘 짜여진, 마치 하나의 영화처럼 구성된 수업이라 할 수 있다. 이 점에 대해서는 전문가들 역시 높이 평가하였다. 한국교원대학교 김정렬 교수는 고지연 선생님의 수업에 대해 이렇게 이야기한다.

초등 4학년이 집중할 수 있는 평균시간은 일반적으로 나이+1분이라고 알려져 있을 정도로 아주 짧습니다. 그래서 아이들의 집중도를 높이기 위해서는 활동들이 수시로 변해야 하거든요. 이때 활동들이 유기적으로 연결되지 않으면 산만해지기 쉬운데 고지연 선생님의 수업에서는 도입부터 마지막 역할극의 결말까지 이런 다양한 활동들이 아주 유기적으로 잘 연결된 수업이라고 할 수 있습니다.

또한 고지연 선생님의 수업은 의사소통적인 면에서도 매우 훌륭한 수업이었다고 평가받았다. 즉, Knocking Game에서 문법적으로 옳고 그름을 판단하는 대화가 아니라 대화의 내용이 의미적으로 맞는지를 판단하게 함으로써 이야기의 내용을 더 중요시하는 의사소통 중심의 수업이 될 수 있었다는 것이다.

한편, 목원대학교 전영주 교수는 고지연 선생님의 수업을 Power Teaching을 사용한 성공적인 수업이었다고 평가했다. Power Teaching이란 배운 내용을 곧바로 체크하고 들은 내용을 재빨리 피드백하게 하는 교수법으로, 고지연 선생님 역시 영상을 보여주면서 아이들이 산만해지지 않게 영상에 나온 내용을 기억하여 보고 듣고 메모한 후 말하게 하면서, 동시에 상점제도까지 부여하면서 경쟁적으로 학습을 하게 함으로써 재미있으면서도 끝까지 긴장감을 유지시켰다는 것이다.

그렇다면 역할극에 대한 전문가의 평가는 어떨까. 이에 대해서는 한국교원대학교 김경철 박사의 말을 들어보도록 하자.

보통은 학생과 학생과의 상호작용이 학생과 교사와의 상호작용보다 더 원활히 이루어질 수 있습니다. 그런 면에서 역할극은 학생 간의 자연스러운 상호작용을 이끌어내는 것이기 때문에 부담이 없고 즐거운 활동이 될 수 있다는 장점이 있습니다.

또한 고지연 선생님이 처음부터 강조했던 실제 영미권에서 사용하는 영어처럼 대사를 해보자는 노력이 성공적으로 작용하여 아이들이 역할극을 할 때 실제 감정을 넣거나 관련된 동작을 하거나 실물 소품을 사용하는 등의 활동으로 인해 역할극에 현실감을 제공함으로써 실제 생활에서 사용하는 영어로까지 확장했다는 데 의미를 둘 수 있다.

Plus Tip
Know-how

영어에 대한 학생들의 막연한 두려움을 없애주라

영어를 잘하는 아이는 적극적일 수밖에 없고, 못하는 아이는 스스로 움츠러 들 수밖에 없는 것이 교실의 현실이다. 흥미를 가지고 영어를 접해야 할 시기에 자신감이 저하되고 영어에 대한 두려움만 쌓인다면, 중고등학교에서 배우는 영어는 그들에게 지옥과 같은 상황이 될 수밖에 없다. 그 중에서도 특히 발표 문제는 적극적인 수업을 기대하는 교사에게 당면한 가장 큰 문제이다. 사실 아이들이 발표를 두려워하는 이유 중 하나는 자신이 하는 내용이 틀려서 다른 아이들의 놀림감이 될지도 모른다는 막연함 때문이다. 교사는 이러한 막연한 두려움을 없애주어야 한다. 한반에 30명이나 되는 아이들을 40분 수업 동안 다 관리해 줄 수 없다. 그래서 발표를 잘하는 아이들에게만 편중될 수도 있어 이러한 점이 아이들의 원성을 사기도 한다.

이러한 막연한 두려움과 발표에 대한 부담을 줄여주는 데 역할극은 매우 효과적이다. 역할극 수업에서는 모둠별로 발표하고 아이들끼리 짧은 시간이나마 연습을 통해 보여주는 것이기에 두려움과 막연함보다는 자신들의 끼를 발산하는 시간이 될 수 있다. 교사 또한 아이들의 성향과 수준을 일단 파악하고 나면 모둠별로 지도가 가능하며 어느 수업보다 재미있게 영어를 가르칠 수 있다. 무엇보다 30초~1분가량의 역할극을 하면서 한두 마디라도 내가 참여함으로써 나의 존재감을 다른 친구들에게 나타낼 수 있기 때문에 영어에 대한 막연한 두려움을 없애는 데 큰 도움이 되는 학습 방법이다.

고지연 선생님에게는 또 하나의 수업 노하우가 있는데, 바로 배움 공책을 작성하는 것이다. 고지연 선생님은 매시간 아이들에게 배움 공책을 작성하게 한다. 배움 공책은 그날 배운 내용을 간단히 메모하고, 중요한 내용을 필기하며, 그와 관련 내용을 교사에게 일기 형식으로 물어볼 수도 있는 교사와 학생 간의 의사소통 도구이다. 이러한 배움 공책을 하기 전과 후를 비교해 본다면, 하기 전에는 산만하고 집중력이 떨어졌던 아이들이 배움 공책 작성 후에는 보다 집중력이 높아지고 수업도 잘 따라하게 되었다. 이러한 효과에 고무되어 고지연 선생님은 현재 '배움 중심 수업'이라는 커다란 테마를 가지고 수업을 진행한다. 즉, 배움 중심 수업 하에 아이들은 교사에게 받은 것을 되새김질하고 스스로의 것으로 만들며 성장하는 것이다.

고지연 선생님은 수업이 끝난 후에도 학생들과 연극 연습을 한다. 영어 연극에 관심이 있는 학생들과 공연을 위한 연습을 하고 있다. 물론 고지연 선생님이 연극 지망생이어서 이런 시간을 따로 내는 것은 아니다. 아이들에게 좀 더 실제적인 영어를 전하기 위해서다.

이때 연극보다 더 좋은 게 없다. 사실 수업 시간에만 하는 영어는 반쪽짜리 영어가 될 수밖에 없다. 진짜 영어는 수업 후에 이루어져야 하는 것이다. 그런 면에서 방과 후 영어 연극 활동은 매우 추천할 만하다.

역할극이 재미있어요, 영어에 자신감이 생겼어요

　이 수업을 받은 아이들은 대부분 영어 발음이 좋아졌다, 영어에 대한 자신감이 높아졌다는 등의 긍정적인 반응을 쏟아내 놓고 있다. 고지연 선생님이 이 수업의 목표로 추구했던 것이 생활에 사용할 수 있는 실제적인 영어를 가르치는 것이었으므로 어느 정도 성공했다고 볼 수 있는 대답들이다.

- 처음에는 대본이 어려웠는데 하다보니까 재미있어졌어요.
- 직접 몸으로 체험하면서 영어도 같이 하게 되니까 좋았어요.
- 전에는 자신감이 없어서 영어 발음을 못했는데 이제는 자신감이 생겼어요.

　많은 아이들이 발음이 좋아지고 자신감이 생겼다는 말을 많이 한다. 이는 고지연 선생님의 수업이 실제 상황을 가정하여 진행했기 때문에 나타난 결과라 할 수 있다. 즉, 내가 실제 영어를 하는 사람처럼 가정하고 영어를 하다보니까 저절로 발음이 좋아지고 표현력이 늘어 자신감이 배가 될 수밖에 없다는 것이다.

　고지연 선생님 역시 이런 아이들의 말을 들을 때마다 힘이 불끈 난다고 고백한다.

　요즘 학부모들의 작은 소원 중 하나로 바로 내 아이가 영어를 잘 할 수 있게 되어 글로벌 사회의 구성원으로 잘 살아가는 것이 포함될 것이다. 그래서 대부분이 가정에서 이런 희망을 가지고 아이들의 영어 공부를 시키고 있는 상황이다. 지금의 상황 역시 점점 영어의 말하기와 쓰기가 강조되는 방향으로 나아가고 있고 그 일환으로 니트 영어 시험 제도까지 탄생하였다.

　이런 시대적 상황에서 고지연 선생님의 역할극 중심의 영어수업은 그야말로 시대적 상황에 딱 들어맞는 수업이라 할 수 있다. 왜냐하면 굳게 닫힌 내 아이 영어 말문이 트일 수 있는 수업이라 생각되기 때문이다.

[역할극 중심 영어 학습법 수업지도안]

오늘의 수업 주제

계절과 날씨에 관해 배워보기

구분	과정	준비물
STEP 1 주요문장 익히기	Opening - 영어노래로 수업의 문 열기	노래
	1. 대사와 관련된 어휘와 문장 익히기 　- Spring-warm, Summer-hot 　- Do you like winter? ⇒ Yes, I do./No, I don't.	동영상
	2. 어휘 확장을 위한 그림조각 맞추기 게임 　- 계절과 날씨 그림을 맞추는 활동으로 조각을 다 맞춘 모둠이 빙고를 외침	그림 조각
	3. 계절을 문장과 그림으로 표현하기 　- 좋아하는 계절을 그림으로 표현하고 이유를 영어문장으로 적고 발표하기	백지, 크레파스
STEP 2 듣기, 말하기 훈련	1. Knocking Game으로 의미에 맞는 문장 고르기 　- 영어를 듣고 의미가 맞게 쓰인 문장을 고르는 게임으로 의미에 맞지 　　않으면 책상을 3번 두드리고 의미에 맞으면 책상을 1번 두드림 　- Are you cold? 와 Aren't you cold?	음성 자료
	2. Chant and Dance를 통해 주요 문장 몸으로 익히기 　- 율동이 섞인 노래 영상을 보여주고 그것을 따라하게 하는 활동이다. 　　물론 이 노래 속에는 오늘 배운 문장의 표현들이 모두 다 들어 있음	영상
	3. Board Game으로 주요 문장 반복하기 　- 보드판에는 오늘 배운 표현에 대한 내용들이 영어 또는 한글로 적혀 있음 　- 다른 주사위 놀이판처럼 주사위를 던져 전진하는 게임	보드판, 주사위
STEP 3 실제 역할극 해보기	1. 등장인물의 성격 분석하기 　- 오늘의 역할극 제목은 '오즈의 마법사'	오즈의 마법사 역할극 그림 자료
	2. 대사의 빈 칸 채우기 　- 대본의 중간 중간에는 빈 칸이 있음	대본
	3. 이야기의 결말 재구성하고 실제 역할극 해보기 　- 이야기의 결말을 새로운 내용으로 재구성하기 　- 실제 역할극을 해보기	연극 소품

•• CHAPTER 4 ••

드라마로 배우면
영어 실력이 쑥쑥!

드라마 액션
영어 학습법

Sunkyoung Lee, Best English Teacher!

화랑초등학교(서울)
이선경 선생님

교육경력 5년 차
Cambridge TKT 영어교사 경연대회 1회 대회 우승
숙대 SMU-TESOL Certificate
English Theatre TESOL Certificate (유니버설공연예술협회)
Certificate in Advanced English (Cambridge ESOL)
Cambridge Teaching Knowledge Test :
Young Learner - band 4

현실 영어는
드라마처럼 저절로
이루어진다

Why What?

> 주입식 암기가 아닌
> 저절로 몸에 익는 영어
> 학습 방법은 없을까

드라마 액션(Action) 영어 학습법이란 기존의 상황극 중심의 단순 역할극을 넘어 실제 드라마처럼 공연을 준비하며 영어를 익히는 학습 방법이다. 이는 기존의 역할극 수업보다 수업에 임하는 학생들의 태도와 긴장도가 다를 수밖에 없으며 실제처럼 대사를 하고 연기하기 때문에 훨씬 리얼하다는 장점이 있다.

최근 국가에서 영어 실력 향상의 한 방편으로 니트(NEAT, National English Ability Test, 국가영어능력평가시험) 제도를 도입함으로써 학부모들은 물론 학원가가 술렁이고 있다. 학부모들이 니트의 등장에 긴장하는 이유는 당연히 아이들의 영어 성적과 직결되기 때문이다.

니트는 이제 시행 단계에 있는 것으로 1급, 2급, 3급으로 나뉘는데, 1급은 토익, 토플처럼 성인들에게 해당되는 것이며, 2급과 3급이 바로 학생들에게 해당되는 시험이다. 국가적으로 실질적 영어 회화 능력 향상을 위해 니트 제도를 도입했기 때문에 기존의 수능 영어나 토익, 토플에 비해 말하기와 쓰기가 더 강조되고 있으며, 향후 점차적으로 니트를 확대 실시하여 2014년에는 경찰관 채용 시험 등의 시험에,

2016년에는 수능시험으로까지 대체할 것인지 논의되는 상황이다.

상황이 이렇다보니 학부모들이 니트에 관심을 가질 수밖에 없는 것이고 앞서가는 학원들도 이미 니트 반을 도입하여 학부모들을 유혹하고 있을 정도다. 하지만 아직 니트는 시행단계이기 때문에 그 누구도 이게 정답이다, 라고 말할 수 없는 상황이다. 중요한 것은, 니트에서는 기존의 영어에서 말하기와 쓰기가 더 강조되고 있다는 사실이다.

사실 그동안 말하기와 쓰기 문제는 지속적으로 제기되어 왔던 사항이다. 그럼에도 불구하고 쉽게 해결되지 않자 이제 문제해결을 위해 국가가 나선 것이 니트라고도 할 수 있다. 그런 면에서 현재 학교의 영어 시험 방식은 재고되어야 한다. 아울러 영어 교육 방식까지도. 아무리 학교 영어의 시험을 잘 보더라도 그것은 말하기, 쓰기와는 크게 관계가 없으니 말이다.

그런 면에서 여기에 소개되는 많은 영어 교수법들은 말하기와 쓰기에 강점을 둔 향후 우리나라 영어 교육의 대안이 될 수 있을 만한 것들로 가득하다. 하나같이 약속이라도 한 듯 문법 위주보다는 회화 위주의 수업으로 넘어가고 있다. 이는 선생님들조차 실제 상황에서 하고 싶은 말을 영어로 할 수 있는 능력에 큰 관심을 두고 있다는 방증이 아닐 수 없다. 서울 화랑초등학교 이선경 선생님도 그런 선생님들 중 한 명이다. 이선경 선생님 역시 평소 이런 고민 속에 빠져 있었다.

기술적인 내용을 가르치기보다는 실제 상황에서 하고 싶은 말을 영어로 구사하는 능력을 기르는 수업을 할 수는 없을까?

하지만 현실의 상황을 볼 때 이것은 쉽지 않은 일이다. 도대체 실제적인 영어를 말할 수 있는 환경이 조성되어 있지 않기 때문이다. 그래서 지금도 상당수의 학부모들이 기러기 가정을 고수하면서 외국으로 나가고 있는 것도 사실이다.

이선경 선생님은 이러 상황에 대한 대안으로 결국 드라마를 활용한 수업을 시도해 보기로 하였다. 현실에서 영어를 하기 힘들다면 현실과 비슷한 상황이라 할 수 있는 드라마를 통해 영어를 하면 될 것이 아닌가. 무엇보다 아이들의 말문을 트기 위해서는 참여가 중요한데 드라마처럼 재미있으면서도 참여를 유도할 있는 수업 방법이 어디 있을까. 이러한 드라마 수업을 좀 더 효과적으로 지도하는 방법을 배우기 위해 이선경 선생님은 영어 뮤지컬 지도사 자격증(English Theatre TESOL) 과정을 이수했다.

사실 드라마 수업은 앞에서 소개한 광성초등학교 고지연 선생님의 역할극 수업과 언뜻 비슷해 보이기도 한다. 실제 활용할 수 있는 영어를 가르쳐보자는 생각까지 닮아 있다. 하지만 출발은 비슷해 보이나 두 선생님의 수업은 확연히 차이가 있다. 과연 두 선생님의 수업에는 어떤 차이가 있을까. 이선경 선생님의 드라마를 활용한 영어 수업은 도대체 어떻게 전개되는지 그 속으로 들어가 보도록 하자.

드라마 액션(Action) 영어 학습법이란?
- 단순 역할극 수준을 넘어 실제 드라마처럼 소품을 준비하고 영어 대사를 익히는 학습법이다.
- 드라마와 친해지고–드라마를 익히고–실제 공연으로 이어지는 단계적 구조로 이루어져 있으며, 아이들이 익히 아는 이야기 속에서 자신이 주인공이 되어 해야 할 말을 자연스럽게 익힐 수 있다는 점에서 유익하다는 장점이 있다.

How How

실제로 연기하는 것처럼
영어를 익힌다

수업 전체 구성도

도입 전 활동 : 영어로 인사 나누기

Step 1
드라마와 친해지기

❶ 캐릭터 분석으로 드라마 이해하기
❷ Volume Game으로 적정 성량 익히기
❸ 드라마 중요 요소 짚어보기
❹ 대본 활동과 공연 리허설

Step 2
드라마 익히기

❶ Emotion Wall Game으로 감정 표현하기
❷ Nolbu Song, Heungbu Song 배우기
❸ Buzz Game으로 대사 확인하기

Step 3
드라마를 통한 창의 활동

❶ 드라마 줄거리 바꿔보기
❷ Interview Game으로 역할 이해하기
❸ 드라마 공연

도입 전 활동   영어로 인사 나누기

이선경 선생님은 여느 영어 선생님들처럼 가벼운 영어로 인사를 나누며 수업(5학년)을 시작한다.

스텝 1 드라마와 친해지기

1. 캐릭터 분석하기

드라마를 활용한 수업이라 하니 혹 TV 드라마를 보며 따라하는 수업 정도를 떠올릴지도 모르겠다. 하지만 이선경 선생님의 드라마 수업은 오히려 우리나라 고유의 전래동화를 각색한 대본을 가지고 연기를 해보는 수업으로 전개된다. 오늘 연기할 전래 동화는 우리들에게도 너무 익숙한 '흥부와 놀부'이다.

이선경 선생님이 선택한 수업의 첫 도입은 바로 드라마에 등장할 캐릭터들의 분석이다. 각 캐릭터들의 성격과 배경을 제대로 알아야 그에 맞는 연기를 할 수 있기 때문이다. 이러한 캐릭터의 성격과 배경에 대해서는 학생들이 발표한 내용을 선생님이 칠판에 적는 방식으로 진행된다.

> **Tip 흥부와 놀부를 선택한 이유**
>
> 영어 학습을 할 때 서양의 동화를 활용할 때가 많은데, 아이들이 우리나라의 전래 동화를 이용해서 우리 고유의 정서를 표현해 보는 기회를 갖게 해주는 것도 의미가 있을 것이란 생각에서였다.

2. Volume Game으로 목소리 크기 조절 익히기

다음으로 Volume game을 실시하는데, 이는 목소리의 크기를 1부터 10까지 나누어서 크기에 해당하는 소리로 직접 말해보는 활동이다. 예를 들어 1단계는 거의 속삭이는 듯한 소리로 말하고, 9단계~10단계로 갈수록 큰소리로 말하는 식이다. 뿐만 아니라 한 문장을 가지고도 Volume 1~6까지로 점점 커지는 변화를 주는 발성 연습도 하고 Volume 7~3으로 점점 작아지는 변화를 주는 발성 연습도 한다.

이선경 선생님이 드라마를 하기 전 이런 활동을 하는 이유는 대사로 이루어진 드라마 수업에서 목소리의 크기 조절은 특히 중요하기 때문이라고 한다. 드라마는 반드시 보는 사람이 있게 마련인데, 대사의 소리가 밋밋하면 자칫 전체 분위

목소리 크기를 1~10단계로 나누어 발성 연습을 시키는 선생님

기를 흐릴 수 있고 또 상황에 따라 목소리 크기가 적절하지 않으면 대사가 정확히 전달될 수 없을 수도 있다는 것이다.

이선경 선생님은 아이들에게 드라마 연기를 할 때 가장 적당한 목소리의 크기는 Volume 4~7이라고 가르쳐준다. 즉, 평소 이보다 목소리가 크거나 작은 사람들은 조절하는 것이 필요하다는 것을 간접적으로 가르쳐 주는 것이다. 이선경 선생님은 이러한 발성 연습을 통해 어떤 효과를 노리는 걸까?

크게 또는 작게 소리를 내면서 자신의 목소리를 확인할 수 있을 뿐만 아니라 친구들의 목소리를 들으면서 Listening과 Speaking 연습이 동시에 되는 효과가 있어요. 또한 앞으로 있을 드라마에 대한 호기심을 유발하고 대본에 집중하게 하는 효과도 덤으로 누리게 되는 거죠.

3. 드라마의 중요 요소 짚어보기

이어서 이선경 선생님은 아이들에게 드라마 연기를 할 때 가장 중요한 것이 무엇인지 짚어 준다. 즉, 1. 크고 정확한 목소리(Voice), 2. 대사 암기(Memorization), 3. 상황에 맞는 몸동작(Action), 4. 감정처리(Emotion), 5. 협력(Teamwork) 등의 5가지이

다. 이 5가지가 드라마를 효과적으로 전달할 수 있는 핵심 요소이니 잘 기억해야 한다는 것이다.

4. 대본 활동과 공연 리허설

이제 비로소 이선경 선생님의 수업은 대본 활동으로 넘어간다. 아이들에게 '흥부와 놀부' 전체 내용이 담긴 CD를 대본과 함께 보면서 듣게 한 후 함께 전체 줄거리를 확인하는 시간을 가진다. 이때 아이

연기 연습을 하는 아이들을 지도하는 선생님

들은 흥부와 놀부 스토리를 이미 알고 있기 때문에 영어 대사를 들어도 쉽게 알아들을 수 있어 부담을 덜게 된다.

드디어 드라마 연습이 시작되는데, 아이들은 팀 안에서의 역할을 나누고 대사를 암기하고 연습을 하게 된다. 이때 이선경 선생님은 일일이 아이들에게 다가가 발음이나 연기 지도를 한다. 물론 대사를 잘 이해하는지도 검토한다.

여기서 주목해야 할 것이 있는데 바로 소품 준비이다. 이선경 선생님은 특별히 감투, 박, 톱 등 소품 준비에 신경을 써주는데 이는 아이들로 하여금 실제적인 느낌을 주어 드라마에 몰입하게 하는 중요한 도구로 활용될 수 있기 때문이다.

스텝 2 노래와 춤으로 드라마 익히기

1. Emotion Wall Game으로 감정 표현하기

이제 이선경 선생님의 수업은 스텝 2 드라마 익히기 단계로 넘어간다. 먼저,

Emotion Wall Game을 하는데, 이것은 노래를 부르며 벽을 따라 걸으면서 벽에 붙여진 단어에 해당하는 감정대로 감정을 표현하며 노래를 부르는 활동이다. 이선경 선생님은 이 활동을 통하여 무엇을 얻으려 하는 걸까?

아이들이 발성연습도 할 수 있고요, 또 몸을 움직이면서 하기 때문에 신체활동도 될 수 있고요, 무엇보다 감정표현 연습을 할 수 있기 때문에 이 활동을 합니다.

> **Tip** 드라마 익히기 단계가 필요한 이유
>
> 앞에서 이미 대본을 보고 연습까지 했는데 또 무슨 드라마 익히기냐고 고개를 갸우뚱 하는 사람이 있을지도 모르겠다. 하지만 아이들로 하여금 좀 더 완성도 높은 드라마를 만들기 위해, 즉 좀 더 실제적인 감정 표현을 연습하고 드라마의 구성과 대사를 이해시키기 위해 이 단계를 넣은 것이다.

2. 놀부 Song과 흥부 Song 배우기

이번에는 놀부 Song과 흥부 Song 배우기를 한다. 이때 노래는 물론 춤까지 배우게 되는데, 사실 이선경 선생님이 구상한 드라마는 노래와 춤까지 가미된 뮤지컬 형식의 드라마다.

소고 연습을 하는 아이들

그래서 이 활동을 한다. 여기에서 중요한 것은 모두가 협력해서 공연을 준비해야 한다는 사실이다. 즉, 이선경 선생님의 드라마 수업에서 아이들은 크게 두 팀으로 나뉘어 공연을 하게 되는데, 이 노래가 나오는 부분에서 만큼은 서로 협력하여 무대를 꾸며야 한다. 한 팀이 연기를 하고 있으면 연기하지 않는 다른 팀은 무대 뒤에서 소고를 가지고 박자 맞추며 연주를 하는 식으로 말이다.

이선경 선생님이 가르치는 드라마 수업의 묘미는 흥부 송을 가르칠 때 여실히 드러난다. 이때에는 아이들이 직접 한삼을 끼고 탈까지 쓰고는 한삼춤을 배우게 되기 때문이다. 아이들은 이제 더욱 흥이

탈을 쓰고 한삼춤을 배우는 아이들

돋아 드라마에 대한 기대감으로 설레며 연습에 몰입하게 된다. 연극을 도입하는 여타 다른 영어 수업에서는 보기 힘든 장면이 연출되는 것이다.

> **Tip** 세세한 소품을 준비하게 된 배경
> 이선경 선생님은 처음부터 이런 소품을 이용한 것은 아니며 드라마 수업을 하다 보니 아이들이 이런 것을 좋아한다는 걸 알게 되어 이런 소품까지 준비하는 수업을 하게 되었다고 한다.

3. Buzz Game으로 대사 확인하기

이선경 선생님의 수업은 이제 대사 확인하기 활동으로 넘어간다. 이는 교사가 대본(책)에 나오는 대사 한 줄을 읽어주면 그 다음 대사가 무엇인지 맞히는 게임으로 두 팀으로 나누어 진행된다. 답을 말할 때 'Buzz'를 외쳐야 하기 때문에 게임의 이름은 Buzz game이다.

> **Tip** Buzz Game을 하는 이유
> 이미 암기한 대사 내용을 다시 한 번 확인하고 복습하게 하기 위함이다. 사실 연기자가 대사를 외우고 있지 못하다면 연기 자체를 할 수 없기 때문에 이런 활동을 하는 것이다.

스텝 3 드라마를 응용해 보고 실제 공연도 해보기

1. 드라마 줄거리 바꿔보기

이제 이선경 선생님의 수업은 스텝 3를 향해 나아간다. 이때 재미있는 것은 '드라마 줄거리 바꿔보기' 활동을 한다는 것이다. 즉 선생님이 줄거리에서 밑줄 친 부분의 내용을 바꿔 새로운 결말을 써보는 활동이다. 이는 앞에서 했던 고지연 선생님의 역할극 수업과 매우 유사한 부분이다.

언뜻 드는 생각이 아이들이 부담감을 느끼지 않을까, 하는 부분일 것이다. 스토리 생각해내기도 쉽지 않은데 쓰기까지 해야 하니 말이다. 하지만 막연히 전체 줄거리를 바꾸는 것이 아니라 선생님이 범위를 구체적으로 정해주고 직접 예시도 보여주며 이선경 선생님과 원어민 선생님까지 바로 곁에서 도와주기 때문에 아이들 입장에서 부담감을 덜고 줄거리 바꿔 쓰기를 할 수 있다. 아이들이 바꾼 줄거리의 일부를 소개하면 다음과 같다.

> Nolbu put his brother Heungbu's family out of the house.
> Heungbu's family saw <u>a big swallow trying to eat a cat.</u>
> They <u>threw grains at the swallow</u> and saved the cats.

이선경 선생님은 이 활동을 통해 어떤 효과를 얻기 원하는 걸까?

쓰기를 할 때 그냥 정해진 것을 쓰는 것보다 나만의 이야기를 만들어 써보는 것은 아이들 입장에서 특별한 의미로 다가오게 될 것 같아요. 많은 것을 생각하게 되고 스스로의 쓰기 실력도 넓혀 나갈 수 있고요.

이야기 바꾸어 쓰기 활동

1. 기존 대본에서 밑줄 친 부분의 내용을 바꿔 새로운 결말을 써보는 활동이다.
2. 선생님이 범위를 구체적으로 정해주고 직접 예시도 보여주기 때문에 부담 없이 할 수 있다.
3. 자신만의 창의성을 기르기 위한 활동이다.

2. Interview Game으로 역할 이해하기

다음으로 이선경 선생님은 'Interview Game' 활동을 하는데, 이는 한 명이 앞에 나와서 앉아 있으면 나머지 학생들이 질문하는 형식으로 이루어진다. 즉, 학생이 직접 드라마 속 등장인물이 되어 질문에 대답해보는 활동이다. 이때에도 이선경 선생님과 원어민 교사가 옆에서 도와주며 발음교정, 내용 확인 등의 피드백을 해주어 부담감을 덜어준다.

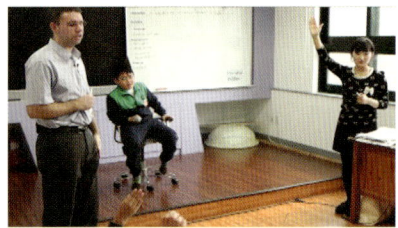

interview game

Interview Game

1. 주인공 역할인 놀부 역할의 학생이 나와서 나머지 학생들의 인터뷰에 답하는 활동이다.
2. 예를 들어 Why do you dislike Heungbu's family? 하고 물으면 Because they are very dirty 로 대답하는 식이다.

Tip Interview Game의 장점

대본에 대한 이해도를 좀 더 넓혀나갈 수 있으며 드라마에 대한 흥미를 유발하고 몰입시키는 데 매우 효과적이다. 즉, 적극적 사고활동 유도에 도움이 된다.

3. 실제 드라마 공연해 보기

이제 아이들의 수업 공간은 교실이 아니라 강당으로 바뀐다. 실제 공연처럼 재연하기 위한 이선경 선생님의 숨은 노력이 엿보이는 부분이다. 이때의 공연은 모두 학생들이 직접 주도해 진행해 나가며 선

실제 강당의 무대에서 공연하는 아이들

생님은 그저 도우미 역할만 한다. 이미 수업 시간을 통하여 아이들은 대사 처리나 목소리 톤 등에 능숙해진 상태이기 때문에 큰 무리 없이 드라마 공연을 진행해 나간다.

전체적으로 매우 실제적이고 질 높은 드라마를 공연할 수 있게 잘 준비된 수업이며, 이러한 수업 과정을 통하여 아이들은 말하기, 듣기, 쓰기, 읽기 등 종합적인 영어를 주입식으로 배우는 것이 아니라 자연스럽게 드라마를 즐기는 가운데 체득하게 되는 것이다.

Effect Value

| 완성도 높은 드라마 구현으로 자연스런 영어 습득에 성공

이제 이선경 선생님의 드라마 활용 수업을 모두 감상하였다. 아마도 역할극 중심의 고지연 선생님의 수업과 공통점이 무엇이고 차이점이 무엇인지 확연히 느꼈으리라 생각된다. 무엇보다 이선경 선생님의 수업에서 박수를 쳐주고 싶은 부분은 역시 여러 소품들을 활용하여 아이들로 하여금 진짜 드라마 속의 연기자가 된 듯한 느낌을 준 것이라 여겨진다. 이는 아이들의 잠재의식 속에 깊이 뿌리박혀 실제적인 영어 체득에 큰 도움을 주었을 것이 분명하다.

그렇다면 이러한 이선경 선생님의 수업이 전문가들의 눈에는 어떻게 비춰졌을까. 목원대학교 전영주 교수는 이선경 선생님의 수업이야말로 저절로 영어를 습득하게 만드는 매우 이상적 수업이라고 극찬하였다. 즉 드라마(연극)야말로 가장 현실적으로 의사소통을 표현할 수 있는 부분이며, 말의 억양, 발성뿐만 아니라 몸짓, 감정까지 담아서 상대에게 표현할 수 있는 좋은 도구인데, 이선경 선생님의 수업이야말로 이것을 가장 잘 표현한 최고의 영어수업이었다는 것이다. 이를 통해 아이들은 자연스럽게 실제적인 영어, 실용적인 영어를 체득할 수밖에 없다는 것이다. 특히 진정한 드라마로서의 완성도를 높인 부분에 대해서도 극찬을 아끼지 않았다.

이선경 선생님은 기존 학교 수업에서 하는 역할극의 개념을 뛰어넘어 기승전결의 완성된 줄거리를 가지고, 그 외 드라마적 요소까지 거의 갖춘 수준의 수업을 하셨어요. 그게 대단하고 아이들에게 미칠 영향이 클 수밖에 없죠.

또한, Emotion Game에서 캐릭터의 감정에 몰입하게 한 것도 높이 평가받아야 한다. 왜냐하면 일단 캐릭터의 상황과 감정에 몰입하게 되면 머릿속으로 내가 어떤 표현을 하겠다고 생각하지 않아도 자연스럽게 표현이 튀어나올 수 있기 때문이다. 이는 상황에 맞는 자연스럽고 즉각적인 의사소통 능력 향상에 큰 도움을 준다. 이후에 노래, 악기, 춤으로 구성된 다양한 감각을 활용한 영어 학습을 하였다는 점에서도 높은 점수를 줄 수 있다. 이러한 다감각을 활용한 언어 수업이 실력 향상에 더욱 도움을 주기 때문이다.

무엇보다 이선경 선생님의 수업이 좋은 수업으로 높게 평가받을 수 있는 것은 수업 요소요소에 학생들의 창의성이 발현될 수 있도록 고안되어 있다는 점이다. 한국교원대학교 김정렬 교수의 말을 들어보자.

대사의 일부를 자신의 생각으로 만들어서 쓰게 한다든지, 캐릭터 주인공과 인터뷰를 하게 한다든지 하는 요소를 수업의 요지에 배치하여 아이들로 하여금 언어적 창의성을 발휘할 수 있게끔 수업을 구성한 것은 높이 평가할 수 있습니다.

한편, 수업의 최종 결과물을 강당에서의 드라마 공연으로 마무리한 것 또한 학생들의 자신감과 협동심을 고취할 수 있다는 점에서 높이 평가할 수 있다. 아이들은 자신들이 실제 드라마 속 인물이 되어 리얼한 연기를 해봄으로써 성취감을 얻고 영어에 대한 자신감을 얻을 수 있는 것이다. 또한 드라마는 반의 전 구성원이 모두 참여하여 만드는 합작품이기 때문에 서로 간에 협동심을 기를 수 있다.

사실 역할을 맡은 개개인이 자신의 몫을 충분히 해내며 다른 친구들과 호흡을 맞추어가는 것은 사실 쉽지 않은 과정이다. 아이들의 영어 수준이 다르고 내향적인 친구들은 연기를 어려워할 수도 있으며 때로는 의견충돌이 발생할 수도 있기 때문이다. 하지만 결과물을 만들어내고 다른 반 친구들 앞에서 공연을 마치고 나면 이것 자체가 하나의 감동이 되어 아이들의 기억에 오래 남을 수밖에 없다.

모둠을 구성할 때 구성원의 성향과 특성을 잘 고려하는 것이 중요

드라마 대본은 이미 아이들에게 잘 알려진 이야기를 사용하는 것이 좋다. 그런 경우 아이들은 이미 내용을 충분히 인지하고 있기 때문에 교사는 아이들이 어떤 느낌으로 인물의 감정을 표현하고 언어를 전달해야 할지에 대해 초점을 맞추기가 좀 더 수월해진다. 이같이 익힌 드라마는 그냥 암기한 영어 문장보다 그 기억이 훨씬 오래 남는데, 일례로 지난 학기에 진행했던 드라마의 대사나 노래를 한 학기가 지난 뒤에도 아이들이 술술 외우는 것을 보게 되기 때문이다.

사실 드라마 Action 영어 학습법은 매우 완성도 높은 수업이기에 많은 어려움이 예상된다. 가장 먼저 예상되는 어려움은 모둠 구성에 관한 것이다. 다른 여타의 활동에서도 그러하겠지만 드라마 공연을 위한 모둠을 구성할 때 구성원의 성향과 특성을 잘 고려하여 모둠 별로 균형을 이루게 하는 것이 중요하다. 드라마 공연을 위한 모둠은 공연이 끝날 때까지 보통 한 학기 정도를 계속 유지하게 되므로, 긴 시간 동안 구성원 간의 협동이 얼마나 잘 일어나는가가 매우 중요하다.

리더를 맡아줄 아이, 여러 가지 아이디어를 제시해줄 아이, 대사를 외우기 힘들어

하거나 무대에 서기를 두려워하는 친구들을 잘 도와주는 아이, 노래 부르기와 춤 동작 만들기를 재미있어하는 아이 등등 다양한 성향을 가진 친구들이 잘 어우러지도록 해주는 것이 중요하다. 그래서 모둠 구성은 교사가 아이들의 성향을 어느 정도 파악하고 난 후에 진행하는 것이 좋다.

또한 드라마의 역할을 정할 때 아이들이 특정 역할을 선호하는 경우가 있다. 대체로 저학년 학생들에게서 그런 경우가 더 많이 있는데, 이때에는 주인공만 중요한 것이 아니라 드라마의 모든 역할이 모두 절대적으로 중요함을 강조하여 자신이 맡은 역할에 대해 책임감과 자부심을 갖도록 도와주는 것이 필요하다.

수업의 소재를 선택하는 데 있어 내가 좋아하는 것이 무엇인가로 접근하는 것이 도움이 될 수도 있다. 일례로, 이선경 선생님의 경우 한국적인 정서와 문화에 대해 관심을 갖고 있는데 이런 관심에서 영어 드라마 수업에 소고와 탈춤을 활용하는 아이디어를 얻을 수 있었다고 한다. 또한 아이들이 좋아하는 TV 프로그램이나 영화, 책 등을 보면서 아이들이 즐겁게 참여할 만한 활동 아이디어를 생각하고, 눈높이를 맞추어 가려는 노력을 하는 것도 중요하다.

이선경 선생님은 드라마 수업을 구상하는 선생님들에게 드라마 수업의 장점을 이렇게 이야기한다.

드라마 수업에서는 스킬 중심 수업에서 담기 힘든 신선한 변화와 몰입의 순간이 있음을 많이 느낍니다. 제가 근무하는 학교에서는 현재 2~4학년에서 학년 당 주 1회의 드라마 수업을 진행하는데, 아이들이 다른 수업보다도 그 시간을 무척 기다리고 즐거워하는 것을 봅니다. 특히 한 학기 동안 준비한 영어 드라마를 공연할 때 아이들이 하나가 되어 느끼는 뿌듯함은 아이들 스스로 영어에 대한 자존감과 흥미를 많이 높여주는 계기가 된다고 생각합니다.

이선경 선생님의 동료 교사는, 이선경 선생님이 사전에 수업 준비를 철저히 하는 사람이며 또 수업의 각 활동들이 학생들로 하여금 자기 것이 될 수 있도록 하기 위해 항상 노력하는 분이라고 이야기한다. 실제 이선경 선생님 수업을 들여다보면 각 활동들이 자연스러워 보이면서도 깊은 의미를 지니고 있음을 간파할 수 있다.

드라마를 하는 데 발성연습까지 해야 하나 싶지만 실상 이것은 드라마의 완성도에 지대한 영향을 끼친다. 캐릭터의 감정에 이입하는 부분이나 주인공 배역을 맡은 학생이 나와 나머지 학생들과 인터뷰 하는 장면은 매우 독창적이면서도 아, 저렇게 하면 아이들이 이 작품에 대해 더 깊은 이해를 할 수 있겠구나, 라는 생각에 감탄까지 자아내게 만든다.

무엇보다 수업을 위해 준비해온 소품이 인상적이다. 사실 저런 소품을 준비하려면 꽤나 신경을 써야 한다. 그런데 실제 연극을 할 때 그런 소품이 있을 때와 없을 때는 하늘과 땅 차이다. 소품 때문에라도 자신도 모르게 연기에 몰입할 수 있게 되는 것이다. 여하튼 우리는 이선경 선생님의 수업에서 목표로 하는 활동의 완성도를 높이기 위해 노력하는 모습들은 반드시 배워야 할 것이다.

이선경 선생님은 수업이 끝난 후에 다른 영어교사들과 함께 모여 드라마 트레이닝 수업에 참여한다. 이는 아이들에게 가르치기 전에 먼저 선생님들이 직접 배워보는 시간을 갖기 위해 마련된 모임이다. 이 트레이닝을 통해 학생들이 수업시간에 어떤 느낌을 갖

화랑초등학교 영어 선생님들이 트레이닝 수업을 하고 있는 모습

게 될 지 이해할 수 있고 또 어떤 학습이 어려울지 알게 해줄 수도 있다. 이러한 학생들에 대한 이해는 교사가 학생들을 더 잘 가르칠 수 있게 하고 또 수업에 적합하지 않은 것이 있다면 학생들의 수준에 맞는 활동으로 바꿀 수 있도록 해주는 유익함이 있다. 따라서 이 트레이닝 수업은 선생님들에게 학생들을 더 잘 이해할 수 있게 하는 기회를 제공해준다고 할 수 있다.

아마도 이 트레이닝 수업의 참여가 이선경 선생님으로 하여금 보다 완성도 높은 수업을 하게 한 비결이었을지도 모르겠다.

내가 마치 드라마의 주인공이 된 것 같아요

아이들은 이선경 선생님의 드라마 수업에 참여하면서 어떤 느낌을 받게 되었을까. 일단 선생님이 준비해 온 여러 소품들 때문에라도 재미있을 수밖에 없을 것이다. 실제로는 보기 힘든 한삼이라든지 탈이라든지 놀부의 갓 등은 자칫 딱딱한 영어 수업이 될 수도 있을 법한 아이들에게 흥미를 유발시키기에 충분한 것들이다. 무엇보다 이렇게 익힌 연극을 나중에는 학교 강당에 가서 실제 공연하는 것처럼 한다고 생각하면 긴장이 되고 한편으로는 설레기도 할 것이다. 아마도 이전에 딱딱한 영어 수업을 한 번이라도 받아본 아이들이라면 새로운 장르의 영어 수업에 참여하고 있다는 느낌마저 들 정도다. 특히 익히 알던 우리나라의 전래 동화에 노래, 춤, 악기까지 접목시켜 신나게 두드리고 춤추고 노래 부르는 것은 상당히 신선한 경험일 것이다.

내가 마치 드라마의 주인공이 된 것 같아요.

또한 연기 부분에서도 그냥 감정을 넣어 표현하라는 식이 아니라 발성 연습부터 시작해 감정 표현에 몸짓까지 근본적인 것을 터치하면서 시작하게 해주니 내가 진짜 연기를 한다는 느낌이 강하게 들 수밖에 없다.

이선경 선생님의 수업을 들은 아이들은 이제 자신도 모르게 드라마를 떠올리며, 일상 생활 속에서도 영어를 보다 익숙하게 사용할 수 있게 될지도 모른다. 드라마 영어 수업을 통해 영어를 배우긴 배웠는데 재미있게 배웠네, 하는 느낌으로 자연스럽게 영어를 습득했기 때문이다. 이는 이선경 선생님이 아이들에게 영어를 주입식으로 가르치는 것보다 서로 즐기면서 자연스럽게 익히도록 하는 목표를 갖고 있었기에 가능했던 일이다.

[드라마 액션 영어 학습법 수업지도안]

오늘의 수업 주제

흥부와 놀부 이야기로 드라마 만들기

구분	과정	준비물
STEP 1 드라마 친해지기	1. 캐릭터 분석하기 - 캐릭터의 성격과 배경에 대해서는 학생들이 발표한 내용을 선생님이 칠판에 적는 방식으로 진행	보드판
	2. Volume Game으로 목소리 크기 조절 익히기 - 목소리의 크기를 1부터 10까지 나누어서 크기에 해당하는 소리로 직접 말해보는 활동	볼륨 카드, 등장 인물 대사 ppt
	3. 드라마의 중요 요소 짚어보기 - 1. 크고 정확한 목소리, 2. 대사 암기, 3. 상황에 맞는 몸동작, 4. 감정처리, 5. 협력	보드판

	4. 대본 활동과 공연 리허설
	   - '흥부와 놀부' 전체 내용이 담긴 CD를 대본과 함께 보면서 듣게 한 후 아이들과 함께 전체 줄거리를 확인
	   - 공연 연습
		흥부와 놀부 CD,
		갓투, 박, 톱 등
		소품

STEP 2 드라마 익히기	1. Emotion Wall Game으로 감정 표현하기 - 벽을 따라 걸으면서 벽에 붙여진 단어에 해당하는 감정대로 감정을 표현하며 노래를 부르는 활동	감정 그림, 단어 카드

	2. 놀부 Song과 흥부 Song 배우기
	   - 노래와 춤까지 가미된 뮤지컬 형식의 드라마
	   - 크게 두 팀으로 나뉘어 공연을 하게 되는데 이 노래가 나오는 부분에서 만큼은 서로 협력으로 무대를 꾸며야 함
		대본, 노래 CD,
		소고, 한삼, 탈

	3. Buzz Game으로 대사 확인하기 - 교사가 대본(책)에 나오는 대사 한 줄을 읽어주면 그 다음 대사가 무엇인지 맞히는 게임	대본 보드판
STEP 3 실제 드라마 공연	1. 드라마 줄거리 바꿔보기 - 대본에서 밑줄 친 부분의 내용을 바꿔 새로운 결말을 써보는 활동	worksheet
	2. Interview Game으로 역할 이해하기 - 한 명이 앞에 나와서 앉아 있으면 나머지 학생들이 질문하는 형식으로 이루어짐	드라마 소품
	3. 실제 드라마 공연해 보기 - 교실이 아니라 강당으로 옮겨서 수업 진행	드라마 소품

2부

나만의 독특한 영어가 효과적이다

•• CHAPTER 5 ••

스마트폰으로 배우면
영어쓰기가 쏙쏙!

스마트폰 영어쓰기 학습법

HyangSuk Kim, Best English Teacher!

옥련초등학교(인천)
김향숙 선생님

교육경력 7년 차
서울대학교 교육학과 대학원 졸업
2010 인천광역시 TEE 연구교사 1등급 수상
인천광역시 e스쿨 영어상담교사
인천광역시 TEE(Teaching English in English)-Pro
인천광역시 교육연수원 외국어 수련부 강의(2010)
숙명여대 TESOL, 미국 Yellowstone English Institute TESOL 자격증 취득

스마트폰, 배움으로 활용할 수도 있다

Why What?

어려운 영어 쓰기 제대로 가르칠 수는 없을까

스마트폰 영어쓰기 학습법이란 말 그대로 영어 쓰기에 중점을 둔 교수법으로, 이때 학생들이 좋아하는 스마트폰 애플리케이션을 활용하여 학습 효과를 배가시키는 영어 학습법을 말한다. 이는 최근, 최고의 인기를 구가하는 스마트폰을 수업에 활용한다는 것만으로도 학생들의 호기심과 흥미를 유발할 수 있다는 점에서 매우 신선하며 창의적인 발상의 수업이라 할 수 있다.

어느 때부턴가 우리 사회에 영어 열풍을 넘어 광풍이 불고 있다. 우리 사회의 문제로까지 떠오르는 사교육비의 절반 이상이 영어 사교육비에 투입될 정도다. 거기에 국가적으로도 문제점을 인식하고 이제 수능 영어마저 '니트'로 바꿀 태세를 갖추고 있다. 정체불명의 '니트'가 등장하자 학부모와 학원들은 바짝 긴장하고 있다. 학원마다 니트 대비반이 속속 등장하고 있다. 거시적으로는 기존의 영어에 '말하기'와 '쓰기'가 강조된다는 정도의 소문이 나돌 뿐 니트의 정체에 대해 제대로 아는 사람은 거의 전무한 상황이다.

이렇다 보니 학원마다 기존의 영어에 추가하여 강조하는 것이 말하기와 쓰기이다. 그런데 대부분의 교육이 쓰기보다는 말하기에 집중된 형국이다. 아마도 일단 말하기부터 정복해야 한다는 관념이 강하게 작용하고 있고 쓰기 교육이 쉽지 않은 까닭이다. 이러한 때에 쓰기에 더욱 관심을 가지고 수업에 적극적으로 쓰기 활동을 도입한 선생님이 있다. 바로 인천 옥련초등학교 김향숙 선생님(6학년)이다.

김향숙 선생님은 학생들이 쓰기 활동에 가장 어려움을 많이 느낀다고 생각해 쓰기 활동에 중점을 둔 수업에 관심을 갖게 되었다. 사실 쓰기가 어려운 것은 비단 영어뿐만이 아니다. 우리 글로 쓰는 것도 얼마나 어려운 일인지. 오죽하면 요즘 자기소개서 대필업체까지 난립할 정도겠는가. 말하기와 달리 쓰기는 논리가 정연해야 하기 때문에 쉽지 않다. 그렇다면 김향숙 선생님은 이 어려운 쓰기를 강화시키기 위해 어떤 활동들을 생각했을까?

김향숙 선생님은 쓰기 활동을 할 때 단순히 노트나 종이에 연필로 써보는 것뿐만 아니라 허공에 단어를 그려본다든지 보드에 쓰게 해본다든지 하는 데까지 나아갔다. 역시 창의력 출발은 기존의 것에서 탈피하는 데서 시작되는 법이다. 김향숙 선생님은 이런 쓰기 활동들이 아이들에게 흥미를 유발한다는 사실을 깨닫고 더욱 다양한 쓰기 활동을 개발하게 되었는데, 이렇게 하여 탄생한 것이 바로 스마트폰을 이용하여 다양한 쓰기활동을 하는 것이다. 김향숙 선생님은 말한다.

학생들이 쓰기 활동이 어렵고 딱딱한 활동이 아니라 내 생활 속에서 소재를 찾아 내 생각을 자유롭게 표현할 수 있는, 그야말로 재미있는 것이구나, 라는 생각을 심어주기 위해서 스마트폰을 활용한 쓰기 활동을 시도해봤어요.

도대체 스마트폰으로 어떻게 영어 쓰기 활동을 한다는 것일까.

스마트폰 영어쓰기 학습법이란?

- 영어쓰기를 강조하는 학습법의 하나로, 이때 학생들이 좋아하는 스마트폰을 도구로 사용함으로써 흥미를 배가시키는 영어 학습법이다.
- 호기심을 자극하여 흥미를 유발하고-창의적, 수준별 영어쓰기를 하고-스마트폰 애플로 영어쓰기를 하는 식의 구조로 이루어져 있으며, 학생들이 어려워하는 영어쓰기를 호기심 자극과 흥미유발로 이끌어가는 수업이라고 할 수 있다.

How How

스마트 시대
스마트한 영어를 익힌다

수업 전체 구성도

도입 전 활동 : 산타클로스로부터 온 선물

Step 1
호기심 자극을
통한 비교급 학습

❶ 산타클로스로부터 온 선물로 비교급 학습
❷ 사진과 착시효과그림을 활용한 비교급 학습
❸ 마술 주머니를 활용한 비교급 형식 학습

Step 2
창의적 사고를
통한 수준별 쓰기 활동

❶ Pass the Ball Game을 이용한 비교급 문장 말하기
❷ Crazy Comparing을 이용한 재미있는 비교급 문장쓰기
❸ Yellow or Blue 종이를 이용한 수준별 쓰기 활동

Step 3
스마트 기술과
영어쓰기 활동의 만남

❶ 스마트 애플리케이션(QR 코드, SNS 등)을 활용한 다양한 영어쓰기 활동
❷ 패턴 시를 활용한 수수께끼 퀴즈 문장 쓰기 활동
❸ 동영상 자료를 본 후, 에세이 쓰기 활동(과제)

> **도입 전 활동** 산타클로스로부터 온 선물

지금까지 모든 최고의 영어교사들이 그랬던 것처럼 김향숙 선생님의 수업 도입도 특별하다. 산타클로스로부터 온 선물이 가득 담긴 양말주머니를 아이들에게 보여주

며 호기심을 잔뜩 부풀린 채 등장하였기 때문이다.

스텝1 호기심 자극하며 비교급 학습

1. 산타클로스 선물과 비교 사진으로 비교급 알아보기

양말주머니에서 나온 선물은 다름 아닌 오늘 배울 표현인 비교급이 적힌 문장이다. 계속하여 김향숙 선생님은 마술주머니를 꺼내더니 호기심 가득한 아이들 앞에서 오늘의 학습 목표를 알린다. 바로 '비교급 만들기'이다. 김향숙 선생님은 아

선물 주머니에서 선물을 꺼내는 김향숙 선생님의 모습. 선물에는 오늘 배울 비교급이 적힌 문장이 적혀 있다.

이들에게 비교급은 '형용사 + -er than'으로 만드는 것이라고 강조한다.

처음부터 문법 이야기를 하므로 자칫 어려워질 수도 있는 부분이다. 하지만 김향숙 선생님은 여기에서 기존의 수업과 차별을 만들어낸다. 즉, 생활 주변의 다양한 소재를 활용해서 비교급을 스스로 만들어 보고 그것을 내 이야기에 적용하게 했기 때문이다.

2. NG? Fix it! 활동으로 비교급 익히기

먼저, 김향숙 선생님은 비교급에 해당하는 서로 반대되는 단어를 그림과 함께 제시하면서 원어민 선생님의 발음으로 듣고 따라 읽게 했다. 그리고 이렇게 배운 단어를 동영상과 함께 보며 적용하는 데 바로 Look and Listen 활동이다. 아이들은, 교과 과정에 맞춰 애니메이션으로 제작된 동영상을 보면서 원어민 선생님이 내는 O X 퀴

즈를 맞혀야 한다.

아이들이 집중할 수밖에 없는 부분이다. 특히 동영상 중 대화에 해당하는 부분만 따로 떼어 차트로 보여주면서 틀린 단어와 문장을 찾는 Dialogue NG? Fix it! 활동을 이어서 한다. 그러면 학생들은 실제 들은 내용과 비교하여 틀린 문장 개수를 맞혀야 하는데 이때 개수를 맞힌 학생에게는 캔디를 줘서 동기부여를 시킨다. 이후 선생님은 학생들이 제대로 수정한 문장대로 단어 카드를 틀린 단어 위에 삽입하여 제대로 된 문장을 보여준다.

Dialogue NG? Fix it! 활동

김향숙 선생님이 이런 활동을 하는 이유는 무엇일까?

그냥 일방적으로 지문을 제시하는 것이 아니라 핵심 단어를 틀리게 제시하여 아이들이 듣고 어떤 단어가 틀렸는지 먼저 고르게 합니다. 그리고 읽을 때 고쳐서 읽게 하는데 이렇게 하면 아이들이 다이얼로그에 있는 내용을 더욱 더 잘 숙지하게 되죠.

Dialogue NG? Fix it!
1. 교과 과정에 맞춰 애니메이션으로 제작된 동영상을 본다.
2. 동영상을 토대로 원어민 선생님이 내는 ○×퀴즈를 맞히게 한다.
3. 동영상 중 대화에 해당하는 부분만 따로 떼어 차트로 보여주면서 틀린 단어와 문장을 찾는다.
4. 실제 들은 내용과 비교하여 틀린 문장 개수를 맞혀야 한다.
5. 학생들이 제대로 수정한 문장대로 단어 카드를 틀린 단어 위에 삽입하여 제대로 된 문장을 보여준다.

> 스텝 2 수준별 창의적 쓰기 활동

1. Pass the Ball Game으로 비교급 문장 말하기

이제 아이들은 본격적인 쓰기 활동을 위해 Pass the Ball Game을 하는데, 이는 모둠별로 음악에 맞춰 나누어준 주사위 공을 주고받다가 음악이 멈출 때 공을 쥔 학생이 발표를 하는 놀이이다.

발표하는 학생들이 발표를 하기 위해 일어나면 스크린에 사진이 뜨는데 이때 사진 속에는 같은 반 학생들의 친숙한 얼굴이 나타난다. 그 사진 속에서 질문을 하면 직접 비교급 문장을 만들어 대답하는 방식이다. 게임 자체가 스릴 넘치고 또 사진에도 친구의 얼굴이 나타나기 때문에 아이들이 가장 좋아하는 활동 중 하나로 자리를 굳히는 게임이 되었다고 한다.

pass the ball game

Pass the Ball Game
1. 모둠별로 음악에 맞춰 나누어준 주사위 공을 주고받다가 음악이 멈출 때 공을 쥔 학생이 발표를 한다.
2. 발표하는 학생들이 발표를 하기 위해 일어나면 스크린에 사진이 뜨는데, 이때 사진 속에는 같은 반 학생들의 친숙한 얼굴이 나타난다.
3. 그 사진 속에서 질문을 하면 직접 비교급 문장을 만들어 대답한다.

2. Crazy Comparing으로 비교급 문장 쓰기

말로 문장을 만드는 연습을 했으니 이제 직접 써보는 시간을 가져야 할 것이다. 이때 김향숙 선생님이 활용하는 것이 'Crazy Comparing을 이용한 재미있는 비교급 문장 쓰기'이다. 이것은 모둠별로 준비해 놓은 여러 장의 사진(학생들, 유명한 운동선수, 연예인, 만화의 주인공 등) 중 비교되는 2장의 사진을 골라 재미있는 비교급 문장을 만드는 활동이다. 아이들은 자신이 좋아하는 사진을 골라 하다 보니 어느새 문장 쓰기의 부담을 훨훨 털고 있는 모습이다. 김향숙 선생님은 이 활동의 효과에 대해 이렇게 말한다.

보통 아이들이 쓰기 수업을 진행하게 되면 선생님이 어떤 문장을 쓰세요, 라고 했을 때 아이들은 그것을 수동적으로 받아쓰게 되는 경우가 많습니다. 이 경우 한 가지 정답이 정해진 것을 쓰게 될 뿐인데, 이 활동은 학생들이 자기가 쓰고 싶은 것을 다양하고 창의적인 방식으로 쓰는 것이기 때문에 자신의 뇌를 최대한 활용할 수 있습니다.

즉, 이 활동은 영어쓰기를 아이들의 창의성 향상과 연결시킨 것으로 아이들의 창의성을 기를 수 있을 뿐만 아니라 창의성을 강조하는 요즘의 경향에도 맞는 수업이라 할 수 있겠다.

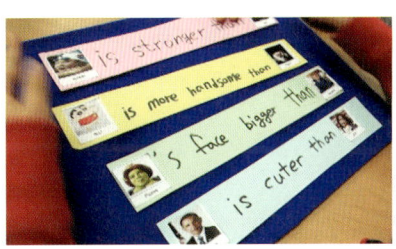

Crazy Comparing으로 쓰기 활동

Crazy Comparing으로 쓰기 활동
여러 장의 사진 중 비교되는 2장의 사진을 골라 재미있는 비교급 문장을 만드는 활동이다.

3. 노란색 또는 파란색 종이를 이용한 수준별 쓰기

다음으로는 노란색 또는 파란색 종이를 이용한 수준별 쓰기 활동을 한다. 이때 두

종이의 내용은 동일하나, 노란색 종이는 빈칸에 단어를 쓰는 방식이고 파란색 종이는 문장을 쓰게 하는 것이므로 수준이 다르다. 학생들은 자신의 수준에 맞게 종이를 선택하여 쓰기를 하면 된다.

수준별 쓰기를 하기 전 체험 활동

 **수준별 쓰기 활동**
1. 노란색 종이는 빈칸에 단어를 쓰는 방식이고 파란색 종이는 문장을 쓰는 방식이다.
2. 수준별 쓰기 활동 전 문장에 대한 체험 활동을 한다.
3. 머리에 손을 얹고 있다가 책상 위에 놓인 지우개를 빨리 잡는 학생은 자신이 상대방보다 빠르다는 비교문을 말하는 식이다.

그런데 이때에도 문장쓰기를 하기 전에 관련 문장에 대한 체험 활동을 하는데, 예를 들어 머리에 손을 얹고 있다가 책상 위에 놓인 지우개를 빨리 잡는 학생은 자신이 상대방보다 빠르다는 비교문을 말해야 하고 늦은 친구는 상대방보다 느리다는 비교문을 말하는 식이다. 이 활동 후에야 아이들은 비로소 문장쓰기 연습을 한다. 즉, 문장의 의미를 활동으로 미리 경험하고 나의 것으로 만든 후 비로소 문장쓰기를 한다는 것이다. 학생들의 부담감은 물론 학습 수준까지 배려한 매우 지혜로운 활동이라 하지 않을 수 없다. 그렇다면 김향숙 선생님이 이 부분에서 수준별 학습을 고려한 이유는 무엇일까?

처음에, 아이들에게 일방적으로 똑같은 활동지를 주었을 때 수준 높은 아이는 너무 쉬워서 금방 끝내나 나머지 아이들은 보통 수준의 학습지도 아주 끙끙거리고 어려워하는 경우가 많았습니다. 그래서 아이들의 수준에 맞게 활동지를 나누어보면 어떨까 하다가 색깔을 달리해서 학생 스스로 위화감을 덜 느끼게 하면서 '아 이건 내가 선택한 종이니까, 내 학습 목표는 이 부분이니까 이것을 달성 해야겠다'는 목표 의식과 도전감을 갖게 하기 위해서 이런 활동을 진행하게 되었습니다.

사실 학생들 간에 위화감이 조성되지 않을까, 걱정이 되기도 한 활동이지만 김향숙 선생님의 말대로 학생 스스로 그런 생각을 가진다면 위화감 없이도 충분히 진행할 수 있는 수준별 활동이라 할 수 있겠다.

스텝 3 스마트폰과 영어쓰기의 특별한 만남

1. 스마트 애플로 다양한 영어쓰기

드디어 김향숙 선생님의 수업에 스마트폰이 등장하기 시작한다. 먼저, 김향숙 선생님이 영어쓰기 활동에 스마트폰을 도입한 이유는 무엇일까? 그것은 지금 초등학교 6학년들의 초미의 관심사가 스마트폰이기 때문이다. 이처럼 아이들이 관심을 갖고 흥미를 갖는 것을 수업에 도입하면 학생들이 즐겁게, 능동적, 적극적으로 수업에 참여할 것은 당연지사다.

그렇다면 스마트폰으로 어떻게 영어쓰기 활동을 하는 것일까? 스마트폰에는 다

> **Tip 교사 입장에서 스마트폰 활용 수업의 장점**
> 이제까지 해왔던 우물 안 개구리 수업이 아니라 시대의 흐름을 읽을 수 있고 생각의 폭을 넓혀 좀 더 참신하고 다양한 교수법을 생각하게 된다.

양한 애플리케이션이 있는데, 그 중에는
영어쓰기에 도움을 주는 애플리케이션도
있다. 예를 들어 'QR코드, SNS' 등이 그
것이다. 김향숙 선생님은 그 애플리케이
션을 활용하여 아이들로 하여금 비교급

스마트폰으로 QR코드 속의 숨은 사진을 찾아내기 활동

단어를 써보게 한다. 또한 QR코드(Quick Response Code)를 이용하기도 하는데, 이
것은 바코드보다 훨씬 많은 정보를 담을 있는 격자무늬의 2차원 코드이다.

스마트폰으로 QR코드 속의 숨은 사진을 찾아내기 활동

1. 모둠별로 나누어준 종이봉투에 QR코드가 담겨있고 아이들이 이 QR코드를 스마트폰으로 찍으면 그 속에 숨어 있는 5장의 사진이 나타난다.
2. 그 사진을 보고 비교급 단어를 활용한 문장을 만들어낸다.

Tip SNS 음성 메시지를 통한 활동

1. 선생님이 갑자기 교실 밖으로 나가서 아이들에게 음성메시지를 보낸다.
2. 학생들은 영어문장을 만들어 답장을 보내야 한다.

모둠별로 나누어준 종이봉투에 QR코드가 담겨 있고 아이들이 이 QR코드를 스마트폰으로 찍으면 그 속에 숨어 있는 5장의 사진이 나타난다. 아이들은 그 사진을 보고 비교급 단어를 활용한 문장을 만들어내는 것이다. 그런데 이때 등장한 사진들도 무척 재미있다. 아이들이 달리기하는 것이나 팔씨름 시합하는 모습 등이 담겨 있기 때문이다.

이번에는 SNS 음성 메시지를 통해 보고, 듣고, 쓰고, 말하기 활동을 한다. 김향숙 선생님이 갑자기 교실 밖으로 나가서 아이들에게 음성메시지를 보낸다. 퀴즈가 담

긴 메시지다. 그러면 아이들은 영어 문장을 만들어 답장을 보내야 한다. 이 게임은 모둠별 경쟁으로 진행되므로 아이들은 다른 모둠보다 더 빨리 선생님에게 답을 전송하기 위해 영어 문장을 만들려고 안간힘을 쓴다. 그야말로 흥미진진하면서도 스릴 넘치는 영어쓰기 활동이라 하지 않을 수 없다. 김향숙 선생님은 이러한 스마트폰을 활용한 수업의 효과에 대해 이렇게 말한다.

학생들은 다양한 자극을 통해서 학습될 때 진정으로 학습 효과가 높아지는 것 같아요. 쓰기활동이라고 해서 단순히 노트에 연필로 쓰기보다는 다양한 소재에 변화를 주는 것만으로도 학생들의 동기나 학습 의욕을 고취시킬 수 있거든요.

2. Who am I?를 활용한 수수께끼 퀴즈 문장 쓰기

스마트폰을 활용한 영어쓰기 활동이 끝나자 이번에는 'Who am I?'를 활용한 수수께끼 퀴즈 문장 쓰기' 활동이 시작된다. 아이들은 각자 나는 누구인가에 대한 수수께끼의 답 문장을 만드는데, 이때 자신에 대한 이야기를 쓰는 게 아니라 자기가 생각한 친구의 이야기를 써야 한다. 그리고 한 사람이 나와서 자신이 만든 문장의 내용을 읽으면 나머

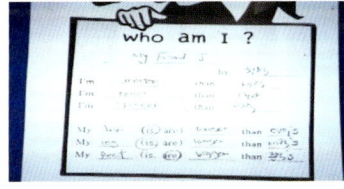

Who am I 문장쓰기 활동

Who am I 문장쓰기 활동

1. 각자 나는 누구인가에 대한 수수께끼의 답 문장을 만드는데, 이때 자신에 대한 이야기를 쓰는 게 아니라 자기가 생각한 친구의 이야기를 써야 한다.
2. 한 사람이 나와서 자신이 만든 문장의 내용을 읽으면 나머지는 그게 누구인지 알아맞히는 활동이다.

지는 그게 누구인지 알아맞히는 활동이다.

이런 식으로 학생들이 내가 문제 출제자가 되고 다른 학생들이 맞히게 되면 어떤 식으로 문제를 내야 될까 하고 뇌를 자극하게 되어 쓰기는 물론 듣기까지 향상되는 효과를 누릴 것이다.

3. 동영상 보고 에세이 소감문 쓰기

이제 막바지에 달한 수업은 동영상 보기만 남겨놓은 상태다. 이때 김향숙 선생님이 아이들에게 최근 이슈가 된 동영상 이야기를 하며 처음에는 혼자 춤을 추었는데 갑자기 수많은 사람들이 몰려와 동일한 춤을 춘다는 내용의 동영상을 보여준다. 김향숙 선생님은 이 동영상을 통해 남들과 조금이라도 다른 생각을 가지는 것이 중요하며, 영어가 더 높이 더 멀리 나아가는 데 좋은 도구가 될 것이라는 이야기를 해준다.

그런데 동영상이 끝나자 선생님은 아이들에게 과제를 내주는데 바로 동영상을 본 소감을 에세이로 적어 내는 것이다. 아직 아이들 쓰기 수준에서 쉽지 않은 일이라 걱정되는데, 아니나 다를까 선생님은 모든 학생들이 할 필요는 없으며 할 수 있는 사람만 하면 된다는 토를 마지막으로 달며 수업을 끝낸다.

김향숙 선생님이 이런 동영상을 보여주고 에세이 과제를 낸 것은 학생들이 단순히 교과서 안에 있는 지식만 배우기보다는 현재 사회적 이슈가 되어있거나 아니면 시사적인 것에 관심을 갖고 그런 부분에 자신의 생각이나 마음의 틀을 넓혔으면 좋겠다고 생각했기 때문이다. 또한 그렇게 마음의 틀이 넓혀지면 자연히 세계로 나갈 수밖에 없는데, 이때 날개를 달아줄 수 있는 것이 바로 영어다, 라는 것을 심어줌으로써 영어의 필요성을 강조하기 위해서이다.

Effect Value

영어쓰기 활동에 새로운 모델이 된 수업

김향숙 선생님의 수업은 아이들이 어려워하는 영어 쓰기 활동도 쉽게 할 수 있는 다양한 방법이 있다는 사실을 보여준 그야말로 영어쓰기 활동의 모범이 될 만한 수업이었다고 할 수 있다.

한국교원대학교 김정렬 교수는 특히 스마트폰을 활용한 부분을 눈여겨보았다. 즉 스마트폰의 최신 기술을 영어 교육에 도입하고 그것을 아이들의 놀이와 결합한 것은 새로운 영어 교육의 모범적인 사례가 될 만한 창의적인 활동이었다는 평가다. 즉, 스마트폰을 활용하여 영어의 듣기, 말하기, 읽기, 쓰기 교육을 할 수 있었다는 점에서 선구자적 역할을 한 수업이었다는 것이다.

또한 목원대학교 전영주 교수는 창의성을 강조하는 수업의 형태에 주목하였다. 즉, Crazy Comparing 같은 활동이 아이들의 창의적 사고를 유발하는 데 성공했다는 것이다.

2009년 교육과정 이후 창의성과 인성이 교육과정에서 중시되고 있는데 김향숙 선생님의 수업은 여러 활동들이 디테일한 면에서 창의성에 부합하는 수업을 하고 있는 것 같습니다. 예를 들어 전혀 연관성이 없을 것 같은 2장의 사진을 보고 비교를 이끌어내라고 하는 활동 등이 학생들로 하여금 창의적이고 다양한 생각을 하게 만든다는 것이죠.

김향숙 선생님의 수업은 또한 의사소통적인 면에서도 높은 점수를 받았다. 즉 QR코드를 활용한 학생과 교사의 소통이라든지, 음성메시지를 통한 소통 등이 그것이다. 이러한 의사소통은 학생들이 더욱 더 수업에 집중하게 하는 데 커다란 도움을 준다.

마지막으로 높이 사야 할 부분은 바로 영어 공부를 왜 해야 하는지 아이들에게 확실히 심어주었다는 것이다. 대부분의 경우 한참 힘들게 영어 수업을 하고 나면 아이들은 지치기만 할 뿐 이렇게 어려운 영어를 왜 공부해야 하는지 고개를 갸우뚱할 때가 많다. 이때 아이들에게 힘을 줄 수 있는 것은 왜 영어를 공부해야 하는지 알려주는 것이다.

그런데 김향숙 선생님의 경우 시야를 넓혀 세계적 이슈가 되는 동영상을 보여준 후 우리의 꿈을 세계로 펼쳐나가야 한다는 것을 강조하면서 이때 영어는 날개를 달아줄 좋은 도구가 된다는 식으로 자연스럽게 영어 공부를 왜 해야 하는지 알려준다. 그야말로 학생 입장에서도 영어 공부를 열심히 해야겠다는 동기부여가 될 만한 멋진 아이디어라 하지 않을 수 없다.

전체적으로 김향숙 선생님의 수업은 본이이 수업에서 강조히고 추구하는 내로 창의성이 살아 있는 수업이라 할 수 있다. 본인이 이미 창의성이 풍부했기에 이런 독창적이고 창의적인 수업을 하는 것이 가능할 수 있었다. 그런 면에서 영어 교사들에게도 창의성이 중요하다는 것은 두말 할 나위없을 것이다.

Plus Tip
Know-how

영어 공부의 동기부여와 꿈을 심어주는 수업

교사들이 수업을 진행할 때 가장 중요한 것 중 하나는 학생들의 필요와 관심사가 무엇인지 먼저 정확히 파악하는 것이다. 왜냐하면 그렇지 않아도 어려운 영어 수업인데, 자칫 교사 위주로 수업이 이루어져 지루하고 난해한 수업으로 흐를 가능성이 크기 때문이다. 특히 산만해지기 쉬운 초등학생을 대상으로 하는 수업이기 때문에 집중력을 이끌어내기 위해서라도 학생들이 관심 있어 하고 재미있어 하는 도구를 활용하는 것은 매우 중요한 부분일 수밖에 없다. 김향숙 선생님의 스마트폰 수업 역시 이러한 학생 중심의 생각이 있었기 때문에 탄생할 수 있었다.

스마트폰은 요즘 아이들이 가장 관심 있어 하는 대상이다. 과거 컴퓨터에 정신이 빼앗겼다면 요즘은 스마트폰으로 그 대상이 옮겨갔다고 해야 할 만큼 아이들은 스마트폰에서 눈을 떼지 않으려 한다. 물론 이는 아이들뿐만 아니라 전 계층이 마찬가지이긴 하지만. 이때 어른들은 걱정부터 한다. 아이들이 스마트폰에 중독되어 문제라도 생기지 않을까, 저러다가 공부는 언제 하나, 하고 말이다. 그래서 어떻게든 아이들의 손에서 스마트폰을 떼어놓으려 한다. 하지만 무엇이든 하지 말라고 하면

인천 e스쿨을 통해 학생들의 고민을 상담하고 있는 선생님의 모습

더 하고 싶은 것이 인간의 본능이다. 이에 김향숙 선생님은 오히려 역발상을 하였다. 그 스마트폰을 활용하여 역으로 공부에 이용하는 것이다. 그것도 어려워하는 영어 공부에 말이다. 아이들의 호기심을 자극하고 흥미를 유발하기에 이보다 더 좋은 도구는 없기에 이는 매우 큰 효과를 발휘할 수밖에 없다. 그런 면에서 스마트폰 영어쓰기 학습법은 학생들의 흥미를 자극할 뿐만 아니라 나아가 학생들과 진정으로 소통할 수 있었다는 점에서도 훌륭한 수업이라고 할 수 있다. 많은 교사들이 나 홀로 수업을 하고 있는데, 아이들과 진정으로 소통하기 위하여 무엇을 해야 할 것인가를 생각할 때 그 해답을 구할 수 있다.

아이들의 창의성을 기르기 위한 수업 방식도 고려해야 한다. 이미 답이 정해진 과제를 던져주는 것이 아니라 김향숙 선생님처럼 애매한 과제를 던져주어 학생들로 하여금 스스로 생각하게 하고 새로운 아이디어를 떠올리게 하는 방법도 창의력을 기르기 위해 매우 좋은 방법이다. 많은 영어 학자들이 언어 습득에 있어 학습보다 창의성이 더 중요하다고 말하는 부분에 주목해야 한다.

무엇보다 영어 공부를 해야 하는 동기를 부여시키는 김향숙 선생님의 스킬은 꼭 배워야 한다. 그냥 아이들에게 영어 공부를 열심히 해야 한다든지 꿈을 꾸라고 하는 것보다 김향숙 선생님처럼 아이들의 마음을 움직일 만한 동영상을 보여주면서 꿈과 영어 이야기를 하면 아이들의 마음이 움직일 수밖에 없다. 왜냐하면 동영상 속에는 이런 마음을 움직이는 힘이 있기 때문이다.

김향숙 선생님은 수업이 끝난 후에도 인천 e스쿨을 통해 학생들의 고민을 상담하는 일을 하고 있다. 학생들의 어떤 부분에 대해 상담하는 것일까?

물론 핵심은 진로 상담이지만 자신의 꿈을 멀리, 높이 갖고 또한 자신이 진짜로 좋아하는 분야를 깊이 볼 수 있도록 하는데 영어가 좋은 수단이 될 수 있다는 이야기도 하죠. 그래서 영어 공부를 열심히 하고 자신이 진짜로 원하는 것을 찾으라고 조언해 줍니다.

그러고 보니 어딘지 상담 내용도 김향숙 선생님의 수업 내용과 닮아 있다. 김향숙 선생님이 평소에 무엇을 생각하고 지내는지 단적으로 보여주는 대목이다. 김향숙 선생님은 아이들의 마음에 꿈을 심어주는 교사가 되고 싶다고 한다. 아이들이 진짜로 무엇을 원하는지 자기 스스로를 제대로 알고 바라볼 수 있게. 그런 아이들에게 있어 김향숙 선생님은 인생의 멘토가 되고 싶은 꿈을 가지고 있다.

스마트폰 수업, 우리 마음을 너무 잘 아는 선생님이세요

사실 영어는 특성상 내가 많이 알고 있어도 자신감 있게 당당하게 표현하지 못하면 실력을 발휘할 수 없다. 따라서 영어에 자신감을 가지고 흥미와 호기심을 잃지 않고 꾸준하게 내가 좋아하는 방식으로 반복하는 것이 중요하다. 아이들은 Pass the Ball Game을 할

아이들의 꿈을 심어주기 위한 동영상을 보여주고 있는 선생님

때 가장 재미있어 한다. 일단 음악이 멈춰질 때 공을 잡고 있는 사람이 발표자가 되므로 서로 안 걸리려고 안간힘을 쓴다. 때로는 자기가 오래 가지고 있다가 슬쩍 옆 사람에게 던져주기도 하면서 말이다.

특히 자신의 키를 실제로 재보고 팔씨름을 해보고 물건 빨리 집기를 하면서 아이들은 재미를 느낀다. 그래서 오늘의 과제인 영어쓰기가 부담스럽지 않고 오히려 내 이야기가 되고 내 것이 되어버리는 경우도 많다. 그런 의미에서 아이들이 스스로 무엇인가를 체험하고 체험을 통해서 생각하고 느낀 결과를 문장으로 쓰게 하는 것은 매우 중요하다.

그 중에서도 스마트폰을 활용한 QR코드와 음성 메시지 활동은 아이들에게 최고의 재미를 선사했다. 지금 스마트폰은 아이들의 최대 관심사다. 그런데 엄마 아빠들은 아이들이 스마트폰을 많이 사용한다고 걱정만 하고 있는데 선생님은 오히려 수업 시간에 갖고 놀게 하니 그렇게 고맙고 또 재미있을 수 없다. 그래서 스마트폰을 활용한 수업은 아이들에게 의미 있고 또 최고의 활동이 된다. 무엇보다 세계를 무대로 꿈을 펼치라는 김향숙 선생님의 말은 아이들의 가슴을 설레게 하기에 충분하다. 아이들은 자신도 동영상의 주인공처럼 세계로 나가 자신의 꿈을 펼쳐보고 싶다는 꿈을 꿀 수 있다. 그리고 그러기 위해 영어 공부를 더 열심히 해야겠다는 생각도 하면서.

[스마트폰 영어쓰기 학습법 수업지도안]

오늘의 수업 주제

비교급 문장을 읽고 말하기

구분	과정	준비물
STEP 1 호기심 자극하기	Opening – 산타클로스로부터 온 선물	
	1. 산타클로스 선물과 비교 사진으로 비교급 알아보기 – 마술주머니에서 학습목표 알아보기	선물주머니, 마술주머니
	2. Look and Listen 활동으로 비교급 익히기 – 비교 그림으로 비교급 익히기 – 애니메이션으로 제작된 동영상을 보면서 ㅇ×퀴즈 맞히기 – 틀린 단어와 문장을 찾는 Dialogue NG? FIX! 활동	동영상, 비교 사진, 차트
STEP 2 창의적 수준별 영어 쓰기	1. Pass the Ball Game으로 비교급 문장 말하기 – 모둠별로 음악에 맞춰 나누어준 주사위 공을 주고받다가 음악이 멈출 때 공을 쥔 학생이 발표를 하는 놀이	주사위 공
	2. Crazy Comparing으로 비교급 문장 쓰기 – 모둠별로 준비해 놓은 여러 장의 사진 중 비교되는 2장의 사진을 골라 재미있는 비교급 문장을 만드는 활동	사진
	3. 노란색 또는 파란색 종이를 이용한 수준별 쓰기 – 노란색 또는 파란색 종이를 이용한 수준별 쓰기 활동	노란색, 파란색 활동지
STEP 3 스마트 영어 쓰기	1. 스마트 어플로 다양한 영어쓰기 – 애플리케이션을 활용하여 아이들로 하여금 비교급 단어를 써보게 하는 활동	스마트폰, 애플리케이션
	2. Who am I?를 활용한 수수께끼 퀴즈 문장 쓰기 – 나는 누구인가에 대한 수수께끼의 답 문장을 만드는 활동	
	3. 동영상 보고 에세이 소감문 쓰기 – 선택적 활동	동영상

•• CHAPTER 6 ••

텃밭에서는
즐거운 영어가 쏙쏙!

텃밭 자연
영어 학습법

Gyoyun Jung, Best English Teacher!

봉암초등학교(경기도 양주)
정교윤 선생님

교육경력 1년 차
텃밭에서 배우는 즐거운 영어
2012 EBS 최고의 영어교사 출연

살아있는 식물과
살아있는 영어를
나눈다

Why What?

자연 속에서도 영어를 가르칠 수 있을까?

텃밭 자연 영어 학습법이란 교실에서 영어를 배우는 것이 아니라 텃밭에서 직접 식물을 키우며 그 식물을 대상으로 영어를 배우는 학습법을 말한다. 이때 아이들은 각자 자신의 이름표가 달린 식물을 키우며 그러한 식물들을 학습 도구로 삼아 영어를 배우기 때문에 매우 실제적이며 정서적으로도 도움을 주는 수업이 바로 텃밭 자연 영어 학습법이다.

최근 공교육이 무너졌다며 혀를 차는 사람들이 많지만, 요즘처럼 아이들이 마음껏 다니고 싶은 곳 다니던 시절도 없었을 정도로 아이들은 많은 체험 학습을 하고 있다. 수영장, 과학관, 어촌 체험에 텃밭 체험까지. 물론 과거와 달라진 교육과정 덕분이지만 아이들은 마음껏 현장 경험을 하며 체험의 범위를 넓혀가고 있다. 이런 것은 사교육에서 하기 힘든 부분인데 공교육에서는 저렴한 비용으로 아이들로 하여금 체험 학습 경험을 넓힐 수 있으니 그 역할을 톡톡히 한다고 할 것이다. 그런 면에서 공교육은 사교육과 차별화된 전략을 충분히 펼칠 수 있다는 생각도 든다.

하지만 주요 과목에 대한 학습 부분으로 넘어오면 여전히 답답하기 그지없다. 도대체 사교육에 밀려 답이 나오지 않는다. 많은 아이들이 이미 고급의 영어 교육을 받고 있는데도 학교에서는 여전히 한 단계 낮은 수준의 영어만 가르치고 있으니 학부모들의 외면을 받을 수밖에 없다. 그것은 비단 영어만의 문제가 아니라 수학, 과학 등 다른 과목도 마찬가지다.

그렇다면 학교 교육은 대안이 없는 걸까? 어쩌면 앞의 체험 학습에서 답을 찾을 수 있으리란 생각이 든다. 즉, 교과 과목의 학습과 체험 학습을 통합한 교육을 해보는 것이다. 물론 모든 과목에 접목하는 것은 쉽지 않으나 최소한 현장감이 필요한 영어나 사회, 과학 같은 과목은 가능할 수도 있을 것 같다. 실제 현장에 가서 수업을 해보는 것이다. 예를 들어 영어의 경우 자연 속으로 가서 거기에 있는 생물들과 실제 대화를 해보는 수업을 한다면 이는 교실 안에서 사진이나 영상만 보고 하는 것과는 차원이 다른 수업 효과를 누릴 수 있다. 사회나 과학도 마찬가지이다.

그런데 생각 속에서만 있었던 이런 수업을 실제 현실로 이룬 선생님이 있다. 바로 양주에 있는 봉암초등학교 정교윤 선생님(5학년)이다. 놀랍게도 정교윤 선생님은 이제 선생님이 된 지 1년 밖에 안 된 신출내기 선생님이다. 그런데 정교윤 선생님은 어떻게 이런 멋진 생각을 하게 되었을까?

텃밭 자연 영어 학습법이란?

- 영어 학습의 현장을 교실에서 텃밭으로 옮겨 직접 키우는 식물을 대상으로 진행하는 영어 학습법이다.
- 교실에서 학습내용 알기–텃밭에서 배우고–자연에서 정리하기의 구조로 이루어져 있으며 무엇보다 텃밭이라는 자연 속으로 나가 실제 체험을 통해 영어를 배우기 때문에 관심을 유도하고 실제 체험을 통해 영어를 체득할 수 있다는 장점이 있다.

How How

자연 속에서 배운 영어는
자연스러울 수밖에 없다

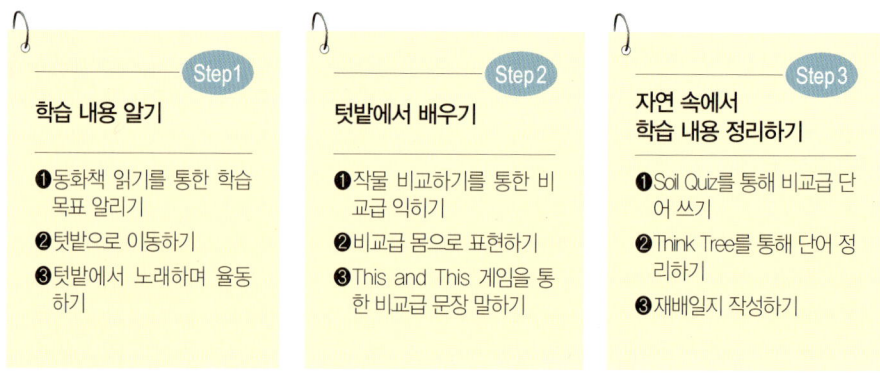

수업 전체 구성도

도입 전 활동 : 원어민 교사와 함께 안부묻기

Step 1 — 학습 내용 알기
1. 동화책 읽기를 통한 학습 목표 알리기
2. 텃밭으로 이동하기
3. 텃밭에서 노래하며 율동하기

Step 2 — 텃밭에서 배우기
1. 작물 비교하기를 통한 비교급 익히기
2. 비교급 몸으로 표현하기
3. This and This 게임을 통한 비교급 문장 말하기

Step 3 — 자연 속에서 학습 내용 정리하기
1. Soil Quiz를 통해 비교급 단어 쓰기
2. Think Tree를 통해 단어 정리하기
3. 재배일지 작성하기

도입 전 활동) 원어민 교사와 함께 안부 묻기

먼저, 수업의 시작은 교실에서다. 정교윤 선생님은 원어민 선생님과 함께 수업을 진행하는데 이때 서로의 안부를 묻는가 싶더니 갑자기 식물의 안부를 묻는다. 바로 학

생들이 키우고 있는 식물들의 안부에 관한 이야기다. 정교윤 선생님은 이렇게 시작부터 자연 친화적인 내용으로 문을 연다.

스텝 1 학습 내용 알기

1. 학습 내용과 관련된 동화책 읽기

수업의 도입은 동화책 읽기로 시작된다. 정교윤 선생님은 매 영어 수업 시작마다 동화책을 읽힌다. 이는 물론 작물 재배와 관련된 내용으로 학습 동기 부여 및 주인공과 동질감을 형성할 수 있도록 하기 위함이다.

수업 도입 부분에 동화책 읽기를 하고 있는 모습

> **Tip 동화책 읽기의 장점**
> 시골 학생들에게 영어 동화책의 접근 기회를 늘려주고 호기심 자극에 도움을 준다.

이때 정교윤 선생님은 동화책 속 그림을 통해 자연스럽게 오늘의 학습 목표를 이끌어낸다. 오늘의 학습 목표는 '비교급 문장을 읽고 말할 수 있다'이다. 정교윤 선생님은 왜 중요한 학습의 도입 부분에 동화책 읽기를 시도했을까?

동화책 읽기는 고학년도 굉장히 좋아해요. 우리 시골학교에서는 영어동화책을 접해보지 않은 친구들도 굉장히 많이 있거든요. 그래서 동화책을 읽어주면서 아이들에게 영어

한 문장이라도 더 보여주려고 하고 있어요. 또 아이들은 말하는 능력보다는 듣는 능력이 먼저 발달하기 때문에 원어민 선생님의 정확한 발음과 또 실감나는 스토리텔링으로 호기심을 불러일으키기 위해 동화책 읽기를 하죠.

2. 텃밭으로 이동하여 노래와 율동하기

동화책 읽기가 끝나자 비로소 아이들은 텃밭으로 이동한다. 양주의 봉암초등학교는 시골학교의 특색을 살려 텃밭 가꾸기를 하고 있는데, 거기에서 아이들은 자신의 이름표를 달고 자신의 작물을 키우고 있었다. 아이들은 텃밭에 나오면 자신이 키운 작물 앞에 서게 된다.

텃밭에서 노래와 율동

텃밭에서 노래와 율동
1. 교실에서 텃밭으로 이동한다.
2. 식물 가꾸기 활동을 하면서 익혔던 내용을 바탕으로 아이들이 직접 개사해서 만든 영어 노래와 율동을 한다.

이제 정교윤 선생님은 텃밭에서 노래하며 율동하기를 한다. 그런데 이때의 노래와 율동은 선생님이 준비해온 것을 따라하는 게 아니라 학생들 스스로 만든 노래와 율동이다.

즉, 각 모둠마다 식물 가꾸기 활동을 하면서 익혔던 내용을 바탕으로 아이들이 직접 영어 노래 가사를 만들고 율동을 만들었다. 이렇게 아이들은 텃밭 가꾸기를 할 때마다 자신들이 직접 만든 노래와 율동을 한다. 그렇다면 정교윤 선생님은 왜 노래와 율동을 아이들로 하여금 직접 만들게 했을까?

아이들을 가만히 지켜보면 특별한 것을, 자기들만의 특별한 것을 좋아해요. 그래서 노래와 율동을 직접 만들게 했고 그 노래를 부를 때마다 스스로 대단한 자부심을 가져요. 자기들이 직접 만든 노래와 율동이니까요. 특히 우리 반만의 특별한 노래인 This is the way 송을 부를 때마다 아이들은 굉장히 좋아합니다.

스텝 2 텃밭에서 비교급 영어 배우기

1. 작물 비교하며 비교급 익히기

이제 정교윤 선생님의 수업은 본격적으로 비교급 배우기에 돌입하게 된다. 아이들은 각자의 작물 앞에서 식물을 자세히 관찰한다. 이윽고 정교윤 선생님이 아이들을 한곳으로 집합시킨다. 작물의 성장 과정을 서로 비교하기 위해서다. 정교윤 선생님이 아이들로 하여금 먼저 관찰한 후 모이게 한 것은 아이들이 텃밭에 나가자마자 자신의 식물이 얼마만큼 자랐는가에 가장 관심을 가지기 때문이다.

작물 비교하기 활동

작물 비교하기 활동
1. 각자의 작물 앞에서 식물을 자세히 관찰한다.
2. 아이들을 한곳으로 모이게 한다.
3. 식물을 비교하며 비교급 문장을 만들게 한다.

그래서 자연스럽게 자신의 식물이 얼마만큼 자랐는지 관찰하는 시간을 준 후에 함께 모이게 한다. 그리고 그것을 문장으로 만들어볼까, 하고 자연스럽게 수업으로 들어가면 아이들은 무의식중에 자신들이 가장 좋아하는 텃밭과 자연 속에서도 비교하는 말이 숨어 있다는 것을 느낀다. 즉, 작물에 대한 호기심을 이용하여 좀 더 쉽게 비교급 문장으로 다가설 수 있게 된다.

2. 비교급 몸으로 표현하기

다음으로 하는 활동은 비교급을 몸으로 표현하는 것이다. 즉, 모둠별로 3명의 아이들이 나와서 선생님이 제시하는 카드에 해당하는 단어(Big, High, Cute 등)의 비교급, 최상급 등을 몸으로 표현하면 된다. 예를 들어 big 카드를 제시하면 3명의 아이들이 연달아 Big - Bigger - Biggest의 몸동작을 해 보인다. 탁 트인 자연 속에서 했기 때문인지 아이들은 유난히 큰소리로 영어를 말하면서 몸동작을 해 보인다. 사실 이 활동은 자기가 머리를 쓸 필요 없이 그저 선생님이 불러 준 단어를 외치며 몸으로만 만들면 되기 때문에 부담 없이 듣고 표현함으로써 자연스럽게 비교급의 의미를 파악하게 되는 장점이 있다.

> **Tip 비교급 몸으로 표현하기**
> 1. 모둠별로 3명의 학생들이 앞으로 나온다.
> 2. 선생님이 제시하는 카드에 해당하는 단어(Big, High, Cute 등)의 비교급, 최상급 등을 몸으로 표현한다.
> 3. 예를 들어 big 카드를 제시하면 3명의 아이들이 연달아 Big- Bigger- Biggest의 몸동작을 해 보이는 것이다.

3. This and This 게임으로 비교급 문장 만들고 말하기

이제 텃밭 영어 수업은 한 단계 더 진화하여 This and This 게임으로 넘어간다. 이는 아이들 스스로 비교급 문장을 만들고 말할 수 있는 기회를 주기 위해 마련한 활동으로 텃밭을 돌아다니다가 친구를 만나면 가위 바위 보를 하고 진 사람은 비교급을 만들 2가지 작물을 지정한다. 이긴 사

this and this 게임

This and This 게임
1. 텃밭을 돌아다니다가 친구를 만나면 가위 바위 보를 한다.
2. 진 사람은 비교급을 만들 2가지 작물을 지정한다.
3. 이긴 사람이 비교급문장을 만들라고 하면 진 사람은 작물을 보고 비교급 문장을 말한다.

람이 비교급 문장을 만들라고 하면 진 사람은 작물을 보고 비교급 문장을 말한다.

정교윤 선생님이 이 게임을 개발한 것은 학생들에게 다양한 영어 말하기의 기회를 주고 싶었기 때문이라고 한다.

아이들은 문장을 말하라고 하면 뭐부터 시작해야 할지 사실은 굉장히 어려워해요. 이 게임을 통해 발화 기회가 주어지면 작물을 보면서 그것을 자기가 빠르게 기억해내서 차근차근 설명해가는 과정을 통해 문장을 완성시키는 거예요. 아이들은 그것을 통해서 '어, 나도 문장을 만들 수 있구나', 비교하는 말이 이렇게 텃밭 속에서도 다양하게 숨어 있구나, 하고 느끼면서 문장도 하나하나씩 완성되는 것이라 생각해요.

또한 아이들은 이 활동을 통해 비교급에서 크고 작음의 차이만 있는 것이 아니라 높고 낮음의 차이도 있다는 사실을 이해한다.

> **스텝 3** 자연 속에서 비교급 문장 정리하기

1. Soil Quiz로 비교급 단어 쓰기

정교윤 선생님은 갑자기 아이들에게 모래를 만져보게 한다. 이번에 할 활동이 Soil Quiz 이기 때문이다. 이는 비교적 간단하면서도 대단한 흥미를 자아내는 활동이다. 즉, 원어민 선생님이 퀴즈를 내면 그 답을 물풀을 이

Soil Quiz

용하여 종이에 적은 후 모래에 묻히면 정답 글씨가 보이는 방식이다.

Soil Quiz

1. 원어민 선생님이 영어로 퀴즈를 내면 학생들은 물풀을 이용하여 답을 적는다.
2. 물풀을 이용하여 답을 종이에 적은 후 모래에 묻히면 정답 글씨가 보이게 되는 방식이다.

Tip Soil Quiz 활동의 장점

사실 요즘 아이들은 학원 등을 통해서 굉장히 많은 단어를 알고 있다. 하지만 이런 단어들은 일방적으로 외워서, 시험을 봐서 머릿속에 채워진 것들이다. 하지만 이렇게 좋아하는 활동을 통해서 자연스럽게 하나하나씩 알아갔을 때 그 단어가 가장 오래 기억에 남을 것은 자명한 사실이다. 그런 면에서 Soil Quiz는 영어 단어에 대한 흥미를 높이고 기억력에도 도움을 줄 수 있는 멋진 활동이라 할 수 있다.

오늘 예문은 This is 땡땡 than this로 원어민 선생님은 텃밭 주위에 있는 나뭇가지, 돌 등을 보이며 퀴즈를 낸다. 그러면 아이들은 예문의 땡땡 자리에 들어갈 단어를 쓰기만 하면 되는데, 물풀에 모래가 붙어 글씨가 만들어지는 게 신기한지 모두 흥미진진한 표정으로 퀴즈에 참가한다.

2. Think Tree로 단어 정리하기

이제 Think Tree를 통해 단어 정리하기 시간을 갖는다. 이는 지금까지 배운 단어들을 카테고리별로 분류하고 나누는 활동이다. 재미있는 것은 우산을 펼쳐서 거기에 단어 카드를 붙인다는 점이다. 맨 위에 단어하나를 붙이고 그 밑으로 관련 단어를 계속 붙여가는 식이다. 정교윤 선생님은 어떻게 우산을 활용할 생각을 갖게 된 걸까?

텃밭에 나가면 햇볕 때문에 아이들이 굉장히 힘들어할 때가 있어요. 그래서 조금 햇볕을 가리면서 공부할 방법이 없을까 생각하다가 우산을 활용한 Think Tree 활동을 생각하게 되었고요. 이제까지 배운 단어, 무엇이든 다 괜찮은 것 같아요. 어떤 시간에든 자기가 배운 단어가 10개가 있으면 자기가 단어 카드를 적는 거예요. Writing 시간을 가지는 거죠. 그런 후에 그 차시가 끝난 무렵에 우산을 가지고 단어를 연결 지으면서 단어를 한 번 더 생각하게 되는 학습 효과가 있습니다.

새로운 아이디어는 역시 문제에서 출발한다는 것을 잘 보여준 사례라 할 수 있다.

Think Tree 활동
1. 우산을 펼쳐서 거기에 단어 카드를 붙이는 방식이다.
2. 맨 위에 단어하나를 붙이고 그 밑으로 관련단어를 계속 붙여가는 식이다.

Tip   Think Tree 활동의 장점
텃밭은 땅이 넓어서 자기가 쓴 단어를 펼칠 수 있는 공간이 있기 때문에 털썩 주저앉아서 할 수도 있다. 또 서로 물어보면서 단어를 찾기도 하고 걸어보면서 아이들이 하나씩 더 배워나갈 수 있다는 장점도 있다.

3. 재배일지 작성하기

이제 정교윤 선생님의 수업은 마지막 '재배일지 작성하기'만 남겨두고 있다.

이것은 말 그대로 작물의 성장 과정을 관찰하고 영어로 재배일지를 작성해보는 활동이다. 지금까지의 활동이 단어 위주

재배일지 작성을 도와주고 있는 선생님

였기에 이제 완성된 문장을 영어로 적어보는 값진 경험을 할 수 있는 시간이다. 지난 시간에 관찰했던 식물과 비교해 조금 더 자란, 조금 더 많이 핀 꽃 그런 것들을 보고 한 문장으로 적어보는 것이다. Soil Quiz 시간에 단어를 적어보았고 또 this and this 게임에서 문장을 한마디씩 해보는 단계를 거쳤기 때문에 크게 어렵지는 않다. 그럼에도 아직 영어 문장 쓰기에 어려움을 겪는 아이들은 선생님이 옆에서 도와줘 부담감을 덜어준다. 그런데 이 재배일지 쓰기에는 정교윤 선생님만의 남다른 영어 쓰기 교육에 대한 비법이 숨어 있다고 한다.

재배일지를 작성할 때 오늘 배운 비교와 관련된 문장만 쓰게 하는 것이 아니라 쓸 수 있는 문장을 다 써보도록 하고 있어요. 그러면 아이들이 한 문장씩은 기본적으로 다 적고 세 문장, 다섯 문장까지 적는 아이들도 있어요. 이것을 통해서 정말로 나도 영어 문장을 쓸 수 있구나, 하는 자신감을 불러일으켜 줄 수 있다고 생각합니다.

지금까지 다른 쓰기 수업에서 보지 못한 독창적이면서도 실제 학습에 도움을 줄 수 있는 방법이다. 오늘 배운 문장 쓰기뿐 아니라 자유로운 문장쓰기를 통해 영어 쓰기에 대한 자신감을 더욱 기를 수 있기 때문이다.

Effect Value

자연체험과
영어 학습이 어우러진
최고의 수업 모델

전체적으로 정교윤 선생님의 수업은 쉽고 간단명료하며 자연스럽다. 그래도 영어가 쉬운 게 아닌데 이래도 되나, 싶을 정도의 불안한 생각까지 들었지만 수업의 후반부로 가면서 오히려 정교윤 선생님의 수업은, 초등학교 영어 교육이 이래야 하지 않을까, 란 생각으로 바뀌게 만든다. 매 활동마다 자연과 어우러진 쉽고 독창적이면서도 자연스러운 활동이었고 다룬 주제도 머리에 쏙 들어올 만큼 간단명료하고 핵심을 잘 짚었다. 영어 학습을 자연 체험과 연계하여 이렇게 할 수도 있다는 가능성을 보여주었다. 오히려 자연을 도구로 삼기에 선생님 입장에서는 손이 덜 가는 수업이라 매우 효율적인 수업이라는 느낌도 들었다. 이전에 여러 선생님들이 했던 영어 수업을 지켜보며 감탄사를 연발할 수밖에 없었지만, 이면에는 매번 저렇게 수업을 준비하려면 무척 힘들겠다 싶은 마음도 들었다. 하지만 정교윤 선생님의 수업은 자연 속의 도구를 활용하기에 수고를 덜면서도 매우 효과적인 학습이었다는 것이다.

 자문단들 역시 정교윤 선생님의 수업을 두고 무엇보다 사람과 자연이 만나는 수업이라는 데 높은 점수를 주었다. 자연 속에서 인간은 자연스럽게 따뜻함을 느끼게 되며 또한 인공이 아닌 실제적이라는 느낌을 받게 만들고 이러한 자연 속에서의 영어 학습은 그 효율이 배가될 수밖에 없다.

한편, 곳곳에 창의적인 활동들이 배치되어 있어 학생들의 창의성 개발에도 도움을 주는 수업이었다. 물풀과 모래를 활용한 창의적인 영어쓰기 활동이나 우산을 활용한 창의적인 단어 분류 학습 활동은 오래도록 강한 자극으로 기억에 남을 만한 활동이었다. 창의적인 것에는 이런 힘이 있다. 무엇보다 이러한 아이디어가 또한 자연과 연계되어 있다는 데 더 큰 매력이 있다. 또 아이들이 노래 가사를 개사하고 율동 만드는 것을 주도적으로 하게 한 부분도 높이 사야 한다. 가사와 율동 속에 학습 내용과 관련된 표현을 넣어야 하므로 이를 통해 학습 효과를 높일 수 있기 때문이다. 마지막으로 학습의 마무리로 재배 일지를 활용했다는 점도 매우 좋은 선택이었다. 학생들이 자연 속에서 직접 체험한 내용을 마지막으로 기록하며 학습을 마무리한다는 것은 매우 의미 있는 일이기 때문이다.

한국교원대학교 박경철 박사 역시 재배 일지의 유용성에 대해 이렇게 말한다.

배운 것을 적어본다는 것은 단기기억을 장기기억으로 이끌어주는 좋은 방법이거든요. 하지만 그냥 눈으로 본 것이 아니라 실제 체험해 본 것을 적는다는 것은 흥미를 불러일으키면서 학습 효과를 배가시키고 자신에게 가치 있는 것으로 남게 됩니다.

전체적으로 자문단의 평가가 이보다 좋은 수업이 없다는 반응이 일 정도로 텃밭을 소재로 한 정교윤 선생님 수업은 높은 점수를 받았다. 그것은 역시 인간과 자연이 어우러진 가운데 이루어진 영어 수업이었기에 가능했다. 앞으로 자연과 함께 하는 영어 수업이 점점 더 많아지길 기대해 본다.

식물이 자라는 기간 동안 장기프로젝트로도 할 수 있다

정교윤 선생님이 고안한 텃밭 자연 영어 학습법의 출발은 현재 교실에서 화려한 활동들과 함께 행해지는 수업들이 과연 화려함만큼의 효과가 있을까, 하는 의구심 때문이었다. 게다가 이곳은 시골아이들이라 영어 자체에 거부감이 있는 아이들(5학년이지만 have도 모르는)이 많아 더욱 고민할 수밖에 없었다. 여름방학마다 필리핀 연수를 다녀오지만 don't 와 didn't도 구별 못하는 아이들이다. 그러다보니 영어 시간이 지옥인 것처럼 느끼는 아이들도 몇몇 보여 영어 시간이 왜 있는지 하는 생각마저 든다.

이에 정교윤 선생님은 아이들이 즐거워서 말하고 반복해도 지루하지 않은 교수법이 필요하다 생각했다. 그때 생각 난 것이 반별로 배정받은 텃밭이었다. 아이들은 4월부터 텃밭을 일구는 작업에서 7월 수확까지의 과정을 무척 흥미로워 한다. 텃밭 자연 영어 학습법은 이렇게 탄생하였다. 정교윤 선생님이 이러한 텃밭 수업에서 생각한 4가지 포인트는 다음과 같다.

1. 아이들이 좋아하는 소재를 가지고 영어를 배우게 하자.

2. 자연 친화적 정서를 가지면 마음이 평온해지고 영어에 대한 벽을 허물 수 있다.

3. 아이들은 밖에서 뛰노는 것을 너무너무 좋아한다.

4. 식물을 가지고 배우는 것이 아니라 텃밭 속 에서 배움이 일어나도록 한다.

하지만 수업 장소가 교실이 아니라 텃밭이기 때문에 주의해야 할 점도 있다. 우선, 텃밭을 활용하는 수업이므로 교실보다 통솔이 어려울 수 있다. 이는 학생들과 처음부터 텃밭에 나갔을 때의 규칙을 만들어 지키도록 하면 좋을 것이다. 또 책상이 없으므로 학생들이 항상 서 있어야 한다. 이 부분이 가장 어려운 부분이다. 책상에 펼쳐놓고 조작할 수도 없고 종이에 쓸 수도 없다. 그래서 정교윤 선생님은 모둠이나 학생 개별로 텃밭에 나가는 바구니를 준비하여 항상 쓸 수 있는 연필과 대고 쓸 만한 판과 얼마만큼 자랐는지 알 수 있는 자 등을 준비하게 했고 바닥에 털썩 앉을 수 있도록 체육복을 입고 나가게 했다.

한편, 텃밭에서 수업을 하면 적용할 수 있는 수업에 한계가 있을 수밖에 없다. 이 부분은 정교윤 선생님 역시 이 수업을 구상할 때 처음 부딪친 벽이었다. 하지만 텃밭에 있는 식물만 이용하는 것이 아니라 교실이 아닌 텃밭이라는 장소를 이용하여 수업을 하다고 생각하면서 이 문제를 해결하였다.

이때 구조주의 협동 학습을 이용하면 도움이 된다. 즉 모둠을 구성하여 모든 구성원에게 역할을 분담하여 한사람도 빠짐없이 참여하게 하는 매우 흔한 방법인데, 이것을 영어 교과에도 적용하여 Reader, Keeper, Motivater, Writer… 이렇게 역할을 나누고 텃밭에서 수행하게 하는 것이다. 주어진 활동이 끝나면 신호를 보내는데 "We made it!"이라고 엄지를 올리고 팔을 번쩍 드는 자세로 외치는 것도 아이들이 재미있어 한다.

또한 텃밭 자연 영어 학습법은 텃밭에 작물을 몇 달 동안 계속 키워야 하는 것이

원어민 교사와 함께 수업을 준비하고 있는 정교윤 선생님

기 때문에 텃밭을 활용한 수업 또한 몇 달의 프로젝트로 수업을 진행하면 좀 더 재미있는 수업이 될 수 있다. 정교윤 선생님은 텃밭 영어 수업을 하면서 가장 보람을 느낀 순간이 있었다고 이야기한다.

한 아이가 영어 시간만 되면 울상이 되어 있었는데, 영어를 시키면 하려고 하지 않아서 안타까움이 컸었어요. 그런데 텃밭에 나가 영어 수업을 진행하면서 그 아이가 조금씩 달라지는 모습을 보이더라고요. 그 모습을 보면서 아 정말 텃밭에서 영어 수업 하기를 참 잘했구나, 하고 생각이 들었어요. 또 그 학생이 '선생님 이제는 영어가 그렇게 어려운 것이 아니더라고요'라고 이야기를 들었을 때는 정말로 보람을 느꼈습니다.

이제 정교윤 선생님에게 있어 텃밭 영어 수업은 자연 속에서 생명의 원리를 가르치고 그 속에서 영어를 가르치는 귀한 체험 학습장 같은 곳이 된 느낌이다. 이런 정교윤 선생님의 꿈은 정말로 아이들이 한 명도 빠짐없이 수업에 참여하고 즐거워하고 뛰어놀 수 있는 수업을 해보고 싶다.

그래서 텃밭뿐만이 아니라 축구도 하고 야구도 하면서, 그 속에서 아이들과 함께 뛰어놀면서 영어도 공부하는 그런 수업도 해보고 싶다는 것이다.

참 재미있는 추억이었고, 영어 실력도 더 늘었어요

아이들 입장에서 정교윤 선생님의 텃밭 수업은 부담 없을 뿐 아니라 자연 속에서 한바탕 즐길 수 있는 수업이었다. 아이들은 자연 속의 살아있는 생명체를 좋아하고 신기해한다. 그래서 어른들이 볼 때에는 아무것도 아닌 작은 곤충이나 식물에 관심을 가지고 그들이 움직이는 모습이나 자라는 모습을 유심히 살펴본다.

그런데 정교윤 선생님이 이런 아이들의 마음을 아는지 모르는지 텃밭에서 영어 수업을 하니 그저 신날 뿐이다. 이 때문일까. 아이들의 입에서는 정교윤 선생님의 수업에 대한 칭찬 일색의 말들이 쏟아져 나온다. 정교윤 선생님 수업에 대한 아이들의 반응을 이것으로 갈음해도 될 만큼 말이다.

- 선생님이 저희와 함께 밭에서 같이 노니까 저희와 똑같아서 재미있었어요.
- 친구들끼리, 또 혼자 알아서 재미있게 만들 수 있어서 좋았어요.
- 친구 것과 비교하니까 어제 것보다 더 신선하고, 또 커지는 것을 보니까 기분이 좋았어요.
- 풀에 흙이 잘 붙는지 몰랐는데요, 딱풀로 하니까 잘 안 붙는 것 같은데 물풀로 하니까 잘 붙었어요.
- 비슷한 내용의 단어를 쉽게 정리할 수 있고 잘 알아볼 수 있어서 좋고, 저희 학교가 시골 쪽이잖아요. 다른 학교는 견학을 가고 땅을 빌리고 해야 하잖아요. 그런데 저희 학교는 바로 옆에 텃밭이 있어서 빌리지 않아도 되니까 좋아요.

[텃밭 자연 영어 학습법 수업지도안]

오늘의 수업 주제

비교급 문장을 읽고 말하기

구분	과정	준비물
STEP 1 학습내용 알기	Opening – 원어민 교사와 안부 인사나누기	
	1. 학습 내용과 관련된 동화책 읽기 – 동화책 속 그림을 통해 자연스럽게 오늘의 학습 목표를 이끌어냄	동화책
	2. 텃밭으로 이동하여 노래와 율동하기 – 텃밭으로 이동하여 아이들이 직접 개사한 노래와 율동을 함	개사한 노래와 율동
STEP 2 텃밭에서 배우기	1. 작물 비교하며 비교급 익히기 – 각자의 작물 앞에서 식물을 자세히 관찰 – 아이들을 한곳으로 모이게 하고 식물을 비교하며 비교급 문장을 만들게 함	작물
	2. 비교급 몸으로 표현하기 – 모둠별로 3명의 아이들이 나와서 선생님이 제시하는 카드에 해당하는 단어의 비교급, 최상급 등을 몸으로 표현	단어 카드
	3. This and This 게임으로 비교급 문장 만들고 말하기 – 텃밭을 돌아다니다가 친구를 만나면 가위 바위 보를 하고 진 사람은 비교급을 만들 2가지 작물을 지정 – 이긴 사람이 비교급 문장을 만들라고 하면 진 사람은 작물을 보고 비교급 문장을 말함	작물
STEP 3 자연에서 정리하기	1. Soil Quiz로 비교급 단어 쓰기 – 원어민 교사가 영어로 퀴즈를 내면 학생들은 물풀을 이용하여 답을 적음	물풀, 모래
	2. Think Tree로 단어 정리하기 – 우산을 펼쳐서 거기에 단어 카드를 붙임	우산, 단어 카드
	3. 재배일지 작성하기 – 작물의 성장과정을 관찰하고 영어로 재배일지를 작성함	재배일지

•• CHAPTER 7 ••

뇌를 자극하면
재밌는 영어가 쏙쏙!

흥미로운 뇌자극
영어 학습법

Jungsoon Hong Best English Teacher!

초당초등학교(강원도 강릉)
홍정순 선생님

교육경력 13년 차
2008 삼척시 영어연극 발표대회 지도교사 표창 수상
2008 영어수업개선대회 강원도 2등급
2011 영어수업개선대회 강원도 1등급
2011 영어수업개선대회 전국 2등급
2011 강원외국어교육원 영어전문회화강사연수 강의(2월)
2011 강원외국어교육원 초등영어회화심화연수 강의(8월)
2011 제2회 GILI IETTP Workshop에서 TEE수업 운영사례 발표(8월)
2011 속초교육지원청 초등영어 수업개선·컨설팅 능력향상 워크숍 강의(11월)
2012 강원도 초등교육연구회에서 모범사례 발표(6월)
2012 영어수업 개선대회 강원도 3등급

영어는 뇌를 자극하기 원한다

Why What?

뇌를 자극하는 학습 원리를 영어에 도입할 수는 없을까

뇌 자극 영어 학습법이란 한마디로 뇌의 잠재력을 최대한 발휘하도록 하기 위해 뇌를 자극하며 영어를 익히게 하는 학습 방법이다. 즉, 뇌의 잠재력을 최대한 사용함으로써 학생들의 영어 학습 효과를 배가시키기 위해 도입된 학습법이라 할 수 있다.

최근 뇌 과학이 크게 발달하면서 뇌 과학을 아이들의 학습에 이용하려는 노력들이 점차 강화되어 왔었다. 교육 분야에서 뇌 과학을 학습에 도입하려는 이유는 간단하다. 뇌의 잠재력을 최대한 개발함으로써 학생들의 학습 효과를 배가시키기 위함이다. 최소한의 노력으로 최대의 효과를 누리겠다는 인간의 욕구가 반영된 것이라 볼 수 있다. 어쨌든 이러한 목표에 도달하기 위해서는 뇌가 어떠할 때 최대로 기능할 수 있는가를 알아야 하며, 이를 활용하여 학습에 적용해야 한다.

이런 차원에서 등장한 것이 바로 '뇌 기반 학습'이다. 뇌 기반 학습이란 이미 1980년내에 생겨난 것으로, 인간의 뇌는 뇌 진화적인 방향으로 교육이 이루어질 때 학생들은 비로소 내적 동기화를 이루고 스스로 학습할 수 있다는 학습 이론이다. 여기에서는 특히 전뇌 학습을 강조하는데 전뇌 학습이란 한쪽 뇌만 사용하지 않고 좌뇌와 우뇌 모두를 사용하는 학습법을 뜻한다. 인간의 뇌는 지속적으로 새로운 신경망을 형성하고 신경망끼리 결합을 이루면서 정보를 다루게 되는데, 이때 좌뇌와 우뇌를 모두 활용하게 될 경우 신경망의 결합은 가속화된다. 이처럼 좌뇌와 우뇌를 모두 사용하는 학습법을 전뇌 학습이라 부른다.

그렇다면 이러한 뇌 기반 학습을 영어 수업에도 활용할 수 있을까? 놀랍게도 뇌 기반 학습을 영어 수업에 도입한 교사가 있었으니 바로 강원도 강릉 초당초등학교 홍정순 선생님(6학년)이다. 홍정순 선생님은 연수 교육 중에 영어가 학문이 아니라 말이라는 사실을 깨닫게 되었고 왜 영어 공부를 해야 하는지 근본적인 문제에 접근하게 되었다고 한다. 그렇게 탄생한 것이 뇌 기반 영어 학습이다. 도대체 뇌 기반 영어 수업은 어떻게 하는 것일까? 정말 궁금하지 않을 수 없다.

뇌 기반 학습의 원리를 이용해서 재미있게 주요 구문 연습을 한 후에 오늘의 주제인 What's the matter?를 실제 생활에서 어떻게 쓸 수 있는지까지 직접 경험해보는 그런 공부 시간이라고 할 수 있습니다.

과연 뇌는 어떻게 자극할 수 있으며 도대체 뇌 기반 영어 수업은 어떤 방식으로 진행되는 것일까.

뇌자극 영어 학습법이란?
- 뇌를 자극함으로써 뇌의 능력을 최대한 활용하는 영어 학습법이다.
- 학습 목표–재미있게 연습하고–실생활과 연계하기의 단계적 구조로 이루어져 있으며 이때 수업 중간 중간 뇌를 자극하는 활동을 함으로써 학습의 효과를 배가시키는 학습법이다.

How How

뇌 기반 학습 원리를 이용한 현장 중심 영어 학습

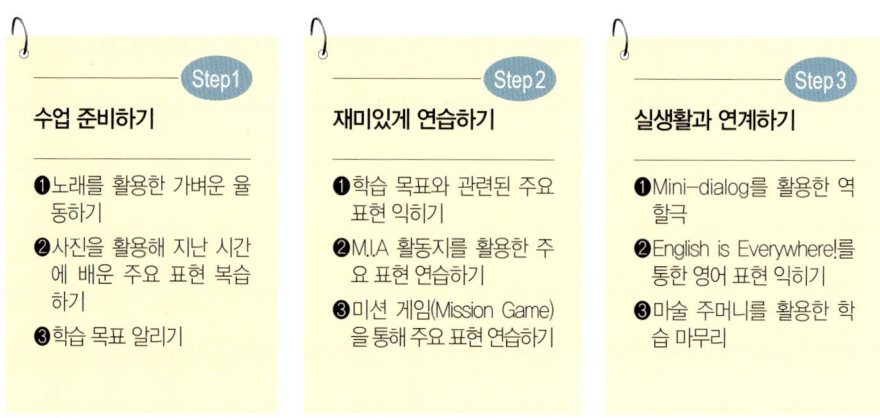

수업 전체 구성도

도입 전 활동 : 영어로 함께 인사 나누기

Step 1 — 수업 준비하기
① 노래를 활용한 가벼운 율동하기
② 사진을 활용해 지난 시간에 배운 주요 표현 복습하기
③ 학습 목표 알리기

Step 2 — 재미있게 연습하기
① 학습 목표와 관련된 주요 표현 익히기
② M.I.A 활동지를 활용한 주요 표현 연습하기
③ 미션 게임(Mission Game)을 통해 주요 표현 연습하기

Step 3 — 실생활과 연계하기
① Mini-dialog를 활용한 역할극
② English is Everywhere!를 통한 영어 표현 익히기
③ 마술 주머니를 활용한 학습 마무리

도입 전 활동 영어 인사 나누기

수업 시작과 함께 홍정순 선생님은 아이들과 함께 가벼운 영어 인사를 나눈다.

How are you?

I'm fine

Everybody is fine?

스텝 1 | 뇌 자극으로 수업 준비하기

1. 노래와 율동을 활용하여 뇌 자극하기

인사가 끝나자 노래를 활용한 가벼운 율동하기가 시작된다. 이때 사용되는 노래는 영어권에서 대중적으로 불리는 'Miss Mary Mack'이다. 이는 짝과 음악에 맞춰 손뼉 치기를 하는 놀이로 우리나라의 '쎄쎄쎄'와 비슷하다고 생각하면 된다. 홍정순 선생님이 수업의 도입에 이런 활동을 하는 것부터 바로 뇌 기반 학습의 시작이라고 해야 할 것이다.

Miss Mary Mack

Miss Mary Mack
1. 짝과 음악에 맞춰 손뼉 치기를 한다.
2. 오른팔을 반대 방향에 대는 행동으로 뇌를 자극한다.

이 활동에서 오른팔을 반대방향에 대는 행동이 있는데, 이것은 일종의 크로스 크롤(Cross Crawl, 오른쪽 팔과 왼쪽 다리가 닿는 동작)의 한 형태로 좌뇌와 우뇌를 동시에 연결시키면서 뇌를 자극한다. 이러한 뇌의 자극이 아이들로 하여금 수업에 집중할 수 있도록 만들어준다.

2. 지난 시간에 배운 주요 표현을 복습하고 오늘의 학습 목표 알리기

이렇게 뇌를 자극한 후에 이제 지난 시간에 배운 주요 표현을 복습하는 시간을 갖는다. 학생들이 지난 수업 시간에 찍었던 사진을 보고 사진 속 상황에 알맞은 영어 문장을 말하며 복습을 한다.

　홍정순 선생님은 학생들 앞에서 느닷없이 어린아이의 장난감을 들고 노는 모습을 보여준다. 그리고 장난감을 펼치는데 알고 보니 그 속에 오늘의 학습 목표가 들어 있다. 홍정순 선생님은 이렇게 드러난 학습 목표를 칠판에 부착한다. 오늘의 학습 목표는 '다양한 활동을 통해 아픈 곳을 묻고 답하는 활동을 할 수 있다'이다.

스텝 2　학습 목표와 관련된 주요 표현, 재미있게 연습하기

1. 학습 목표와 관련된 주요 표현 익히기

이제 건강과 관련된 다양한 표현을 알아볼 차례이다. 칠판에 부착된 사진과 문장을 보면서 홍정순 선생님은 아이들에게 아픈 곳을 영어로 어떻게 표현하는지 가

아픈 곳에 대한 주요 표현을 알려주는 모습

르쳐준다. 선생님이 발음과 함께 모션을 하면 그대로 학생들이 따라하는 식으로 진행된다. 하지만 이것은 눈으로 보고 입으로 읽었을 뿐 아직 내 것이 되지 못한 상황이다. 이에 MIA 활동지를 활용한 주요 표현 연습하기가 이어진다.

2. MIA 활동지로 주요표현 연습하기

MIA(Multiple-Intelligences Activities) 활동지란 여러 활동 중 학생 스스로 자신의

강점에 맞는 활동을 선택하여 학습하게 하는 것으로, 다중지능이론(인간은 IQ외에도 여러 종류의 지능이 있다는 이론)을 이용한 수업 방식이다.

MIA 활동지

MIA 활동지
1. 마임, 노래 만들기, 그림 그리기, 동시 짓기 등 4가지의 활동지가 주어진다.
2. 학생은 그 중 자기가 좋아하는 한 가지를 선택해 작성하면 된다.

Tip MIA 활동지 활동의 장점
가장 좋아하고 관심 있어 하는 활동을 학생들 스스로 선택하게 하므로 학생들이 가지고 있는 언어 능력, 음악 능력, 신체 능력 등을 살릴 수 있을 뿐만 아니라 언어, 음악, 논리 수학, 공간, 신체 운동, 인간 친화, 자기 성찰, 자연 친화 등의 다양한 지능을 살릴 수 있다는 장점이 있다.

이에 따라 홍정순 선생님은 학생들에게 MIA 활동지를 주면서 5분 동안 작성하게 한다. 4개의 활동이 주어지는데, 학생들은 그 중에서 자신이 좋아하고 가장 잘 할 수 있다고 생각되는 것 하나만 선택해서 활동하면 된다.

3. 미션게임(Mission Game)을 통해 주요 표현 연습하기

이번에는 미션게임(Mission Game)을 통해 주요 표현 연습하기 활동을 할 차례이다. 이것은 6개의 활동을 하며 각 활동마다 숨어 있는 암호를 하나씩 풀어내고 6개의 암호를 모두 찾게 되면 선생님에게 알리는 방식으로 진행되는 게임이다. 암호를 풀어낸다는 방식 자체가 아이들이 좋아할 수밖에 없는 활동이다. 학생들에게 주어진 오늘의 암호 미션은 선생님 컴퓨터의 비밀번호를 알아내는 것!

이때부터 학생들은 미션을 수행하기 위해 분주히 움직인다. 미션 활동 장소는 다른 곳이기 때문에 옆 교실로 이동한다. 재미있는 것은, 미션을 수행해야 하는 쪽과 미션 활동을 돕는 쪽으로 역할이 나누어져 있다는 것이다. 각 활동을 하는 장소에는 미션을 돕는 사람이 한 사람씩 기다리고 있고 미션 수행하는 팀이 오면 미션에 대해서 자세히 설명해준다.

> **Tip 미션게임(Mission Game)의 6가지 활동**
> 활동1 : 주어진 상황에 맞게 동작을 취하고 사진 찍기
> 활동2 : 콩주머니가 떨어진 위치에 해당되는 그림을 보고 영어로 말하기
> 활동3 : 학습에 필요한 단어와 문장을 써보기
> 활동4 : 학습 주제와 관련된 단어를 이야기 책에서 찾아 제목 쓰기
> 활동5 : 과녁판에 공을 던져 공이 맞은 번호의 문장을 읽고 해석하기
> 활동6 : 학습 주제와 관련된 중요 단어와 표현이 적힌 퍼즐을 완성하기

그렇게 학생들은 드디어 6개의 암호를 다 찾아낸다. 그것은 바로 선생님 컴퓨터의 비밀번호이다. 학생들은 그 비밀번호를 선생님에게 알려주고 선생님이 비밀번호를 치자 컴퓨터의 암호가 풀린다. 관찰자의 입장에서는 하나의 활동에 6가지 소활동을 한다는 것이 조금은 복잡해 보이지만 여기에는 홍정순 선생님 나름의 이유가 있다.

아이들은 협동을 할 때 뭔가 심리적인 안정감을 얻어서 학습을 더 잘 하게 된다고 하죠. 그래서 협동의 기회를 제공했습니다. 또 초등학교 아이들의 주의 시간이 짧다는 것에 착안해서 각 활동마다 5분에서 10분 이내에 끝날 수 있도록 짧게 구성을 했고요

> **스텝 3** 오늘 배운 것 실생활에 활용하기

1. Mini-Dialog를 활용한 역할극 해보기

이제 아이들은 여러 활동들을 통하여 아픈 곳을 영어로 표현하는 훈련을 충분히 하였다. 그렇다면 이제 배운 것을 실생활에 써먹을 수 있는 활동을 할 차례이다.

역할극을 하고 있는 아이들

먼저, 진행되는 것이 Mini-Dialog를 활용한 역할극이다. 즉, 이것은 학생들이 한글로 된 역할극 상황을 보고 영어로 대본을 만드는 활동이다. 홍정순 선생님은 학생들에게 10분의 시간을 주고 짝꿍과 대본을 만들고 연습도 해보도록 한다. 이때 학생들이 영어로 대화문을 작성할 때 필요한 단어들은 PET를 참고하도록 했다. PET(Pocket-English-Teacher)은 홍정순 선생님이 아이들로 하여금 학습에 어려움을 겪지 않도록 만든 간이 학습 지도서이다.

PET(Pocket-English-Teacher)

PET(Pocket-English-Teacher)
단어 학습에 필요한 주요 표현과 단어들이 들어간 간이 학습 지도서 및 활동지를 말한다.

그렇다면 오늘의 역할극 내용은 어떤 것일까? 빈집에 몰래 들어와 물건을 훔치던 도둑이 주인 여자의 목소리를 듣고 놀라 이불을 뒤집어쓴 채 남편인 척하던 중 실제

남편이 초인종을 누르며 들어오자 당황하는 상황이다. 일단 상황 설정이 무척 재미있어 학생들은 이제 흥미진진하게 상황극을 만들기에 돌입하기 시작한다. 그렇다면 홍정순 선생님이 직접 상황극의 설정을 만들어준 까닭은 무엇일까?

시간 절약과 동시에 아이들에게 완성도 높은 대본을 쓰고 연습할 기회를 주기 위해서입니다. 대신 큰 틀은 주지만 아이들이 원하면 언제든지 바꿀 수 있고 또 다른 반전을 넣을 수 있게끔 항상 유도하고 있습니다.

2. English is Everywhere를 통해 영어표현 익히기

다음으로 English is Everywhere! 활동을 한다. 이는 우유, 과자, 잡지 등 일상생활 속에 숨은 영어를 찾아 공부하는 활동이다. 학생들이 직접 찾아온 영어 단어를 오려 활동지에 붙이고 그 영어 단어와 관련된 질문을 찾아 한글로 답을 적는다. 이때의 질문들은 다음과 같다.

Where (or how) did you find this?
What's the real meaning of the words that you found?
Can you share your feelings or thoughts with us while you were doing this activity?

이제 학생들은 자신이 찾은 영어단어를 서로에게 알려 주고 배워보는 시간을 갖는다. 일명 Mix & Pair Share(섞이고 짝짓기 활동)이다. 학생들은 자신이 만든 활동지를 가지고 교실을 돌아다니면서 두 사람씩 짝지어 자신들이 찾은 영어 단어를 나누다가 선생님이 종을 치면 다시 짝을 바꿔 나누는 활동을 계속한다. 이때 학생들은 영어로 말을 주고받게 되는데, 자유로운 영어 말하기를 할 수 있는 좋은 기회가 된다. 뿐만 아니라 친구들과 서로 교실을 돌아다니면서 하는 활동이기 때문에 지루하지 않고 재미있게 할 수 있다는 장점도 있다.

> **Tip** English is Everywhere! 활동을 하는 이유
>
> 포장지나, 과자봉지를 볼 때마다 '어 이건 뭐지?' '이 단어의 뜻은 뭘까?'라는 궁금증을 가지고 보다 더 영어에 관심을 가질 수 있는 태도를 기르기 위해서이다. 사실 영어는 우리 주변에 널려 있다. 이곳에서도 영어를 배우게 하고 관심을 갖게 하는 것은 매우 현명한 활동이라 할 수 있는 것이다.

3. 마술 주머니로 학습 총정리하기

이제 다양한 활동을 마무리할 시간이다. 그런데 홍정순 선생님의 학습 마무리 활동이 독특해 보인다. 바로 마술 주머니를 활용하기 때문이다. 마술 주머니 안에서는 머리 아픈 모양의 사진이 나온다. 그러면 학생들은 오늘 배운 문장으로 답한다. 이렇게 계속 마술 주머니에서 나온 사진에 답하는 과정을 통해 아이들은 오늘 배운 문장을 총정리하는 것이다. 이러한 마술 주머니 정리 활동에는 사실 뇌 기반 학습의 원리가 숨어 있다고 홍정순 선생님은 말한다.

뇌 기반 학습 원리 관련 이론들을 보다보면 아이들이나 어른들이나 '선두효과, 최신효과' 이런 게 있습니다. 선두효과라는 것은 맨 처음에 했던 것, 최신효과는 바로 끝나기 얼마 전에 했던 것을 가장 잘 기억하는 현상을 말합니다. 사실 그때 집중력이 가장 클 때죠. 그 집중력을 이끌어내기 위해서 끝나기 전에 지금까지 해오던 것보다 효과가 강한 마술이라는 활동을 집어넣어서 학습 효과를 높일 수 있도록 한 것입니다.

Effect Value

이제 영어 교육에도 뇌 기반 학습이 필요하다

다중 지능 이론에 의하면 아이큐만 있는 게 아니라 몸을 잘 움직이는 아이들, 수 연산에 밝은 아이들, 음악적 재능에 뛰어난 아이들 등 다양한 형태의 지능이 있기 때문에 이에 맞춘 활동들이 필요합니다. 따라서 MIA 활동이 갖는 영어 교육적 의미는 크죠.

홍정순 선생님의 수업에서 인상적이었던 부분은 역시 하워드 가드너의 다중 지능 이론을 이용한 뇌 기반 학습을 영어 학습에 도입했다는 점이다. 이러한 뇌 기반 학습의 장점을 가장 선명하게 보여준 부분은 역시 MIA 활동이라 할 수 있다. MIA 활동은 가드너의 다중 지능 이론 중에서도 자신이 좋아하는 강점을 살려주기 위한 활동이다. 가드너에 의하면, 사람마다 각각의 강점이 다른데 그 강점을 살려줄 때 학습 효과가 더 배가된다고 한다. 그런 면에서 MIA 활동은 지금까지의 영어 수업에서는 볼 수 없었던 매우 독창적인 활동이었다고 할 수 있다. 사실 강점을 살려줄 때 더 잘하는 것은 굳이 가드너의 이론이 아니더라도 우리가 상식으로 알고 있는 부분이다. 따라서 이를 수업에 도입한 것 자체가 모범이 된다 할 수 있다. 한국교원대학교 김정렬 교수는 홍정순 선생님이 다중 지능 이론을 영어 수업에 도입한 것은 매우 훌륭한 발상이라고 칭찬한다.

또한 MIA 활동은 스스로 활동을 선택하기 때문에 책임감이 생겨 더 열심히 하는 효과도 있다. 따라서 MIA 활동은 학생들이 자신의 장점을 발견하고 살리면서도 열심히 할 수 있는 매우 유익한 활동이다. 이 외에도 홍정순 선생님의 수업을 지켜본 전문가들은 수많은 장점을 발견할 수 있다고 칭찬했다. 먼저, 체조와 스트레칭으로 학생들의 뇌를 자극하면서 수업을 시작했다는 점, 학생들이 직접 찍은 사진을 활용해 전 시간 학습한 내용을 복습할 수 있는 시간을 가졌다는 점이 높은 점수를 받았다. 또 주요 표현을 연습한 후에 일상생활 소재를 활용하게 함으로써 학생들로 하여금 왜 영어를 배워야하는지 깨닫게 해주었다는 점도 높이 평가할 수 있다. '미니 다이얼로그' 활동에서 학생들로 하여금 직접 영어 대본을 쓰게 하고 역할극을 해보게 한 것도 학생들의 영어쓰기는 물론 말하기까지 실제 경험할 수 있는 좋은 기회를 제공해 주었다고 할 수 있다.

마지막으로 미션 게임을 활용한 활동이 그동안 획일적이었던 모둠활동을 다양하게 만들어주고 역동성을 높이는 데에도 크게 기여했다는 평가다. 즉, 기존의 모둠활동은 모든 모둠이 동일한 활동을 한다는 한계를 지니고 있다. 이러한 한계를 극복하기 위해 한 활동을 세부적으로 나누고 또 그 속에서 학생들의 역할 또한 나누어 다양한 활동을 할 수 있게 해줌으로써 모둠 활동의 역동성을 키워주었다는 것이다. 이것은 교수법 중에서 스테이션 러닝(Station Learning)에 해당하는 것으로 스테이션 러닝이란 마치 버스 정거장이 여러 개인 것처럼 모둠 활동을 여러 개로 나누는 것을 말한다. 이처럼 하나의 모둠 활동을 여러 개로 나누어 했던 미션 게임 역시 스테이션 러닝 기법을 도입한 활동이라는 것이다.

모둠 구성 노하우
Baking 요리수업

아마도 대부분의 선생님들이 학생들의 모둠구성에 신경이 많이 쓰일 텐데, 홍정순 선생님만의 모둠구성 노하우를 소개한다.

첫째, 4명이 만나서 가장 시너지가 많이 발휘될 조합을 찾는다. 즉, 상, 중상, 중하, 하 이렇게 기본적으로 4명이 한 그룹이 되게 모둠 구성을 한다.

둘째, 그리고나서 수업을 몇 시간 해본 후 수정 사항이 있으면 조금 수정한다. 이 작업이 가장 중요한 부분이다.

셋째, 모둠 구성원에 번호를 매기는데 1번이 상위 그룹의 아이, 3번이 중상위 그룹, 2번은 중하위 그룹, 4번은 하위그룹 학생이 되게 한다. 그러면 아이들이 앉은 위치만 봐도 아이들의 수준을 가늠할 수 있게 된다. 이렇게 학생들이 짝을 이루도록 하면 서로 Win Win 하는 구성이 된다.

다음으로 홍정순 선생님의 5가지 영어 수업 철학에 대해 알아보자.

첫째, 활동을 이끌어 가는 것은 학생이어야 한다. 큰 틀은 교사가 주지만 그 속을 채워 넣는 것은 학생들의 몫이라는 이야기다.

둘째, 재미있어야 한다. 아무리 좋은 내용이라도 강사가 재미없거나 활동이 재미없으면 그 수업은 별 효과가 없기 때문이다.

셋째, 협동을 중시한다. 그래야 서로 돕고 부족한 점을 메워주면서 Win Win 할 수 있기 때문이다. 서로 가르치면 가르치는 사람도 Win, 도움을 받는 사람도 Win 할 수 있다는 것이다.

넷째, 유머를 중시한다. 즐거운 가운데 배운 영어는 아주 기억에 오래 남기 때문이다. 혹시 기억에 남지 않는다고 해도, 적어도 영어 시간이 기다려 질 것이다.

다섯째, 도전 정신이 있어야 한다. 사람들은 평상시에는 잘 모르지만 장애물이 나타나면 그때서야 자신의 숨겨진 잠재력을 발휘한다. 그래서 아이들에게 제시하는 활동을 다소 생소해 보이는 것들도 만들어 경험해보고 도전해보도록 수업을 계획한다.

홍정순 선생님은 뇌 자극 영어 학습법 외에 Baking 요리수업으로 아이들의 관심을 끌고 있다.

아이들의 경우 단어 익히고 ⇒ 과정 공부하고 ⇒ 대사 나누어서 연습하고, 저는 아이들과 베이킹할 때 만드는 과정을 꼭 동영상으로 찍습니다. 그 이유는 그냥 공부하고 만들 때보다 아이들이 UCC를 찍어야 하고, 자기 파트에서 NG가 나지 않기 위해 약간의 긴장감을 가지고 임하기 때문입니다. 전반적인 준비는 아이들이 대사 외우는 연습을 하는 동안 제가 다 준비를 해놓고요, 아이들은 자기 파트부문만 대사로 외워서 말하면 됩니다. 이때 다른 학생들은 옆에서 보고 있게 하는데, 이 UCC가 NG 없이 끝내기를 간절히 바라며 귀 기울여 듣습니다. 대부분의 경우 재료는 딱 한 번 찍을 수 있는 분량만 마련하여, 긴장감을 높여 집중력을 배로 발휘하게 합니다. 지금까지(2009년부터~현재)

여러 차례 캠프를 해왔지만 Yummy Cooking의 인기는 최고입니다. 그래서 물론 레시피를 계속 개발하느라 힘이 조금 들지만요.^^ 이 프로그램 때문에 아이들이 영어캠프를 신청하니까, 일종의 유인하는 미끼(?) 프로그램 이지요.

　홍정순 선생님은 방과 후에 학생들과 UCC를 만드는 활동을 한다. 홍정순 선생님이 UCC 활동을 시작하게 된 것은 계기가 있었기 때문인데, 2년 전 외국 연수를 갔을 때 실제 상황에서 영어가 빨리빨리 나오지 않는다는 것을 느꼈기 때문이다. 그때 홍정순 선생님은 이런 상황을 미리 느끼고 공부를 했더라면 조금 더 잘 할 수 있지 않을까 생각했고 이것을 아이들에게 깨우쳐주기 위해 UCC 만들기 활동을 시작했다는 것이다.

　이렇게 홍정순 선생님은 아이들과 함께 UCC를 만들어 유튜브에 올리면서 아이들에게 세계와 하나로 연결되어 있다는 것을 느끼게 해주고 실제로도 활용할 수 있는 영어를 심어주기 위해 노력하고 있다.

　홍정순 선생님은 아이들만의 티핑포인트를 발견할 수 있도록 도와주고 싶다고 말했다. 티핑포인트란 말콤 글래드웰의 책에 나오는 용어로 어떤 예기치 못한 일들이 폭발하는 지점을 말한다. 아마도 영어를 배울 때 가장 필요한 것이 티핑포인트이다. 막혔던 영어가 터져나오는 그 순간, 그 순간을 위해 지금 많은 사람들이 영어에 매달리고 있지 않은가. 그 티핑포인트에 도달하기 위해서는 매일 매일의 사소한 변화가 중요하다고 한다. 홍정순 선생님은 바로 그 사소한 변화를 만들어주기 위해 오늘도 아이들과 함께 열심히 노력한다.

협동심도 기르고 영어 실력도 향상되니까 좋아요

홍정순 선생님의 수업을 눈으로 지켜보는 사람은 아마도 정신이 없을 것 같다. 너무 많은 활동을 하는 것처럼 보이기 때문이다. 하지만 홍정순 선생님의 수업에 참여하는 학생들 입장에서는 활동 하나하나가 너무 재미있을 수밖에 없다. 왜냐하면 아이들이 좋아하는 활동, 아이들 스스로 할 수 있는 활동 위주로 구성되어 있기 때문이다. 그 절정을 이룬 것이 바로 미션게임이다. 무엇보다 아이들은 미션을 수행하기 위해 서로 협동해야 하니 협동심을 기를 수밖에 없다. 이 게임에 참여했던 이승언 학생의 말을 들어보자.

무엇보다 친구들과 협동을 해서 협동심이 길러지고, 영어를 거기에 넣으니까 좀 더 일석이조의 효과를 거둘 수 있어서 좋은 것 같아요.

어디 그뿐인가. 학생들은 미션게임을 통해 선생님 컴퓨터의 비밀번호를 알아내기 위해 안간힘을 쓴다. 여기서 각 단계 활동의 도우미 역할을 하는 학생들은 좀 특별한 경험까지 하게 되는데, 그것은 바로 자신이 친구에게 뭔가를 가르쳐주어야 한다는 사실이다. 조금 전까지만 해도 함께 배웠던 친구를 가르치는 기분은 해보지 않은 사람은 알 수 없다. 물론 이 역할을 하기 위해 미리 선생님으로부터 배웠다. 하지만 자신이 직접 가르쳐보니 오히려 실력이 더 느는 기분이 든다. 이것이야말로 '가르치는 것보다 더 좋은 배움은 없다'는 진리가 실현되는 순간이라 해야 할 것이다.

아이들은 또한 Mini-Dialog 활동을 하면서도 특별한 경험을 하게 된다. 기존에 했던 역할극은 그냥 만들어봐라. 누가 누가 만났다 어떤 일이 일어날까? 이런 식이 많았다. 그러다보니 잘하는 아이들은 쉽게 만들지만 그 외의 아이들은 시간만 보내기 일쑤였다. 그런데 선생님이 갑자기 알기 쉽게 한글로 연극의 상황을 만들어주고 아이들에게 직접 영어 대화를 만들라고 한다. 영어 작문에 익숙하지 않은 아이들은 더 당황하기 쉬우나 그냥 만드는 것이 아니다. 선생님이 나눠 준 PET(Pocket-English-Teacher) 자료를 보면서 하고 또 잘 하는 친구들 도움도 받을 수 있기 때문에 그다지 어렵지 않다. 이렇게 대본을 만들고 앞에 나가 역할극까지 하고 나니 영어 쓰기와 말하기는 물론 듣기까지 실력이 부쩍 늘어난 느낌이 드는 것은 당연한 일이 아닐까.

섞이고 짝짓기 활동은 또 어떤가. 자기가 찾았던 단어를 다른 아이들과 나누며 온 교실을 돌아다니는 것은 그 자체만으로도 즐거울 수밖에 없다. 그만큼 아이들은 정적인 것보다는 동적인 것을 좋아하기 때문이다. 아이들 입에서 수많은 질문과 대답들이 오간다.

What's your name?

What did you find?

이제 아이들 사이에서는 우정과 영어 실력까지 점점 쌓여갈 수밖에 없다.

[흥미로운 뇌 자극 영어 학습법 수업 지도안]

오늘의 수업 주제

아픈 곳을 묻고 답하기

구분	과정	준비물
STEP 1 뇌자극 수업준비	01. 노래와 율동을 활용하여 뇌 자극하기 – 'Miss Mary Mack' 사용	Miss Mary Mack 음악
	2. 지난 시간에 배운 주요 표현을 복습하기 – 지난 수업시간에 찍었던 사진을 보고 사진 속 상황에 알맞은 영어 문장을 말하며 복습	사진
	3. 오늘의 학습 목표 알리기 – 장난감을 펼치면 그 속에 오늘의 학습 목표가 들어 있음	장난감
STEP 2 재미있게 연습하기	1. 학습 목표와 관련된 주요 표현 익히기 – 칠판에 부착된 사진과 문장을 보면서 아픈 것을 영어로 표현하는 활동	영어 문장이 부착된 사진
	2. MIA 활동지로 주요 표현 연습하기 – 영어 쓰기, 그림 그리기 등 4가지의 활동지가 주어진다. – 학생은 그 중 자기가 좋아하는 한 가지를 선택해 작성하면 된다.	MIA 활동지
	3. 미션게임을 통해 주요 표현 연습하기 – 6개의 활동을 하며 각 활동마다 숨어 있는 암호를 하나씩 풀어내고 6개의 암호를 모두 찾게 되면 선생님에게 알리는 방식으로 진행되는 게임	사진기, 공, 과녁판 등
STEP 3 실생활 연계하기	1. Mini-dialog를 활용한 역할극 해보기 – 한글로 된 역할극 상황을 보고 영어로 대본을 만드는 활동 – PET(Pocket-English-Teacher) 참고자료	PET(Pocket-English- Teacher), 한글 대본
	2. English is Everywhere를 통해 영어표현 익히기 – 우유, 과자, 잡지 등 일상생활 속에 숨은 영어를 찾아 공부하는 활동	활동지
	3. 마술 주머니로 학습 총정리하기 – 마술 주머니에서 사진이 나오면 학생들이 오늘 배운 문장으로 답하는 활동	마술 주머니

•• CHAPTER 8 ••

국제교류를 통한
실제적 영어 수업!

국제교류
영어 학습법

Hyojin Jang, Best English Teacher!

상암초등학교(서울)
장효진 선생님

교육경력 9년 차
2004, 2005, 2006 서울강동교육청 주관 동계합숙영어캠프 지도교사
2007 교육인적자원부 디지털전자영어교재 실험학교(서울 잠동초)
2007 제1회 강동영어축제 3지구 발표대회 영어연극부문 지도 결과 최우수 수상
2008 서울특별시 강동교육청 교육장상 수상
2010 서울시 영어교사 TEE-A(Teaching English in English ACE) 자격증 획득
2010 서부영어드라마페스티벌(상암뮤지컬클럽 지도 참여) '뮤지컬 유관순' 창작상 수상
2010 영어드라마페스티벌 지원단 활동 및 영어교육에 대한 기여로 서부교육청 교육장상 수상
2011 호주 Edith Cowan University TESOL 자격증 획득
2011 호주 Perth Voice 일간지에 North Perth Primary School에서
한국전통공연(태권도, 부채춤, 아리랑) 지도에 관한 기사 보도

실제 외국인 대상으로
학습해야 하는 것이다

Why What?

선생님이 아닌 학생들이 만들어가는 수업은 할 수 없을까?

국제 교류 영어 학습법이란 말 그대로 가상의 대상이 아닌 실제 외국의 친구들을 대상으로 하여 영어로 소통하는 학습법을 말한다. 즉, 대한민국 초등학교의 한 교실과 외국 초등학교의 친구들이 서로 연락하며 의사소통을 나누는 수업 방식이 바로 국제 교류 영어 학습법의 핵심이다.

대개 선생님들은, 수업이란 선생님이 준비한 것을 학생들에게 전달하고 학생들은 그것을 받아들이는 것이라 생각한다. 하지만 그것이 진정한 수업의 모델일까. 상암초등학교 장효진 선생님(6학년)의 고민은 여기서부터 시작되었다. 우리나라의 전통적 유교관에 의하면 이는 분명 정답에 가까운 수업관이라 할 수 있다. 과거 서당을 떠올리면 훈장이 가르치고 아이들은 배우는 방식으로 수업이 진행되지 않았는가. 장효진 선생님 역시 이전에는 여느 선생님들과 다름없이 이러한 수업관을 가지고 있었다. 하지만 2011년 교과부 영어교사 해외파견 연수 때 만났던 호주의 Mrs. Knee 선생님을 만나면서 장효진 선생님의 수업관은 180도 달라졌다.

호주 선생님은 학생들의 입장에서 학생들과 소통하며 수업을 하려고 노력하는 사람이었다. 도대체 학생들의 입장에서 그들과 소통하며 수업을 하는 것과 선생님 주도적으로 하는 수업의 차이는 무엇이며 결과적으로 어떤 것이 더 효과적일까. 요즘 소통이 마치 만사형통인 것처럼 여겨지는 시대에 살지만 아무리 좋은 소통이라도 효과적인 면에서 주도적인 것보다 떨어진다면 그것을 따르기란 쉽지 않다.

그러나 장효진 선생님은 안정적이고 편안한 수업 분위기, 교수 학습 연구에 휴일이나, 평일 근무 시간 이후에도 학교에 남아 열심히 연구하시는 호주 Mrs. Knee 선생님의 수업을 보고는 속으로 확신이 들었다. 저 소통 위주의 수업이야말로 최고의 수업이다. 선생님이란 존재는 저래야 한다. 학생들에게 편안함을 주고 그 속에서 자연스런 배움이 일어나게 하는…. 그러기 위하여 스스로를 돌아봤을 때 많은 인내와 수련이 필요함을 절실히 깨달았다. 이미 몸에 밴 이기적 근성을 지우지 않고서는 학생들 입장에서 이해하고 배려하며 소통하는 수업을 하기란 쉽지 않은 상황이었다.

그럼에도 장효진 선생님은 비록 어렵지만 호주 선생님에게서 배운 방식대로의 수업을 하기로 결심하였다. 쉽지 않은 결정이었지만 어려운 시대에 참교육을 하기 위해서는 결단이 필요했다. 수업관이 완전히 바뀐 장효진 선생님이 이제 시도하려는 바는 바로 학생이 주인공이 되는 수업이었다. 하지만 현실의 영어 수업 환경에서 수업의 주체를 선생님에서 학생으로 바꾸기란 쉽지 않은 일이었다. 무엇보다 그녀를 옭아매는 것은 교육 과정에 준거한 교과서 위주의 학습 풍토였다. 그 속에서 학생이 주인공이 되는 수업을 하기란 너무도 어려운 상황이었다.

정말 학생들이 주인공이 되는 수업은 할 수 없는 것일까?

장효진 선생님은, 수업을 주도적으로 진행하려는 선생님의 태도만 바꿀 수 있다면 이것은 얼마든지 가능한 것이라 생각했다. 뜻이 있는 곳에 길이 있다고 했던가. 장효진 선생님의 뜻이 문을 두드리자 열리기 시작했다. 바로 국제 교류를 통한 영어 학습이었다. 실제 장효진 선생님은 캐나다 자매학교와의 교류를 통한 영어 수업을 진행하고 있다. 도대체 캐나다 자매학교 학생들과 교류하며 진행하는 장효진 선생님의 영어 수업은 어떻게 가능했을까?

어느 날, 함께 영어 수업을 진행하던 원어민 교사였던 Ms. Schulz 선생님이 어쩌면 캐나다 학생들과 교류하며 수업을 진행할 수 있을지도 모르겠다는 뜻하지 않은 기쁜 소식을 들고 달려왔다. Ms. Schulz 선생님은 장효진 선생님과 함께 교과서에 얽매이지 않는 수업, 좀 더 학생들에게 도움을 주고 기쁨을 줄 수 있는 긍정적인 수업에 대해 함께 고민하며 문제를 이야기하던 사이였다. 그런 선생님이 기쁨의 소식이 담긴 편지를 잔뜩 배달해 왔다. Ms. Schulz 선생님의 친구가 캐나다에서 교사를 하고 있는데 마침 6학년 담임을 맡고 있었다. 그 친구로부터 캐나다의 6학년 반 학생들이 쓴 편지가 배달되어 온 것이었다.

장효진 선생님과 Ms. Schulz 선생님은 그 편지를 보는 순간 서로 교감이 통했다. 바로 이거구나, 하는 생각이었다. 이거면 학생들이 주인공이 되는 수업, 학생들과 선생님이 서로 소통하는 수업, 선생님은 학생들을 도와주며 학생들은 편안히 수업에 참여하는 가운데 저절로 배움이 일어나는 수업이 가능하다는 확신이 들었다.

그때부터 장효진 선생님은 Ms. Schulz 선생님과 함께 바삐 움직이기 시작했다. 그게 2011년 10월이었다. 먼저, 캐나다에 전달할 학교의 블로그를 만들었다. 그리고 그 블로그에 우리가 누구이고 또 무엇을 하기를 원하는지 상세히 기록하여 캐나다에서 볼 수 있게 만들었다. 그뿐이 아니다. 캐나다 학생들에게 보여줄 동영상 제작까지 시도하였

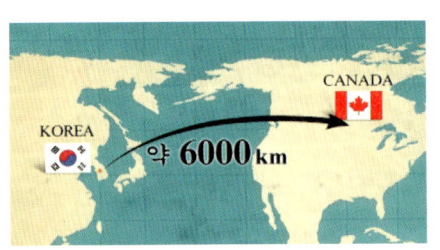

다. 우리나라의 교통 수단, 학교의 모습, 학생들의 교육이 이루어지는 모습 등을 담은 동영상을 직접 제작하여 유튜브에 올려 그들이 볼 수 있게 만들어준 것이다.

이러한 노력의 결과로 캐나다에서 답장이 왔다. 뒤이어 서울 상암초등학교 아이들과 캐나다 아이들 간에 편지와 엽서를 주고받는 일이 벌어졌다. 이것으로 상암초등학교와 캐나다의 자매학교와의 국제 교류를 통한 즐거운 영어 수업 탄생이 비로소 이루어진 것이다.

국제 교류 영어 학습법이란?
- 외국 자매학교와의 국제 교류를 통해 서로 간의 의사소통을 주제로 하여 수업을 진행하는 학습법이다.
- 학습동기 유발–주요 표현 연습–광고 만들기의 단계적 구조로 이루어져 있으며, 외국 친구들에게 보낼 한국 음식의 광고를 만들기 위한 수업 내용으로 이루어져 있다.

How How

캐나다 친구들에게
보낼 한국 음식 광고를
만들어라

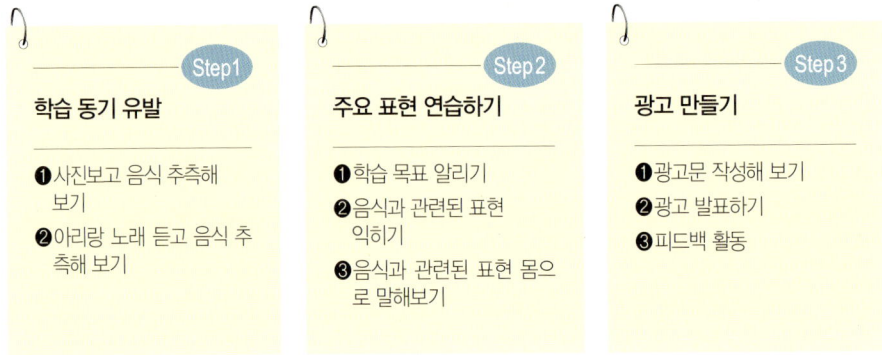

도입 전 활동 : 원어민 교사와 사전 교류

Step 1

학습 동기 유발

❶ 사진보고 음식 추측해 보기
❷ 아리랑 노래 듣고 음식 추측해 보기

Step 2

주요 표현 연습하기

❶ 학습 목표 알리기
❷ 음식과 관련된 표현 익히기
❸ 음식과 관련된 표현 몸으로 말해보기

Step 3

광고 만들기

❶ 광고문 작성해 보기
❷ 광고 발표하기
❸ 피드백 활동

도입 전 활동   원어민 교사와 사전 교류

먼저, 장효진 선생님의 수업은 원어민 교사인 Ms. Schulz 선생님과 함께 진행됨을 알아두기 바란다. 당연히 수업 시간 전 미첼 선생님과 사전 회의를 하는 것은 필수이다. 요즘의 화두는 당연히 캐나다 학생들과의 교류를 수업에 어떻게 활용할 것인지가 주관심사다. 오늘 미첼 선생님과의 협의를 통해 이끌어낸 주제는 '한국요리'이다.

장효진 선생님이 원어민 교사와 의논하는 모습

장효진 선생님은, 평소 캐나다 학생들과의 서신 교환, 비디오 영상 교환 등의 프로젝트를 진행하고 있는데, 오늘은 한국 요리 광고 제작을 주 아이템으로 삼은 것이다. 모둠 단위로 포스터를 만들거나 기존에 이미 만들어져 있던 포스터를 가지고 광고를 제작하고 그리고 광고 제작 후에 발표를 하는 방식으로 수업을 진행하고자 한다.

> **Tip 국제교류 수업의 장점**
>
> 이 수업에서 만들고자 하는 광고는 실제 자신들과 교류하는 캐나다 친구들에게 보여주기 위함이기에 사실감이 있으며 매우 실제적일 수밖에 없다. 내가 하는 말이나 표현을 상대방이 못 알아들으면 아무 소용없기 때문이다. 따라서 이런 방식의 수업은 기존 영어 수업에서 약점으로 통하는 듣기, 쓰기, 말하기 등의 영어 기본 능력 향상에 매우 큰 도움을 줄 수밖에 없다

스텝 1 첫 도입에 동기유발이 중요하다

1. 사진 보고 음식 추측해 보기

장효진 선생님은 먼저 학습동기를 유발시키기 위해 아이들에게 사진을 한 장 보여주고, 그 사진 속에 등장하는 음식들이 무엇인지 추측하게 하는 방식으로 수업을 시작하였다.

> **Tip** 학습 목표를 늦게 알려주었을 때의 효과
>
> 기존의 일반적인 수업처럼 학습 목표를 시작 때 알려주었으면 아마도 아이들은 딱딱한 느낌에 지루해 했을지도 모른다. 하지만 교묘하게 학습 동기를 심어준 후 '스텝 2'의 시간에 학습 목표를 알려줌으로써 학생들이 자연스럽게 주제 속으로 빠져들게 하는 효과가 있다.

그런데 재미있게도 사진 속에는 장효진 선생님 본인이 외국인들과 식사를 하는 장면이 등장한다. 이 때문에 아이들의 눈은 동그래져 사진에서 시선을 떼지 못한다. 보통의 선생님들이 수업 시간에 사진 자료를 사용할 때 일반적인 사진을 사용하는데 반해 장효진 선생님은 자신이 등장한 사진을 사용하였다. 그녀는 왜 이런 방법을 사용했을까?

저희 원어민 선생님 부모님께서 올 2월쯤에 한국 방문을 하셨어요. 그때 제가 그분들을 초대를 해서 한국의 다양한 음식들을 대접해보고 싶었거든요. 아이들에게 한국 음식을 소개해 주기 위해서 선생님이 이렇게 하는 사진을 보여주면 그냥 한국 음식 사진을 보여주는 것보다 뭔가 본인들과 관련이 있는 것이기에 더 쉽게 다가오지 않을까, 하는 생각이 들어 초반에 이렇게 사진 도입을 해보았습니다.

무엇이든지 처음에 흥미를 끄는 것이 중요한데 장효진 선생님은 첫 도입에 관심을 유발하고 집중력을 향상시키기 위해 자신이 직접 등장한 사진을 보여주며 수업을 시작한 것이다.

2. 아리랑 노래 듣고 음식 추측해 보기

아이들의 관심유발을 위한 장효진 선생님의 노력은 이후에도 계속된다. 이번에는

우리 고유의 민요 아리랑 곡조에 한국 음식이 들어가는 가사를 개사해서 음식 이름 알아맞히기 수업을 진행한 것이다. 이 역시 우리의 음식과 우리의 정서를 가장 잘 담고 있는 민요 아리랑을 서로 연결시켰기 때문에 아이들은 아리랑 곡조를 들으며 저도 모르게 우리의 음식을 떠올렸을 것이다. 노래가 끝난 후 장효진 선생님이 아이들에게 What are the korean food? Can you guess? 하고 물으면 아이들은 김밥, 전 등의 대답을 한다.

스텝 2 광고를 어떻게 표현할 것인가? – 주요 표현 연습

1. 학습 목표 알리기

이제야 비로소 장효진 선생님은 아이들에게 학습 목표를 알려준다. 학습 목표는 '한국 음식을 캐나다 친구들에게 광고를 만들어 소개하기'이다. 이를 위해 다음 3단계의 과정을 거쳐야 한다.

  1. 조별로 정한 음식을 묘사하는 하나의 단어를 A4에 쓰고
  2. 광고를 만든 후에
  3. 발표하기

2. 음식과 관련된 표현 익히기

광고의 핵심은 '전달'이라 할 수 있다. 전달을 잘 하기 위해서는 표현을 잘 하는 것이 중요하다. 따라서 장효진 선생님은 이제 아이들에게 한국 음식을 어떻게 표

브레인스토밍에 의해 나온 단어들을 적는 장효진 선생님

현할 것인지에 집중하며 '음식과 관련된 표현 익히기'를 위한 수업에 돌입하기 시작한다.

과연 음식과 관련된 표현을 어떻게 익힐 수 있을까. 이에 장효진 선생님은 '브레인스토밍'이란 방법을 사용한다. 즉, 아이들로 하여금 한국 음식과 관련된 표현에 해당되는 단어들을 자유롭게 생각나는 대로 발표하게 하고 이때 나온 단어를 선생님이 칠판에 또박또박 적어주었다. 이런 활동은 어떤 효과가 있을까?

브레인스토밍은 학생들에게 어떤 사고가 옳다 그르다 판단하지 않기 때문에 학생들이 자유롭게 정서적으로 편안함을 느끼면서 영어를 말할 수 있다는 장점이 있고요. 일단 학생들이 브레인스토밍 한 결과를 기록하는 것은 영어를 듣고 나서 실제로 그 단어를 눈으로 보니까 읽을 수 있다는 점, 또 어떻게 쓰는지 볼 수 있다는 점, 후속 활동을 할 때 학생들이 듣기만 한다면 쓰는 건 어떻게 하는지 궁금한 학생들이 있을 거예요. 그런데 자기들이 스스로 학습을 할 때 칠판에 있는 것을 보면서 자기 주도적으로 학습할 수 있다는 장점이 있어요.

이제 장효진 선생님의 수업은 '단어쓰기 활동'으로 넘어간다. 단어쓰기 활동이란 학생들에게 용지를 나눠주고 음식과 관련된 단어들을 직접 써보게 하는 활동이다.

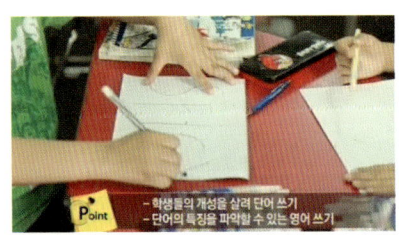

단어쓰기 활동을 하는 모습

이때 아이들에 따라 개성 넘치는 각기 다른 단어들이 등장하는데 아이들은 이러한 활동을 통해 각 단어의 특징을 파악할 수 있어 더 오래 단어를 기억할 수 있다.

> **Tip** 단어쓰기 활동의 효과
>
> 영어 같은 경우는 얼마나 많은 단어를 아느냐보다 그 단어가 갖고 있는 의미가 무엇인가, 또 어떻게 실제로 쓸 수 있는가가 더 중요하다. 지금 학생들은 단어쓰기 활동을 하면서 겉으로 보기에는 하나만 배웠다고 생각할 수 있지만 실제로 그 하나하나의 단어들이 모여서 어떻게 되는지, 또 친구들이 그 단어를 어떻게 쓰는지를 보면서 서로 가르치고 배울 수 있는 효과를 나타낼 수 있다.

3. 몸으로 한국 음식 표현하기

장효진 선생님은 단어를 통한 말로써 한국 음식 표현하기에서 나아가 이제 몸으로 한국 음식의 맛, 느낌 등을 표현하는 단계로까지 넘어간다. 재미있는 것은, 아이들에게 '달콤하다'를 몸으로 표현해 보라 하자 모두가 다른 방식으로 달콤하다는 표현을 했다는 사실이다. 즉, 아이들은 이런 활동을 통해 사람마다 표현 방식이 다를 수 있다는 사실까지 배우게 되는 것이다.

> **Tip** 몸으로 단어 표현하기를 하는 이유
>
> 아직 단어와 말에 익숙하지 않은 아이들에게 말로써만 영어 광고를 만들라 하면 이는 엄청난 부담이 아닐 수 없다. 이에 아이들에게 익숙한 몸으로 표현하기를 삽입하면 그만큼 부담을 들어줄 수 있고 또 재미있게 광고를 만드는 일석이조의 효과도 누릴 수 있는 것이다.

스텝 3 영어로 된 한국 음식 광고 만들기

1. 광고문 작성해 보기

이제 워밍업은 끝났다. 실제 영어 광고를 만드는 시간이 다가온 것이다. 이 시간부터 이 수업의 주인공은 바로 학생 자신들이다. 아이들은 모둠별로 캐나다 교류 학교에 있는 친구들에게 보낼 한국 음식에 관한 광고를 만들어야 한다.

먼저, 장효진 선생님이 광고문을 어떻게 만드는지 예시문을 보여준 후 아이들은 캐나다 학생들이 한국음식을 이해할 수 있도록 다양하고 창의적인 방법으로 한국음식을 표현하기 위한 광고문 작성 활동에 들어간다. 광고를 효과적으로 전하기 위해서는 표현력이 무엇보다 중요하며 아이들은 이미 앞의 수업에서 이러한 표현력의 기초에 대한 트레이닝을 마쳤다.

아이들이 이렇게 광고 제작에 여념이 없을 때 장효진 선생님과 원어민 선생님은 개별적으로 그 아이들에게 다가가 그들이 어려워하는 부분을 돕는 역할을 한다.

2. 모둠별 광고 발표하기

다음으로 장효진 선생님은 이렇게 만들어진 광고를 모둠별로 나와서 발표하게 한다. 장효진 선생님은 이러한 모둠별 발표를 통해 어떤 효과를 기대하는 걸까?

오늘 수업이 캐나다 학생들에게 우리 음식 알리기예요. 따라서 아이들로 하여금 '아 우리의 프로젝트가 캐나다 학생들을 위한 거구나' 느낄 수 있게 하기 위해서 발표를 시킵니다. 학생들 입장에서는 바로 캐나다 학생들에게 소개하는 느낌을 가질 수 있어서 좋고, 또 교사 입장에서도 그런 아이들을 보면서 시간을 효과적으로 조절할 수 있어서 좋습니다.

장효진 선생님의 말처럼 학생들은 마치 자신이 민간 외교관이 된 느낌으로 발표를 하기 시작한다.

장효진 선생님은 이런 아이들에게 상점 제도를 실시했는데 그 방법이 독특하다. 즉, 아이들에게 개별적으로 상점을 부여하는 방식이 아닌, 반 전체에게 상점을 부여하는 방식을 사용했다. 마치 게임에서 실력이 배가될수록 레벨이 올라가는 것처럼 반 전체의 레벨을 1~5단계로 구분하고 레벨을 올려주는 방식으로 상점제도를 실시했다. 물론 상점을 주는 방식은

자신들이 만든 광고를 발표하는 모습

미리 교실 한쪽에 써놓아서 모두가 공감할 수 있도록 배려하는 것도 잊지 않았다.

장효진 선생님이 이런 단체적 상점 제도를 운영하는 이유는 개인의 마음을 다치지 않게 하는 데 중점을 두었기 때문이다. 즉 개인보다 공동체 중심으로 보상을 주어서 공동체가 함께 하고 있다는 느낌을 주게 하려고 이런 상점 제도를 운영하는 것이다. 장효진 선생님은 마지막으로 오늘 배운 다양한 표현들을 복습해 보는 것으로 수업을 마무리했다.

> **Tip 광고 발표를 통해 얻을 수 있는 유익**
>
> 학생들은 가상의 대상이 아닌 실제 대상을 전제로 한 이런 광고 제작과 발표 활동을 통해 협력 활동은 물론 보다 다채롭고 다양한 영어의 표현력까지 기르게 될 것이다.

Effect Value

왜 영어를 배우는지 알게 해주는 실제적인 수업

그렇다면 이와 같은 국제 교류 수업은 실제적으로 어떤 효과가 있을까? 장효진 선생님 스스로 자신의 국제 교류 수업에 대해 이렇게 말한다.

이런 수업은 단순히 영어를 배웠다는 느낌보다 나와 다른 누군가를 위한 활동을 했다는 느낌이 더 강하게 든다고 봐요. 이 프로젝트를 통해서 학생들이 인성, 영어에 대한 관심, 흥미, 친구들과의 협력, 그리고 세계에 대한 이해 등 다양한 가치들을 얻을 수 있기 때문에 학생들에게 아주 유용한 수업이라고 생각합니다.

사실 조금은 놀라운 발상이라 하지 않을 수 없다. 요즘 같이 주입식 위주의 지식 교육이 성행하는 때에 학과적인 이득 외에 인성까지 생각하는 수업을 생각했다는 것 자체가 매우 신선하다. 여하튼 이러한 국제 교류를 통한 영어 수업이 영어 능력 향상에 어떤 효과가 있을지 좀 더 파고들어보도록 하자.

영어를 배우는 이유는 뭘까? 사실 많은 아이들은 그 이유도 모른 채 영어를 공부하는 경우가 태반이다. 하지만 그 이유를 알고 공부한다면 좀 더 효과적인 공부를 할 수 있다. 생각해 보라. 영어를 배우는 목적인 뭔지? 당연히 외국인과 대화하고 교류하기 위해서이다.

한국교원대학교 김정렬 교수는 그런 면에서 국제 교류 수업이 영어를 왜 배우는지, 무엇을 하려고 영어를 배우는지, 이런 질문에 대한 구체적인 해답을 제시하는 수업이라고 당당히 말한다. 즉, 국제 교류 수업은 실제 외국인을 대상으로 하는 백그라운드가 있기 때문에 매우 의미 있는 수업이 될 수 있다는 것이다. 사실 많은 영어수업들이 구체적 대상 없이 막연히 이루어지는 것과 비교할 때 이는 상당히 설득력 있는 주장이다. 그렇다면 실제 대상이 있는 영어 수업이 왜 효과적일까? 이에 대해 목원대학교 전영주 교수와 한국교원대학교 김정렬 교수는 다음과 같이 말한다.

대부분 영어 수업의 의사소통 활동이 교실 내 활동으로 그치는 경우가 많죠. 하지만 교실 밖에만 나가면 영어를 쓰기 어려운 환경이기 때문에 효과가 미미할 수밖에 없어요. 하지만 장효진 선생님은 실제 대상을 설정해 주고 실제적인 의사소통 활동을 하고 계세요. 즉, 실제 대상이 있는 수업이므로 좀 더 주의를 요할 수밖에 없어요.

- 전영주 교수 -

프로젝트라는 것을 할 때 구체적 대상을 두고 작업을 하면 아주 명확해지는 것이죠. 또 그 대상이 캐나다에 있는 친구들이기 때문에 영어에 더욱 신경을 쓸 수밖에 없어요.

- 김정렬 교수 -

즉, 영어 학습은 구체적 대상을 두고 진행될 때 보다 효과적인 학습이 될 수 있다는 것이다. 사실 어쩌면 이것은 아주 쉽고 단순한 논리인데도 그동안 우리네 영어 교육은 이를 망각하고 있었던 것이 아닐까.

이 외에 장효진 선생님의 수업은 세부적인 면에서도 몇 가지 교훈을 던져준다고 평가단들은 이야기한다. 아이들을 가르칠 때 가장 중요한 것은 당연히 아이들을 집중시키는 일일 것이다. 그런데 장효진 선생님이 아리랑 노래를 개사해서 가르친 것이나 가사와 가사 사이사이에 괄호를 둬서 아이들에게 맞히도록 한 것은 매우 탁월한 방법이라 할 수 있다. 왜냐하면 이때 아이들은 인지적으로 추측하면서 흥미를 느낄 수밖에 없기 때문이다.

또 장효진 선생님은 반 전체에 상점을 주는 방식을 사용했는데, 이때 상점을 주는 방식이 고리타분하지 않은 아이들이 충분히 흥미를 끌 만한 것이었다는 점에서 높은 점수를 줄 수 있다. 즉, 상점을 주는 방식으로 아이들이 좋아하는 게임의 캐릭터를 사용한 것이다. 요즘 유행하는 롤 플레잉 게임에서는 일정 단계에 도달하면 캐릭터가 진화하는 방식으로 게임이 진행된다. 즉 맨 처음에는 계란으로 시작해서 맨 끝에는 불사조 단계까지 가는….

장효진 선생님은 반 전체에 주는 상점으로 이처럼 점점 진화해가는 캐릭터를 선택한다. 이는 스스로도 캐릭터를 키우기 위해 열심히 할 수밖에 없으며 다른 반과의 경쟁도 될 수 있기 때문에 매우 효과적인 방법이다. 우리 반은 불사조인데 너희는 무슨 캐릭터이니, 하면서 말이다. 결국 영어 수업이 어렵고 지루한 수업이 아니라 자신만의 캐릭터를 키워가는 게임처럼 재미있는 수업으로 인식될 수 있다는 점에서 장효진 선생님의 수업은 최고의 영어 수업이었다고 할 수 있다.

나도 국제 교류 영어 수업을 해보고 싶다면

장효진 선생님의 국제 교류 영어 수업은 원어민 교사였던 Ms. Schulz 선생님의 아이디어와 적극적인 협력이 있었기에 가능했다. 현재 Ms. Schulz 선생님은 본국으로 돌아갔으나, koreankidsenglish.wordpress.com이라는 블로그를 제작하여 6학년 학생들뿐만 아니라, 3학년 학생들까지 국제 교류 영어 수업에 참여하는 중이다. 더불어 블로그를 통하여 다른 나라 선생님들, 학생들과도 지속적인 교류를 진행할 예정에 있다. 이러한 장효진 선생님의 수업을 보고 아마도 많은 영어 교사들이 나도 저렇게 해보고 싶다는 생각이 들었을 것이다.

하지만 이를 시행하기 위해서는 무엇보다 이러한 영어 수업의 탄생 배경을 이해해야 한다. 장효진 선생님은 그동안 교사 위주의 영어 수업 방식에 통렬한 반성의 시간을 가졌고 학생들이 만들어가는 영어 수업을 해야겠다고 마음먹고 이러한 수업을 탄생시켰다. 장효진 선생님은 학생들이 만들어가는 수업을 하면 자신들이 직접 만들어가니 가만히 앉아서 지루해할 틈이 없고 또 학생들이 영어에 깊은 관심을 갖게 되기 때문에 영어 수업을 좋아할 수밖에 없게 된다고 이야기한다.

하지만 이러한 학생 위주의 영어 수업이 되기 위해서는 선생님 스스로 마인드가 바뀌어야 한다. 그러지 않고서는 결국 선생님 위주의 수업이 되고 말기 때문이다. 장효진 선생님 역시 아직도 자신의 부족함을 깨닫고 다시 스스로를 돌아본다고 할 정도이다. 이를 위해 장효진 선생님은 지금도 수업이 끝나면 미첼 선생님과 함께 철저히 수업을 피드백 한다. 무엇보다 학생들과 교사 간에, 또 우리와 캐나다 간의 소통을 중요시한다. 그런 면에서 우리의 내용을 캐나다에 잘 전달하는 것도 중요하지만 캐나다에서 온 정보를 학생들에게 쉽고 재미있게 잘 전달하는 것도 중요하다는 인식이 필요하다. 이제 국제 교류 수업을 하기 위한 실제적 방법에 대해 알아보자. 이에 대해서는 목원대학교 전영주 교수가 매우 구체적인 방법을 제시하고 있으니 귀를 기울이면 많은 도움이 될 것이다.

나도 국제 교류 수업을 해보고 싶다 하는 분은 유네스코 협동학교가 있으니까 활용해 보면 좋을 것 같습니다. 세계 전체에 500여 개의 유네스코 협동학교가 있는데요, 유네스코에서 경제적 지원도 해주니까 잘 활용해 보면 좋을 것 같습니다. 또 APEC도 50개 이상의 학교가 교류할 수 있도록 해주고 있고요. 그리고 아시아유럽파운데이션이라고 아시아와 유럽의 학교가 교류하는 과정이 있는데요. 이것은 아시아 학교의 선생님과 유럽 학교의 선생님이 한 달씩 서로 교환하면서 수업을 하는 방식으로 진행을 합니다.

장효진 선생님은 교사가 교실 안에 들어왔을 때 진정한 배움이 일어나는 곳, 교사와 학생의 소통이 일어나는 곳, 그런 분위기를 만들어줄 수 있는 선생님이 되고 싶어 한다. 그래서 이를 위해 오늘도 고군분투하고 있다.

외국인 친구에게 직접 이야기하는 느낌이에요

그동안 장효진 선생님이 주도하는 수업에 익숙했던 학생들은 자신들이 주인공이 되어 수업에 참여한다는 사실이 부담스러울 수도 있다. 무엇보다 익숙하지 않은 영어로만 진행되는 수업에다 또 영어 광고까지 제작해야 하니 긴장됐다. 하지만 이 모든 시간들이 그저 보내야 하는 영어 수업이 아니라 구체적으로 자신들을 기다리는 친구에게 보낼 영상을 만드는 과정이었기에 아이들은 사뭇 진지할 수밖에 없었고 또 집중하지 않을 수 없었다.

사실 스텝 2까지의 과정은 광고를 만들기 위한 준비 과정으로 그때 자칫 지루해질 수도 있었지만 장효진 선생님이 친절하게 자신들을 도와줘 큰 어려움 없이 수업 시간을 지날 수 있었다. 특히 아직 영어 표현력이 부족한 아이들을 배려하기 위해 마임을 넣은 것은 아이들의 흥미를 끌기에 충분했다.

　　말로 할 때는 좀 친구들한테 표현하기가 어려운데 마임으로 할 때는 좀 더 쉽게 표현할 수 있었던 것 같아요.

스텝 2가 끝나고 드디어 아이들 스스로 광고 제작을 하게 되었을 때 아직 실력이 떨어지는 아이들은 막연하고 당황할 수밖에 없었다. 하지만 혼자 하는 게 아니라 모둠별로 프로젝트를 진행하였으므로 부담감을 줄 수 있었으며, 장효진 선생님과 미첼 선생님이 일일이 아이들에게로 다가가 모둠을 돌며 아이들이 어려워하는 부분을 조언해 주어 문제를 해결하게 해주었다. 실제 대상을 두고 하는 수업의 파워를 확인하는 순간이라 하지 않을 수 없다. 아이들에게 있어 영어 수업이 어때야 하는지 보여준 수업이며 무엇보다 아이들이 주도적으로 참여할 수 있는 수업이 좋은 영어 수업임을 몸소 보여준 수업이다.

[국제 교류 영어 학습법 수업지도안]

오늘의 수업 주제

캐나다 친구들에게 보낼 한국 음식 광고 제작하기

구분	과정	준비물
STEP 1 학습동기 유발	Opening – 원어민교사와의 사전 교류	노래
	1. 사진 보고 음식 추측해 보기 – 사진을 한 장 보여주고 그 사진 속에 등장하는 음식들이 무엇인지 추측하게 하는 활동	사진 PPT
	2. 아리랑 노래 듣고 음식 추측해 보기 – 아리랑 곡조에 한국음식이 들어가는 가사를 개사해서 음식 이름 알아맞히는 활동	개사곡
STEP 2 주요표현 연습	1. 학습목표 알리기 – '한국음식을 캐나다 친구들에게 광고를 만들어 소개하기'	학습 목표 PPT
	2. 음식과 관련된 표현 익히기 – '브레인스토밍' : 한국음식과 관련된 표현에 해당되는 단어들을 자유롭게 생각나는 대로 발표 – 단어쓰기 활동 : 학생들에게 용지를 나눠주고 음식과 관련된 단어들을 직접 써보게 하는 활동	보드판
	3. 몸으로 한국음식 표현하기 – 몸으로 한국음식의 맛, 느낌 등에 대해 표현하는 활동	
STEP 3 광고 제작하기	1. 광고문 작성해 보기 – 선생님이 먼저 예시문을 보여줌 – 예시문을 작성하고 모둠별로 광고를 만듦	예시문
	2. 모둠별 광고 발표하기 – 상점제도를 실시 : 반 전체에게 상점을 부여하는 방식 (게임처럼 레벨을 올리는 방식으로)	상점

3부

영어, 감각으로 익힌다

CHAPTER 9

소리내고 그려보고
동작하면 영어가 쑥쑥!

사운드
영어 학습법

Sehee Kim, Best English Teacher!

경희초등학교(서울)
김세희 선생님

교육경력 5년 차
Teacherplus에서 TKT practical 온라인 강의에 출연

머리로
배우는 것이 아니라
감각으로
습득하는 것이다

Why What?

영어 어려워하는 아이들 방법은 없을까

'사운드 영어 학습법'이란 기존의 읽고 해석해 주는 방식의 정적인 수업에서 탈피해 듣고 보고 소리 내고 그려보고 온몸으로 동작해 보면서 영어를 느끼게 하는 동적인 수업이자 학습 방법이다. 즉, 우리의 오감과 몸동작까지 활용하여 영어와 재미있게 노는 가운데 자연스럽게 영어를 습득하는 학습법이다.

우리는 자칫, 학교 선생님들은 수업을 대충할 것만 같은 선입관에 사로잡혀 있다. 그만큼 언론지상에서 공교육의 권위가 땅에 떨어지고 학교 선생님들이 수업할 때 아이들 대부분이 딴 짓 한다는 소문을 많이 들었기 때문일 것이다. 그중에서도 특히, 영어에 관한 한 학교 교육은 더 믿지 못하겠다는 선입관으로 가득 차 있다. 그래서 대부분의 가정에서는 학교 영어 교육은 논외로 한 채 너도나도 영어 학원에 보내는 실정이다.

그러나 경희초등학교 김세희 선생님(1학년)이 진행하는 영어 수업을 한 번이라도 본 사람은 그만 입이 벌어질 것이다. 동영상에, 그림 등의 시청각 자료로부터 시작하여 온갖 노래와 율동, 음악, 각종 소리를 내는 도구, 그리고 마인드맵 자료와 게임 자료까지.

 도대체 어떤 학원의 영어 강사가 매 수업마다 저런 세밀한 준비를 할 수 있을까, 의심될 정도로 그녀의 수업은 그야말로 엄청난 준비로 꽉 차 있다. 도대체 이게 학교에서 하는 영어 수업이 맞나, 싶

김세희 선생님의 수업은 몸으로 따라하는 것이라 일단 재미있다.

을 정도로 그녀의 수업은 다채롭고 열정적이다. 김세희 선생님이 이처럼 다채롭고 열정적인 수업을 할 수 있었던 것은, 아이들이 영어 학습에 얼마나 어려움을 겪고 있는지 뼈저리게 느꼈고 철저히 아이들 입장에서 도울 방법을 생각했기 때문이다.

 현재 초등학교 아이들의 영어 학습에 대한 고충은 가히 상상을 초월한다. 각종 영어 학원에서 아이들에게 가르치는 영어의 강도는 어른이 생각하는 것 그 이상이다. 하지만 그런 노력에 비해 얻을 수 있는 영어의 학습 효과는 결코 장담할 수 없다. 왜냐하면 대부분의 수업이 학생들의 눈높이보다는 교과 위주, 선생님 위주로 진행되어 학생들의 요구를 충족시켜 주지 못하고 결국 주입식 교육이 되어 학습 효과가 떨어져 있기 때문이다.

 하지만 김세희 선생님의 수업은 정말 다르다. 정말 수업 시간 내내 뭔가를 배운다는 느낌보다 재미있게 수업 시간을 보낸다는 느낌이 더 강하다. 마치 영어나라로 소풍을 간 것처럼 말이다. 그 수업 시간이 얼마나 재미있었으면 수업이 끝났는데도 더 하자며 조르는 아이들이 있을 정도일까.

 과연 이러한 사운드 학습법을 구체적으로는 어떻게 하는지 김세희 선생님과 함께 수업 속으로 들어가 보도록 하자.

사운드 영어 학습법이란?

- 음악과 그림, 온갖 악기들이 내는 소리, 실제 우리 생활 속 사물들이 내는 소리, 각종 놀이와 게임을 활용하여 듣고 보고 소리 내고 그려보고 온몸으로 동작해보면서 영어를 느끼면서 체득하는 학습 방법이다.
- 직접 그리고 표현하기 – 소리로 체험하고 표현하기 – 놀이와 게임으로 습득하기의 3단계로 구성되어 있으며 아이들은 이런 수업을 자연스럽게 즐기는 가운데 영어가 저절로 익혀진다.

How How

02

오감으로 재미있게
저절로 익히는
사운드 교수법

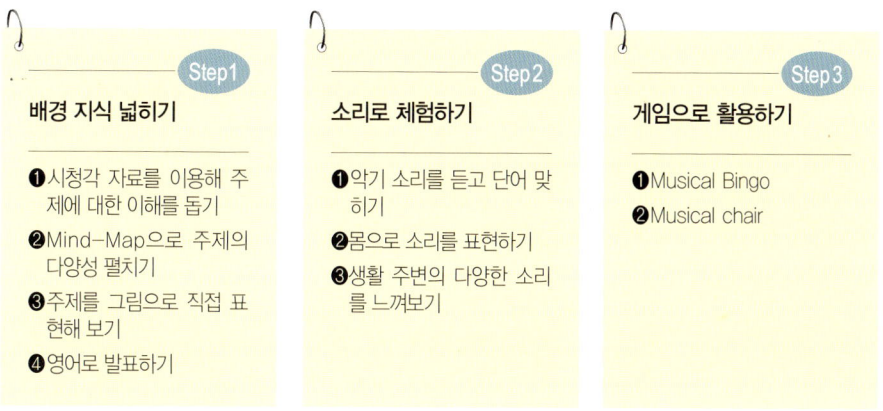

수업 전체 구성도

도입 전 활동 : 원어민 교사와 사전 교류

Step 1
배경 지식 넓히기
❶ 시청각 자료를 이용해 주제에 대한 이해를 돕기
❷ Mind-Map으로 주제의 다양성 펼치기
❸ 주제를 그림으로 직접 표현해 보기
❹ 영어로 발표하기

Step 2
소리로 체험하기
❶ 악기 소리를 듣고 단어 맞히기
❷ 몸으로 소리를 표현하기
❸ 생활 주변의 다양한 소리를 느껴보기

Step 3
게임으로 활용하기
❶ Musical Bingo
❷ Musical chair

도입 전 활동 경쾌한 노래와 함께

먼저, 경쾌한 노래와 함께 수업을 시작한다. 보통의 선생님들이라면 그저 수업의 목표를 설명하며 단조롭게 시작할 수도 있다. 하지만 지금 수업을 듣고 있는 대상을 잘 파악해야 한다. 상대는 이제 초등학생, 그것도 저학년들이다. 아직 주의가 산만하며 어느 하나에 집중하기 힘든 나이 대이다. 따라서 노래로 수업을 시작하는 것은 탁월한 선택이다.

김세희 선생님은 원어민 교사 루카스 선생님과 함께 수업을 준비한다.

스텝1 배경 지식 넓히기

1. 주제에 대한 이해 돕기

드디어, 스텝 1의 수업이 시작되었다. 오늘의 주제는 Music이다. 김세희 선생님은 먼저, 화려한 브레이크 댄스 공연이 펼쳐지는 동영상 자료를 아이들에게 보여줌으로써 아이들의 흥미를 끈다. 아이들은 눈을 부릅뜨고 탄성을 지르기도 한다. 그때 아이들에게 동영상을 본 느낌을 말하게 유도한다. 물론 이때 수업의 전 과정에서 우리말은 거의 사용하지 않는다.

2. 마인드맵으로 주제 확장하기

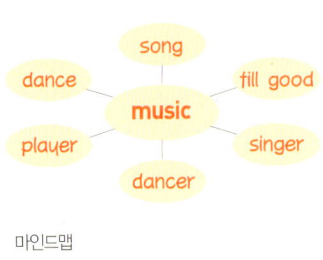

마인드맵

다음은 음악에 대한 지식 확장으로 넘어가는데, 이때 사용되는 것이 바로 마인드맵이다. 김세희 선생님은 아이들로 하여금 마인드맵을 그리게 할 뿐만 아니라 마인드맵에 등장한 단어들이 연상시키는 그림도 직접 그리게 한다. 김세희 선생님은 왜 초등학교 수업에서 이런 마인드맵을 사용하는 것일까?

마인드맵

1. Music과 관련된 단어를 가지치기 식으로 생각나는 대로 쓰게 한다.
2. 이렇게 등장한 단어들을 그림으로도 그려보게 한다.

> **Tip 마인드맵의 효과**
> 스스로 떠오르는 단어를 공부하며 그것과 관련된 이미지를 떠올리며 익히니 저절로 암기가 되는 이중 효과를 누릴 수밖에 없다.

어휘를 교사가 일방적으로 주는 게 아니라 아이들이 배경 지식을 공유하면서 몰랐던 어휘를 확장시켜 가는 형태인데요. 애들이 능동적으로 이 활동에 참여하면서 서로 몰랐던 걸 공유할 수 있고 자기 생각을 눈으로 보면서 정리가 되는 거죠. 또, 마인드맵에서 익힌 어휘들을 생각하면서 그려보거나 이미지를 떠올리면서 활동하면 조금 더 오래 기억에 남고 효과적으로 어휘 학습을 할 수 있는 것 같아요.

3. 영어로 발표하기

그 후, 김세희 선생님은 단어에 대해 떠오르는 이미지를 각자 그린 그림에 대한 발표를 시키는데, 이때에도 혼자서 발표하게 하지 않고 선생님과의 간단한 대화식으로 진행해 TEE 수업에 대한 부담을 덜어주게 한다. 김세희 선생님의 노하우를 직접 들어보자.

Yes, No 질문부터 시작을 하는 거예요. 이거는 아빠니? 이거는 엄마니? 처럼 요. Yes, No 질문부터 시작해서 간단하게 구체화될 수 있는 질문으로 연결이 되거든요. 그런 식으로 해서 한 번씩은 앞에 나와서 말해볼 수 있는 기회를 가져요.

이러한 경험을 한 학생들은 그 단어에 대한 기억을 더욱 더 오래 가져갈 수밖에 없다.

스텝 2 · 소리로 영어를 체험하기

1. 악기 소리 듣고 단어 맞히기

이제 수업은 소리로 체험하는 스텝 2로 넘어간다. 김세희 선생님은 먼저 악기소리를 들려주고 악기 이름을 맞추는 방식으로 수업을 진행한다. 김세희 선생님이 악기 소리를 들려주는 이유는 무엇일까?

소리를 듣고 상상을 해보는 것도 중요한 도입 부분이라고 생각을 하거든요. 이게 어떤 소리다, 라는 것을 맞췄을 때 성취감 같은 게 있잖아요. 그런 성취감 때문에 아이들이 조금 더 만족스러워 하고 이 주제에 대해서 좀 더 몰입할 수 있는 것 같아요.

은은한 기타 소리가 울려 퍼지자 아이들은 '기타'라고 외친다. 퉁탕거리는 드럼 소리가 울려 퍼지자 아이들은 '드럼'이라고 크게 외쳐댄다. 이때가 바로 원어민 교사인 루카스 선생님이 나설 차례이다. 루카스 선생님은 아이들에게 '기타'가 아니라 '기털'임을 정확한 원어 발음으로 일깨워준다. 드~럼이 아니라 드럼(드와 즈의 중간 발음)임을 정확히 가르쳐준다. 이는 자칫 콩글리시로 흐르기 쉬운 발음 교정에 지대한 영향을 미친다 하지 않을 수 없다. 그런 면에서 초등학교 영어 수업에 원어민 교사가 함께 배치되는 효과를 톡톡히 누리고 있다고 해야 할 것이다.

2. 몸으로 소리를 영어로 표현하기

이번에는 루카스 선생님이 몸으로 소리를 표현하는 마임을 시작한다. 루카스 선생님이 바이올린 켜는 마임을 하자 아이들은 '바이올린'을 맞히고 드럼 치는 마임을 하자 '드럼'을 외친다. 이때 루카스 선생님이 아이들에게도 마임 동작을 따라해 보게 시킨다. 루카스 선생님이 학생들에게 동작을 꼭 따라해 보게 하는 것은, 이것이 중요한 수업 효과를 나타내기 때문이다. 즉, 루카스 선생님은 외국어 교육에 있어 특히 중요한 것이 상상력이라고 강조한다.

한국과 미국의 교육 시스템에는 큰 차이가 있습니다. 창의력을 이끌어내는 데 있어 미국 학생보다 한국 학생이 훨씬 더 어려워요. 한국 학생들은 틀에 맞춘 학습을 하는 데 익숙하고 학원에 가서도 이것이 정답이다, 라고 배우기 때문에 실수에 대한 허용 범위가 거의 없는 것 같아요. 아이들의 경우도 실수했을 때 스스로 자책하는 것 같고요.

저는 언어 교육에 있어 효과적인 두 방법이 상상력과 실수라고 생각합니다. 그래서 언제나 학생들을 가르칠 때 창의적이고 자신의 상상력을 이용하도록 격려하려고 노력하죠. 그게 가장 큰 어려움입니다.

마임

1. 선생님이 먼저 악기와 관련된 동작의 시범을 보인다.
2. 핵심 문장을 연습시키고 학생들로 하여금 악기와 관련된 동작을 해보게 시킨다.

실수를 두려워하지 않고 자유롭게 생각나는 대로 말할 수 있는 풍토가 필요하다는 루카스 선생님의 말은 우리로 하여금 많은 것을 생각하게 한다. 어쩌면 외국어 교육에 상상력과 실수가 허용되지 않으면 우리는 평생 외국인 앞에서 우물거리는 수준을 벗어나지 못할지도 모를 일이기 때문이다.

> **Tip 마임 동작을 따라하게 하는 이유**
> 이러한 동작을 따라해 봄으로써 더욱 생각의 폭이 넓어지고 상상력이 키워지기 때문이다.

3. 생활 주변의 다양한 소리 느껴보기

이제, 김세희 선생님은 소리를 낼 수 있는 아이템을 총동원하여 소리를 내기 시작한다. 냄비 뚜껑으로 심벌즈 소리를 내고 검은 콩으로도 소리를 내고 쌀알을 가지고도 소리를 낸다. 모두가 김세희 선생님이 이 수업을 위해 준비해온 것들이다. 아이들은 이 과정을 통하여 오감을 자극받고 블랙빈(Black Bean), 라이스(Rice) 등의 단어와 소리 표현에 대한 기억을 더욱 생생히 할 수 있을 것이다. 김세희 선생님이 이런 활동을 하는 이유는 무엇일까?

어떤 소리든 소리는 항상 주변에 있으니까 소리로 시작해서 음악까지 가는 게 이 수업의 주제가 되는 것 같고, 아이들도 소리로 시작하면 나중에 아름다운 소리로 음악을 생각할 수 있는 계기가 되는 것 같아요.

스텝 3 게임으로 영어 활용하기

1. Musical Bingo 게임하기

이제 김세희 선생님의 수업은 막바지를 향해 가고 있다. 스텝 3은 게임으로 활용하기이다. 김세희 선생님이 수업의 마지막을 게임으로 정한 이유는 무엇일까?

영어를 내가 배우고 있다는 느낌보다 즐겁고 재미있게 영어 시간에 있었어, 라는 느낌을 갖는 게 더 좋은 것 같아요. 왜냐하면 저학년이고요. 학습적으로 다가가는 것보다 노래도 부르고 그 가사에 맞는 율동도 해가면서 게임 자체에 의미를 두기보다 학습동기 부여에 초점을 맞춘다면 본인 자신도 모르게 뭔가 하나를 얻어간 거거든요. 그런 게 오히려 자연스럽게 습득되는 거니까 더 좋은 거 같아요.

Musical Bingo는 아홉 개의 칸에 오늘 배운 악기 이름을 영어 단어로 적거나 그림을 그려 넣은 후 선생님이 들려주는 소리의 악기에 ×표를 하여 ×표가 한 줄로 연결되는 사람이 이기는 게임이다. 이때 빙고를 외친 아이에게는 포인트를 주는데, 이 역시 학습의 동기 부여 효과를 얻기 위해 김세희 선생님이 하는 활동 중 하나이다.

긍정적인 피드백을 아이들한테 주기 위해서 하고 있거든요. 아이들한테 어떤 목표를 정해주고 그 목표를 달성했을 때 성취감을 얻게 해주고. 팀 포인트라든지 개인 포인트를 통해서 단결된 그런 것도 보여줄 수 있고 동기부여도 될 수 있어서 하고 있어요.

> **Tip** **Musical Bingo 게임**
> 1. 9개의 칸에 오늘 배운 악기 이름을 영어 단어로 쓰거나 그려 넣는다.
> 2. 선생님이 들려주는 소리의 악기에 ×표를 하여 한 줄로 연결되면 빙고를 외친다.

2. Musical Chair 게임하기

다음으로 김세희 선생님은 아이들을 데리고 마지막으로 Musical Chair 게임을 준비한다. 이는 아이들이 서클을 이루고 노래를 부르며 돌다가 의자에 먼저 앉는 게임이다. 따라서 함께 노래를 배우고 노래에 따른 동작까지 배우는 시간이 필요하다.

김세희 선생님은 '뮤지컬 체어'라는 따라 부르기 쉬운 경쾌한 영어 노래를 아이들에게 율동과 함께 가르친다. 그러면 아이들은 재미있게 노래와 율동을 따라한다. 물론 이때에도 의사 소통은 모두 영어로 해야 한다. 이제 아이들은 재미있게 영어 노래를 부르며 '뮤지컬 체어' 게임을 즐기면서 수업은 마무리된다. 이런 게임을 통하여 아이들은 자연스럽게 영어 노래를 습득할 뿐만 아니라 게임까지 즐길 수 있다.

마지막으로 김세희 선생님은 오늘 수업에서 아이들이 이룬 성과만큼 스티커를 붙여주는데, 이는 영어에 대한 기대감과 자신감을 더하는 계기를 만들어주는 효과를 톡톡히 한다.

> **Musical Chair 게임**
> 1. 먼저, 아이들에게 Musical chair 노래와 율동을 가르쳐 준다.
> 2. 서클을 이루고 노래를 부르며 돌다가 의자에 먼저 앉으면 이기는 방식으로 게임을 진행한다.

Effect Value

03

| 억지로 배우는
학습이 아니라 저절로
익히게 되는 효과

그렇다면 이런 김세희 선생님의 수업 방식이 구체적으로 어떤 효과를 나타내고 또 학습적 가치를 지니는지 살펴보도록 하자. 이번 최고의 영어 교사 평가에는 한국교원대학교 김정렬 교수와 목원대학교 전영주 교수가 참여하였다. 그 외에도 한국교원대학교의 김경철, 이제영 영어교육과 박사가 함께 평가를 도왔다. 먼저, 김정렬 교수의 말을 들어보도록 하자.

다중 지능 이론이라고 해서 다감각적인 학생들이 듣고 보고 참여하는 것을 활용하고 참여하는 수업이었다고 생각해요. 그래서 그림이라든지 소리라든지 몸을 움직이는 동작 등이 잘 조화되어서 학생들의 다중 감각을 이용한 영어 수업이 되었다는 것을 특징으로 부각시켜 드리고 싶네요.

보통의 영어 수업에서도 노래 부르고 그림을 보고 맞추는 정도의 활동은 한다. 하지만 김세희 선생님의 수업처럼 인간의 모든 감각을 활용한 수업은 찾아보기 힘들다. 그래서 김정렬 교수님은 다중 감각이라는 표현을 한 것이다. 그렇다면 이런 다중 감각을 이용한 수업은 어떤 효과가 있는 것일까. 일단 재미있고 능동적인 참여를 요하기 때문에 주의집중을 요할 수밖에 없다. 한국교원대학교 영어교육과 김경철 박사의 말을 들어보자.

7~10세에 있는 아이들을 발달 단계상 보통 구체적 조작기에 있는 학생들이라 할 수 있는데, 이 구체적 조작기의 아이들은 실제로 해볼 때 더 잘 배운다는 그런 특징을 가지고 있어요. 일반적 수업에서는 그림을 보여주고 이게 무엇이냐, 이렇게 진행하기 마련인데 김세희 선생님의 수업에서는 그 악기에 맞는 소리를 들려주고 이 소리에 맞는 악기가 무엇인지 질문하고 있어요. 이것은 참 신선하고 새롭다는 느낌이 들었습니다.

그렇다. 보통 초등 저학년 아이들은 수동적인 수업보다는 자신이 능동적으로 참여할 때 더욱 효과적인 학습을 할 수 있다. 그런 면에서 김세희 선생님의 사운드 학습법은 다중 감각을 이용하여 능동적인 참여를 할 수밖에 없는 구조를 띠었다. 더욱이 이런 다중 감각을 이용한 수업은 또 다른 효과를 발휘한다. 한국교원대학교 영어교육과 이제영 박사의 말을 들어보자.

보통 영어를 배울 때 성인이 될수록 좌뇌 위주로 학습을 하고 반대로 우뇌의 참여가 적기 때문에 나이가 들면 외국어 학습이 더욱 힘들어진다는 의견들도 많이 있습니다. 그것을 극복하기 위한 여러 가지 방법이 있는데 그 중 하나로 TPR이라는 전신반응교수법이라는 것이 있습니다. 간단히 말해서 TPR은 몸동작과 함께 영어를 배우는 방법을 말합니다.

즉, 김세희 선생님의 사운드 학습법은 다감각과 적극적 참여를 활용함으로써 창의력의 근간이 되는 우뇌의 발달을 도울 수도 있다는 것을 의미한다. 사실 그동안 언어 교육은 창의력, 상상력을 근간으로 하는 우뇌의 활동보다는 이성적 판단력의 중심이 되는 좌뇌의 활동이 중요하다는 시각이 지배적이었다. 그러나 좀 더 과학적인 교육법이 발달하면서 언어 교육, 특히 외국어 교육에 있어 창의력을 근간으로 하는 우뇌의 역할이 중요하다는 사실이 밝혀졌다.

그럼에도 그동안 우리나라의 영어 교육은 오로지 좌뇌만 쓸 수밖에 없는 구조로 달려온 것이 사실이었다. 앞에서 원어민 교사였던 루카스 선생님이 그토록 상상력과 창의력을 강조하였던 이유도 이제 알았을 것이다. 그런 면에서 김세희 선생님의 사운드 학습법은 매우 과학적인 영어 학습방법이라고도 할 수 있다.

김세희 선생님의 사운드 학습법은 주입식이 아니라 활동 위주, 참여 위주의 수업이기 때문에 초등학교 저학년 아이들에게 맞는 수업 방법일 뿐만 아니라 다중 감각을 사용하므로 좌뇌의 발달을 돕는 수업이기 때문에 외국어 학습법에 매우 적합한 수업법이라 할 수 있다.

학생들이 지루해 할 때 정신이 번쩍 나게 하는 비법

초등 저학년은 집중 시간이 길지 못하고, 더욱이 영어로 진행되는 수업에서는 활동과 활동 사이 또는 활동 중간에도 주의를 집중시킬 수 있는 운영 노하우가 필요할 때가 있다. 이때 다 같이 약속된 구호를 해본다든지, 모둠활동 포인트를 이용한다든지, 말과 행동이 다른 TPR(전신반응교수법-몸동작과 함께 영어를 배우는 방법 중 사이먼 세즈(Simon says)라는 구호와 함께 동작을 하게 하는) 게임 등을 이용하여 아이들을 다시 수업에 집중시킬 수 있다. 김세희 선생님의 수업에서는 이러한 노하우를 잘 드러내 보였다.

먼저, 김세희 선생님이 수업을 중간 정도 진행했을 때 아이들의 주의가 산만해지는 위험한(?) 장면이 연출되었다. 조는 아이, 몸을 비트는 아이, 심지어 자리를 이동하는 아이까지…. 사실 아이들 데리고 수업을 하다보면 누구나 경험할 수 있는 장면이다. 그런데 이때 김세희 선생님은 다른 선생님들처럼 화를 내거나 잘못한 아이를 지적하거나 이름을 부르는 행동을 하지 않았다. 그저 Put hand on your head(머리에 손 갖다 대)라고 외치며 자신의 손을 배꼽에 갖다 댔을 뿐이다.

그런데 아이들의 반응이 재밌다. 갑자기 주의가 산만하던 아이들이 일사불란하게 선생님의 소리에 귀를 기울이고 동작을 따라한다. 물론 이때 선생님의 말과 동작이 일치하지 않는다는 사실을 알고 자신들은 제대로 된 동작을 하면서…. 김세희 선생님은 이런 활동의 유익에 대해 다음과 같이 말한다.

수업 환경이 안 좋을 때 지적하거나 이름을 부르는 것보다 선생님과 약속된 구호를 하거나 간단한 게임을 통해서 집중을 하면 아이들이 오히려 더 쉽게 잘 뭉쳐져요. 이렇게 한 번에 시선을 모아주는 게 오히려 아이들한테 좀 더 긍정적인 효과를 줄 수 있고 애들도 재밌게 다시 수업에 참여할 수 있는 거 같아요.

사실 이것은 교원대 이제영 박사가 앞에서 이야기했던 TPR 기법에 해당하는 것이다. 즉, 손은 머리로 가지만 실제 말은 배꼽을 잡으라는 식의 그런 차이를 통해 아이들이 언어적인 면에 집중할 수 있게 하는 방법이다.

이 외에도 김세희 선생님은 수업 도중 아이들의 주의가 산만해질 때면 어김없이 '어텐션!' '리슨!' 등의 약속된 구호를 외치며 아이들로 하여금 따라하게 해 주의를 환기시키는 방법을 사용했다. 이 역시 초등 저학년들의 수업 시간에 주의를 집중시키기 위해 사용할 수 있는 매우 효과적인 방법들이라 할 수 있다.

이 외에 사운드 영어 학습법으로 수업을 잘 진행하기 위해서는 다양한 자료의 준비 및 멀티미디어 자료 활용의 능숙성이 요구된다는 사실을 기억해야 한다. 또한 아이들이 서툰 영어로 말해도 끝까지 들어 준 후 다시 한 번 선생님이 정리해 주는 방식으로 피드백을 준다면, 영어 말하기에 더욱 자신감도 생기고, 참여도도 높아질 수 있다.

영어가 재미있어요. 시간가는 줄 몰라요

그렇다면 사운드 학습법으로 수업을 받는 실제 아이들의 반응은 어떨까.

- 게임 등 음악, 리듬 맞춰서 춤도 추고 하니까 좀 더 영어가 재밌어지는 것 같아요.
- 예전엔 단어만 알았거든요. 문장은 잘 못 만들고 그런데 지금은 게임으로 배우는 걸 하니까 다시 머리에 쏙쏙 들어와서 실력이 계속 늘고요. 그러니까 다음 시간에 어려운 게 하나도 없어요.

모두가 만족스런 반응이다. 특히 예전엔 단어만 알고 문장을 잘 못 만들었다는 박건엽 군의 말은 조금은 의미심장하게 들린다. 그런 아이가 이제 어려운 게 하나도 없다는 말을 서슴없이 한다. 이 아이들의 모습에서 우리가 간과하지 말아야 할 것이 있다. 그것은 이 아이들이 선생님의 수업을 들은 것이 아니라 선생님과 함께 한바탕 재미있게 수업을 했다는 사실이다.

피츠버그 대학교 최고의 교수 상을 수상했던 골드스타인 교수는 이런 말을 남겼다.

선생은 자신이 아는 것을 가르치는 게 아니라 학생들이 알 수 있도록 가르치는 것이다.

오늘날 얼마나 많은 선생님들이 자신이 알고 있는 것을 무작정 가르치려 들고 있지 않은가. 그 가르침을 받는 학생들이 무슨 생각을 하고 어떤 어려움을 겪고 있는지 관심도 두지 않은 채 말이다. 하지만 김세희 선생님의 사운드 학습법은 최소한 학생들의 시각과 입장에서 준비한 수업이라는 의미를 던져준다. 아이들은 이 사운드 학습법을 통해 수업 시간을 지루하게 듣는 것이 아니라 수업 시간을 재미있게 보내는 특별한 경험을 한다. 무엇보다 이 특별한 경험은 아이들로 하여금 영어 단어를 외우고 영어 문장을 읽고 해석하는 지루한 시간에서 벗어나 재미있게 영어와 친구처럼 지내는 과정에서 저절로 영어를 익히게 되는 놀라운 경험으로 발전하는 것이다.

[사운드 영어 학습법 수업지도안]

오늘의 수업 주제

Music

구분	과정	준비물
STEP 1 배경지식 넓히기	Opening – 경쾌한 노래와 함께	노래
	1. 주제에 대한 이해 돕기 – 브레이크 댄스 공연이 펼쳐지는 동영상 자료를 아이들에게 보여줌	동영상
	2. 마인드맵으로 주제 확장하기 – 음악에서 연상되는 단어를 마인드맵 형식으로 쓰게 함 – 이렇게 쓴 단어를 그림으로도 그리게 함	마인드맵 자료
	3. 영어로 발표하기 – 마인드맵 완성한 것을 앞에 나와 영어로 발표하게 함	원어민 교사 등장 동영상 자료
STEP 2 소리로 체험하기	1. 악기 소리 듣고 단어 맞히기 – 악기 소리를 들려주고 해당 악기의 영어 단어를 맞히게 함	PPT 자료, 악기소리 음향
	2. 몸으로 소리를 영어로 표현하기 – 마임을 활용 – 교사가 먼저 시범을 보여주고 아이들이 몸으로 악기소리를 내도록 유도함	PPT 자료, 악기소리 음향
	3. 생활 주변의 다양한 소리 느껴보기 – 생활 주변의 각종 물건이 내는 소리를 들려주고 맞히게 하는 활동	냄비 뚜껑, 블랙빈(Black Bean), 라이스(Rice) 등 생활 주변 물건
STEP 3 게임으로 활용하기	1. Musical Bingo 게임하기 – 9개의 칸에 악기 이름을 적어 넣거나 그림 – 소리를 듣고 해당 악기에 ×표 하여 빙고 만들기	게임 용지
	2. Musical Chair 게임하기 – Musical Chair 음악과 율동 가르쳐 주기 – Musical Chair 음악과 율동을 하며 원을 돌며 의자에 먼저 앉기 게임	음악과 율동

•• CHAPTER 10 ••

오감을 자극하면
영어 실력이 쑥쑥!

오감 자극
영어 학습법

Zooyoung Kim, Best English Teacher!

안산호원초등학교(경기도 안산)
김주영 선생님

2006년 유네스코 협동학교 운영 교사

2006년 APEC 알콥 교사

2006년 ~ 2008년 유네스코 한국위원회 CCAP 운영

2007년 ASEM – DUO 국제교류 프로그램 운영

2006년 ~ 2011년 경기도 교육청 원어민 협력 수업 및 국제협력지원단

2010년 ~ 2012년 영국문화원 CC 프로그램 운영

오감을 자극하면
영어 쉽게 익힐 수 있다

Why What?

> 영어에 부담을 느끼고
> 비교하는 아이들,
> 해결 방법은 없을까

오감 자극 영어 학습법이란 말 그대로 미각, 청각, 촉각, 시각, 그리고 후각까지의 오감을 모두 활용하는 학습 방법이다. 이는 초등학생들 중 사교육을 받지 못한 채 영어 수업을 듣는 아이들이 느끼는 열등감을 해소시켜주고 나아가서 영어 수업에 흥미를 갖게 하며, 그 흥미를 지속시키는 방법으로 개발된 영어 학습법이다.

아마도 영어로 진행하는 수업을 지켜보면 영어를 제대로 못 알아듣는 아이도 있을 텐데, 하고 걱정을 하는 사람도 많다. 실제 사교육이나 개인 학습 경험의 정도에 따라 아이들의 영어실력은 천차만별이며, 요즘 같이 경제가 어려운 시기에는 가정 형편상 영어 학원에 다닐 여건이 못 되는 아이들이 상당수 있다. 그런 아이들은 영어를 접하는 기회가 적어 영어로 하는 수업에 자연히 부담을 가질 수밖에 없다.

그런데 옆에 있는 친구는 영어를 자연스럽게 알아듣고 또 영어로 말하기도 잘한다. 이런 상황이 되면 저절로 위축될 수밖에 없고 심한 열등감에 시달리게 될 수밖에 없다. 자연히 분위기를 살피는 눈치만 보며 다른 친구들과 비교하다가 수업 시간을 다 흘려 보내버린다. 따라서 이런 문제는 영어 교사가 해결해야 할 당면 과제로 수면 위에 떠오른 셈이 되었다.

　그런데 여기에 중점을 두고 적극적으로 이 문제를 해결하기 위해 나선 경기도 안산 호원초등학교 김주영 선생님(3학년)이 있다. 김주영 선생님은 고민 끝에 오감을 자극하는 영어 수업을 개발했는데, 어떻게 이런 수업을 개발할 수 있었던 걸까?

보통 영어로 수업을 하게 되면 초등 3학년이지만 벌써부터 부담감을 느끼고 다른 친구들과 비교하는 그런 아이들이 많아요. 그래서 새로운 내용이나 조금 어려운 내용이 나오면 위축하게 되고 뒤로 빠지게 되는 상황이 생기는데, 그런 아이들에게 부담감을 줄여주기 위해 고민했어요. 그러다가 5가지의 감각을 활용하는 수업을 하면 부담감을 줄일 수 있다는 사실을 알게 되었어요.

　5가지 감각을 활용하는 수업은 어떻게 하는 것인지, 또 이런 방식의 학습이 어떻게 영어에 부담을 느끼는 아이들의 문제를 해결할 수 있다는 것인지 점점 궁금해지지 않을 수 없다.

오감 자극 영어학습법이란?

- 학습의 핵심 주제를 익히는 방법으로 미각, 청각, 시각, 후각, 촉각 등 5개의 감각을 모두 활용하는 학습법이다.
- 학습목표-오감자극 활동-평가의 구조로 이루어져 있으며 다중 감각을 이용함으로써 쉽게 영어를 습득할 수 있는 장점이 있다.
- 다중 지능 이론과 학습 스타일에 따른 학생들의 수업 선호도를 사전에 조사하여 다양한 성향의 학생들이 수업 과정에서 최소한 한 두 개 이상의 활동에는 보다 적극적으로 참여하여 본인의 수업으로 만들 수 있는 학습법이다.

How How

오감을 자극하며 잠자는 영어를 깨운다

수업 전체 구성도

도입 전 활동 : 브레인 스트레칭

Step 1

오늘의 핵심
표현 익히기

❶ 비밀의 모자를 이용해 학습 목표 알리기
❷ 사진을 이용해 날씨와 옷에 관련된 표현 익히기
❸ Pass the Ball Game을 통한 오늘의 핵심 표현 반복 학습

Step 2

오감 자극을 통한
감각 통합 활동

❶ 모둠별 필수 활동을 통해 다양한 영어 문장 말하기
❷ 수준별 학습의 선택 활동
 1) 이야기 책 꾸미기를 통한 학업 성취도 높이기
 2) 컴퓨터 게임 프로그램을 응용한 영어 표현 말하기
 3) 캐릭터 옷 만들기

Step 3

학습자 평가 활동

❶ 바퀴벌레 놀이를 통한 영어 표현 말하기
❷ Brain Note를 이용한 자기 학습 평가하기
❸ Thank You 카드 이용한 동료 평가 활동

도입 전 활동 **브레인 스트레칭**

브레인 스트레칭(Brain Stretching)은 음악에 맞춰 손가락 끝을 자극하는 활동이다. 시작부터 이런 스트레칭을 하는 이유는, 아이들이 영어 교실에 들어올 때 위축되

고 비교하는 감정을 가지지 않도록 아이들의 부담감을 줄여주고 긍정적 수업 분위기를 만들기 위해서이다. 방법은 손끝, 머리, 어깨 등을 자극하는 체조를 통하여 뇌를 스트레칭 해주는 것이다.

손끝 자극을 통해 뇌를 깨우는 두뇌 체조 활동

두뇌 체조 활동

1. 무릎—손뼉—오른손—왼손과 같이 4박자 박수치기를 한다.
2. 노래와 함께 손가락 끝 박수치기를 한다.
3. 손가락 끝으로 어깨 자극, 머리 자극 등으로 범위를 확대한다.

스텝 1 오늘의 핵심 표현 익히기

1. 비밀 모자로 학습 목표 알리기

김주영 선생님은 이제 아이들에게 눈을 감게 하고 비밀 모자(Secret Hat)를 쓴다. 그리고 2명의 자원자를 앞으로 나오게 한 후 모자 속으로 손을 집어넣어 접촉하게 한 후 감촉만으로 무엇이 들었는지 알아맞히게 한다. 바로 촉감을 자극하기 위해 마련한 활동이다. 모자 속에서는 양말이 나오고 그것은 오늘의 학습 목표와 관련이 있다.

모자 속에 손을 넣어 촉감을 느껴보는 학생

2. 사진으로 날씨와 옷 관련 표현 익히기

원어민 선생님이 날씨에 따른 옷 입는 영어표현을 연습시키는 모습

원어민 선생님이 오늘의 학습 목표에 대해서 이야기한다. 바로 '세계의 날씨와 옷에 관련된 표현 익히기'이다. 아이들은 원어민 선생님의 말을 따라 다양한 종류의 날씨와 옷에 관련된 그림 자료를 보면서 표현을 익힌다. 이때 원어민 선생님의 질문을 잘 듣고 학생들이 답하는 활동을 하는데, 답을 잘한 모둠에 풍선을 상으로 주어 동기 부여를 지속시킨다. 원어민 선생님이 질문하고 아이들이 답한 내용은 다음과 같이 주로 날씨에 따라 어떤 옷을 입어야 하는지에 관한 것들이다.

What should you wear? / I should wear jaket.

> **Tip** '풍선' 활용의 비밀
> 1. 단순히 풍선 자체가 보상의 의미가 아니라 다음 활동의 힌트나 가이드가 들어가 있다.
>   이번 수업에서는 스텝 3에 활용될 나라 이름이 들어 있다.
> 2. 호기심을 자극하고 모둠을 하나로 결속시켜주는 효과가 있다

3. Pass the Ball Game으로 표현 반복하기

다음으로 오늘의 핵심 영어 표현에 대한 복습을 하기 위해 Pass the Ball Game을 한다. 이는 학생들의 촉각과 시각을 자극하기 위해 하는 놀이로, 공을 돌려가며 오늘 배운 중요 표현을 묻고 답하는 활동이다. 예를 들어 다음과 같이 한 친구가 물으면 다른 친구는 자신이 입고 있는 옷에 대한 것을 영어로 표현하는 식이다.

What are you wearing? / I am wearing a coat.

이때 활동을 하기 전 미리 핵심 표현을 다시 복습해 보고 활동 시에 같은 질문은 못 하도록 놀이 규칙을 정해 다양한 영어 표현을 연습하도록 하는 것도 잊지 않고 있다.

Pass the Ball Game
1. 오늘 배운 표현을 묻고 답하는 활동이다.
2. 공을 패스하면서 게임이 시작되는데 이때 공을 받은 학생은 질문을 하고 바로 옆 학생은 답을 한다.

스텝 2 필수 활동, 수준별 활동으로 오감 자극하기

1. 다양한 영어 문장 말하기 – 모둠별 필수 활동

이제 모둠별로 각 개인의 역할에 따라 킹, 왕, 짱, 스페셜로 나누어 진행하는 필수 활동을 할 차례이다. 필수 활동이란 사진 자료를 보고 1분 동안 최대한 많은 양의 영어 문장을 완성해 말하는 활동으로 각 역할에 따라 해야 할 일이 다르다.

먼저, 킹은 주제와 관련된 사진을 보고 영어로 문장을 만들어 말하는 역할이고, 왕은 초시계로 활동에 주어진 시간을 재는 역할, 짱은 모둠 학생들의 활동 내용을 기록하는 역할, 스페셜은 영어로 문장을 완성해서 말한 수만큼 도장을 찍어주는 역할이다. 이 활동을 필수 활동이라 부르는 이유는 모둠 구성원 모두가 돌아가며 각 역할을 한 번씩 골고루 수행해 봐야 하기 때문이다. 이러한 필수 활동을 하는 김주영 선생님의 의도는 무엇일까?

> **Tip 킹-왕-짱-스페셜 역할 제도**
> 1. 모둠에 배치된 자리마다 역할을 나타내는 이름이다.
> 2. 학생들은 매 차시 자신이 맡고자 하는 역할을 선택하고 역할이 상징하는 자리에 앉은 제도이다.

아이들은 킹, 왕, 짱, 스페셜 역할을 선택한 후, 번갈아가며 4개의 활동을 하게 됩니다. 그 활동에는 각자 그림을 보고 문장을 만들어야하는 시각적 활동, 초시계를 재어 시간을 맞추어야하는 촉각적 활동, 그리고 친구의 활동에 대한 도움 및 확인과 칭찬 활동까지 다양한 감각적 활동들이 담겨 있습니다. 즉, 통합적인 감각 활동을 통해 학생 중심의 수업이 진행되는 가운데 배움 활동과 평가 활동까지 이루어지는 효과를 볼 수 있습니다.

2. 수준별 학습을 위한 선택 활동

이제 수준별 학습을 위한 선택 활동을 할 차례이다. 이는 필수 활동을 모두 마친 모둠에서만 선택할 수 있는 활동이다. 아이들이 선택할 수 있는 활동은 다음 3가지 중 하나이다.

첫째, 이야기책 꾸미기를 통한 학업 성취도 높이기

둘째, 컴퓨터 게임 프로그램을 응용한 영어 표현 말하기

셋째, 오감 자극을 통한 캐릭터 옷 만들기

이제 킹 역할을 맡은 학생이 모둠에서 선택한 활동의 준비물을 챙겨온다. 김주영 선생님이 이런 수준별 선택 활동을 하는 이유는 모둠 속에도 수준차가 있지만 모둠별로도 수준차가 있기 때문이다. 이제 아이들은 어떤 활동을 할 것인지 서로 협의해서 결정해야 하고 본인은 조금 싫지만 다른 친구들이 좋아하는 것에 협조해 주는 배려도 해야 한다. 이를 통해 인성 교육의 효과도 누릴 수 있다.

먼저, 이야기책 꾸미기(Story Book)는 짧은 문장을 이용해 주제와 관련된 이야기를 책으로 만드는 활동이다.

> **Tip** 이야기책 꾸미기의 효과
>
> 1. 3학년이라도 영어 읽기가 가능한 학생들을 고려하여 이야기책 꾸미고 읽기 활동을 선택활동으로 넣었다.
> 2. 아이들은 그 퀴즈를 풀면서 영어 과제를 해결하게 된다.

다음으로 '컴퓨터 게임 프로그램을 응용한 영어표현 말하기'는 한마디로 퀴즈 게임이다. 아이들이 좋아하는 마리오 게임 속에 오늘 배운 주요 표현을 연습할 수 있는 퀴즈들이 들어 있다. 아이들은 그 퀴즈를 잘 풀면서 거기에서 시킨 대로 하면 결국에는 마리오를 구출하게 되는 방식이다.

> **Tip** 컴퓨터 게임 프로그램을 응용한 영어 표현 말하기의 효과
>
> 이는 오늘 배운 핵심 표현을 알아야만 다음 단계로 넘어갈 수 있는 방식이라 복습도 되고 또 즐겁게 학습하면서 기억에도 오래 남을 수 있게 된다.

마지막으로 '오감 자극을 통한 캐릭터 옷 만들기'는 다양한 음식 재료를 활용해 캐릭터의 옷을 만드는 활동이다. 이는 창의적 사고를 필요로 할 뿐만 아니라 촉각, 시각, 청각, 후각, 미각 등을 활용해야 하는 활동이다.

캐릭터 옷 만들기 활동

 **캐릭터 옷 만들기**

1. 음식 재료를 이용해 캐릭터의 옷을 만든다.
2. 따라서 미각, 후각, 시각, 촉각, 청각까지 오감이 총동원되므로 창의적 사고를 이끌어내게 된다.

스텝 3 지금까지 배운 것을 평가하기

1. 바퀴벌레 놀이를 통한 영어 표현 말하기

이제 각 모둠별로 받은 풍선을 터트리는 시간이다. 풍선을 터트리자 영국, 미국 등 나라 이름이 나온다. 아이들은 각 나라의 날씨와 의상에 대한 힌트가 들어 있는 힌트 종이를 나눠주고 이에 관해 질문하고 답하는 표현을 가르친다. 그리고 바퀴벌레 놀이를 하는데, 이는 힌트종이를 들고 교실을 돌아다니며 친구들에게 오늘 배운 핵심 표현을 묻고 답하는 놀이이다.

바퀴벌레 놀이활동

바퀴벌레 놀이
1. 힌트종이를 들고 바퀴벌레처럼 교실을 돌아다니며 친구들과 오늘 배운 표현을 묻고 답한다.
2. 이때 같은 등급의 친구끼리만 만날 수 있다.
3. 가위 바위 보를 해서 이기면 바퀴벌레-닭-원숭이-왕으로 단계가 높아진다.
4. 활동을 통해 표현했던 것을 활동지에 기록한다

그런데 놀이의 규칙이 있다. 즉 똑같은 등급의 친구를 만났을 때에만 질문할 수 있으며 이때 가위, 바위, 보를 한다. 이긴 사람은 바퀴벌레-닭-원숭이-왕으로 단계가 높아진다. 학생들은 자신이 활동한 내용을 토대로 활동지의 빈칸을 채우면서 다시 한 번 오늘 배운 핵심 표현을 복습하게 된다.

Tip 힌트종이
각 나라의 날씨와 의상에 대한 영어 표현의 힌트가 들어 있으며 아이들은 바퀴벌레 놀이를 하면서 빈칸을 채워야 한다.

2. Brain Note를 이용한 자기 학습 평가하기

다음으로는 'Brain Note를 이용하여 스스로 평가하기' 활동을 한다. 브레인 노트(Brain Note)란, 학생 스스로 오늘의 수업 내용을 정리하고 평가하는 학습일지와 같은 것이다.

브레인 노트

 브레인 노트

1. 매일의 수업에 대한 평가와 복습할 내용이 포함되어 있는 학습 일지와 같은 것이다.
2. 오늘 수업 내용을 얼마나 이해했는지 스스로를 평가한다.
3. 짝과 함께 오늘 주요 표현에 대해 상호평가를 통한 학습의 이해도를 평가한다.

아이들은 오늘 했던 것 중 제일 즐거운 내용을 기억하여 작성하고 또 짝과 함께 오늘 배운 것을 상호평가를 한다. 이러한 브레인 노트 작성은 학생 스스로 학업 단계를 점검할 수 있고 자기 주도 학습이 가능하다는 장점이 있다. 김주영 선생님은 브레인 노트를 통하여 다음과 같은 기대를 하고 있다.

자기가 무엇을 했었는지 자기 스스로 썼기 때문에 Review를 할 때 아이들이 쉽게 지난 시간의 내용을 기억해 낼 수 있다는 장점이 있고, 그리고 상호평가 하는 과정에서도 다른 시험지보다는 본인의 노트를 활용해서 문장을 주고 받아야 하기 때문에 영어 학습을 차곡차곡 성장시키는 데 도움이 됩니다.

3. Thank You 카드를 이용한 동료 칭찬하기

이제 마지막 활동만 남았다. 바로 'Thank You, Good Job 카드로 칭찬하기' 활동이다. 고마웠던 친구나 칭찬과 격려를 해주고 싶은 친구에게 Thank You 카드나 Good Job 카드를 주면서 수업을 마무리하는 시간이다.

Thank You 카드

Thank You 카드
1. Thank You 카드와 Good Job 카드가 있다.
2. Thank You 카드는 열심히 한 친구에게 주고 Good Job 카드는 인정해 주고 싶은 친구에게 준다.

김주영 선생님은 이 시간을 가지는 이유에 대해 이렇게 말한다.

이렇게 칭찬해주는 시간을 가지면서 스스로 자아 존중감을 높일 수 있고, 또 아이들 입장에서는 Thank You 카드를 꼭 받아보고 싶은 일종의 도전 의식도 생길 수 있고요. Good Job 카드를 받은 친구는 내가 이렇게 인정을 받는구나, 라는 생각에 다음에 더 잘해야겠다는 생각이 들 수도 있겠죠.

이렇게 김주영 선생님의 수업은 마무리되었다. 아이들은 이 수업을 통하여 자기도 모르는 사이에 촉각, 시각, 청각, 후각, 미각 등의 자극을 받으면서 오감을 활용한 영어를 익히게 되었을 것이다.

Effect Value

03

수준별 수업, 오감 활용한 영어 수업 모델로 적절

오감을 자극하는 영어 학습이 어떻게 효과가 나타나는지 눈에 보이지 않기 때문에 알기 어렵다. 하지만 많은 전문가들의 연구에 의하면 오로지 시각만 자극하여 주입식으로 공부하는 것보다 오감과 같이 다중 감각을 활용하여 학습하는 언어 교육이 훨씬 효과적이라는 결과가 나와 있다. 그런 면에서 김주영 선생님의 수업이 눈에 보이지는 않지만 아이들의 영어 습득에 크게 도움이 되었을 것은 자명한 일임에 틀림없다.

자문단은, 초등학교의 영어 수업이 아이들의 특성상 어차피 경험과 활동 중심의 수업일 수밖에 없다고 이야기한다. 이때 인체의 감각을 총동원하면 그 수업의 효과는 더 커지게 되는데, 하지만 오감을 모두 수업에 도입하여 활용하기란 쉽지 않다. 그럼에도 김주영 선생님의 수업은 오감을 활용한 수업에 도전했다는 그 자체로도 매우 의미 있는 수업이라고 해야 할 것이다. 김주영 선생님의 수업의 특색을 두 가지 측면에서 볼 수 있다.

첫째, 뇌 친화적 학습법을 수업에 도입했다는 점이라 할 수 있다. 이는 보통의 수업에서는 잘 사용하지 않는 방법인데, 김주영 선생님이 과감히 도입했다는 점에서 높은 점수를 줄 수 있다. 뇌 친화적 학습법(Brain Compatible Learning)이란 뇌 과학을 기초로 하는 학습법으로 손끝, 발끝, 손가락 운동, 스트레칭이나 체조 등 손발의 감각기관을 자극하여 뇌를 깨우는 활동도 이에 포함되는데, 김주영 선생님은 이를 수업에 잘 활용한 것이다.

둘째, 수준별 학습을 도입한 부분이다. 다른 선생님들도 수준별 활동을 간간이 도입하지만 김주영 선생님의 경우 수준별 학습의 정석을 지켰다는 점에서 주목할 만하다. 즉 모두가 함께하는 필수 활동을 먼저 한 후 학생들의 수준을 고려한 수준별 활동을 선택적으로 하도록 한 것이다. 그리고 수준의 범위도 2개가 아니라 3개로 나누어 세분화시켰다는 점에서 다른 수준별 활동과 차별화시키고 있다. 이는 수준이 다른 학생의 입장에서야 교사와 의사소통할 수 있는 매우 좋은 방법이나, 교사 입장에서는 손이 더 가는 부분이므로 쉽지 않은 선택이었을 것이다. 그럼에도 학생 중심의 수업으로 준비했기에 가능했던 부분이라 여겨진다.

한편, 수업에 브레인 노트와 같은 배움 노트를 도입한 부분도 학습 능력을 지속적으로 가져간다는 점에서 높이 사야 할 부분이다. 왜냐하면 학생들이 학습 일지를 통해 학습 내용을 복습하고 학습 과정을 스스로 평가하는 좋은 도구가 되기 때문이다. 한국교원대학교 김경철 박사의 말을 들어보자.

이는 이름만 다를 뿐이지 일종의 Learning Log(학습한 단어, 문장, 학습 소감 등을 지속적으로 적어나가는 학습 일지)와 같은 것이거든요. Learning Log는 학습한 내용을 내재화시킨다든지 복습의 차원에서 매우 효과적이기 때문에 최근에 와서 영어 학습에 많이 권장되고 있는 도구이기도 합니다.

한 가지 더 짚고자 하는 것은 수업에서 다룬 주제가 그냥 날씨와 옷이 아니라 세계의 날씨와 옷이었다는 점이다. 그래서 우리나라만이 아니라 전 세계의 날씨와 옷에 대해 알아보게 함으로써 다양한 문화를 접할 수 있게 해주고 글로벌적인 시각을 갖게 해준다는 점에서 좋은 선택이었다고 할 수 있다. 나아가 영어가 글로벌 사회에서 필요한 것이라는 인식을 간접적으로 심어주는 효과까지 누릴 수 있는 것이다.

먼저, 학생들에 대한 사전 조사가 중요

이제 김주영 선생님이 전하는 영어 교수법의 추가적인 노하우에 대해 알아보자. 어떤 수업이든 겉으로는 절대 보이지 않는 애로사항이 있기 마련인 것이다. 우선, 김주영 선생님은 학생들의 학습 스타일이나 다중 지능 이론에 따른 두뇌 성향, 그리고 기본적으로 영어 학습에 대한 사전 학습의 정도를 미리 파악하고 수업을 준비해야 한다고 조언한다. 또한 실제 학습 주제를 정할 때에도 미리 학생들의 학습 활동 선호도를 조사하고 준비해야 한다는 점도 빠트리지 않아야 한다고 이야기한다. 이렇게 수업을 준비했을 때 최대의 효과를 누릴 수 있게 된다는 것이다.

김주영 선생님은 특히 경기도 영어수업실기대회 5회 입상의 경력을 자랑하는데 이는 차별화된 그녀만의 수업 노하우가 있기 때문에 가능했다. 특히 개인적으로 영어 동화를 활용한 수업을 많이 진행해왔는데, 저학년의 경우 영어 발음 및 알파벳을 노래와 율동으로 만들어진 도구를 사용하거나, 고학년의 경우 인성 및 다문화와 관련된 다양한 그림책(예 : 비교급에서는 왕따와 관련된 Don't look at me!, 월과 달에 대해 배울 때는 가족에 관련된 Love you forever, 다문화와 관련해서는 Name Jar 등)을 사용하는 학습방법을 많이 진행해 왔다.

    김주영 선생님은 특히 글로벌적인 영어 교육에 관심이 많은데 국제이해부 활동은 그 한 예이다. 수업이 끝나면 국제이해부 학생들과 다시 특별한 수업을 진행한다. 이것은 김주영 선생님이 아이들로 하여금 다른 나라의 문화에 대해 관심을 가질 수 있도록 돕는 수업이다. 여기에서 공부하는 한 학생은 외국인과 만나도 떨리지 않고 말을 할 수 있게 되었다고 하니 그 효과가 어느 정도인지 짐작할 수 있다. 김주영 선생님 스스로는 국제이해부 활동에 대해 이렇게 말한다.

Culture in a box라고 하는 프로젝트가 있는데요. 영국에 있는 학교와 대부분 온라인상으로 하고 있어요. 그런데 이번에 온라인이 아니라 실제 box가 우리나라에 왔지 뭐예요. 학생들과 함께 열어보고 화면상으로 봤던 것을 실제 만져보고 눈으로 확인하면서 아이들이 아주 큰 성취감을 느끼게 되었던 것 같아요.

    김주영 선생님은 가르치는 것에만 집중하지 않고 배울 수 있는 자세를 가진 선생님, 그리고 아이들과 소통할 수 있는 열린 마음을 가진 선생님, 친절한 선생님이 되기 위해 오늘도 최선을 다해 영어와 씨름하고 있다.

게임과 놀이가 너무 재미있어요

김주영 선생님이 갑자기 아이들 보고 눈을 감으라 하고 마귀할멈이나 쓸 법한 모자를 쓰고 나타났을 때 아이들의 기분은 어떨까. 그것은 그때 반짝거리던 아이들의 눈빛에서 이미 읽을 수 있다. 게다가 아이들에게 그 모자 속으로 손을 넣어 그 속에 있는 것을 만져보라고 했을 때 느낌은 아마도 마법 동화 속의 주인공이 된 듯한 기분이 들었을 것이다.

무엇보다 선생님이 쓰고 있는 모자 속에 내 손을 넣어 감촉을 느낀다는 것 자체가 이미 아이들은 선생님과 거리가 매우 가까워졌다는 것을 뜻한다. 어쩌면 그 경험을 했던 아이들은 평생 잊지 못할 추억이 될 수도 있다.

아이들 입장에서 김주영 선생님 수업은 온갖 게임과 놀이로 이루어진 놀이터 같다는 느낌이 들 것만 같다. Pass the ball game, 캐릭터 옷 만들기, 바퀴벌레 놀이…. 그 게임 속에서 영어를 만지고 보고 듣고 냄새 맡고 맛까지 보면서 아이들의 영어 공부는 그저 재미있을 수밖에 없다. 그리고 그들 속에 내재되는 영어 실력은 더욱 더 쌓일 것이고…. 이날 수업에 참가했던 한 학생은 이렇게 말한다.

캐릭터 옷 만들기를 하면서 친구들과 함께 협동심도 길러지고 영어공부가 더 재미있어 지는 것 같았고, 캐릭터도 만들고 과자를 이용해서 우리가 먹을 수도 있으니까 더 재미있는 것 같아요.

김주영 선생님의 수업은 '아, 초등학교 아이들의 수업은 이래야 되겠구나'라는 느낌을 갖게 한다. 일단 재미가 없으면 아이들의 눈은 이미 감기고 입은 하품을 해대기 때문이다.

[오감 자극 영어 학습법 수업지도안]

오늘의 수업 주제

옷에 관해 지시하는 표현 알아보기

구분	과정	준비물
STEP 1 핵심표현 익히기	Opening – 두뇌 스트레칭 (From Head To Toe 스토리송사용)	스토리송
	1. 비밀 모자(Secret Hat)로 학습 목표 알리기 – 모자 속에서 몇 가지 옷 나오기(세계의 특이한 옷 3가지)	모자, 옷 2~3가지

	2. 사진으로 날씨와 연관된 옷 관련 표현 익히기
	  – 원어민 선생님 진행
	  – What should you wear? / I should wear a jaket.
		사진, 그림

	3. Pass the Ball Game으로 배운 표현 반복하기 – What are you wearing? / I am wearing a coat.	공

STEP 2
오감
자극하기
	1. 다양한 영어 문장 말하기 – 모둠별 필수 활동
	  킹 – 표현 정확하게 말하기
	  왕 – 초시계 재기
	  짱 – 킹 도와주기 (대화짝 및 모를 때 도우미)
	  스페셜 – 모둠에서 정한 시간 내에 완성하면 도장찍어주기
		모둠별
		활동 자료

	2. 수준별 학습을 위한 선택 활동
	  1) 이야기책 꾸미기를 통한 학업 성취도 높이기
	  2) 컴퓨터 게임 프로그램을 응용한 영어 표현 말하기
	  3) 오감 자극을 통한 캐릭터 옷 만들기
		이야기책,
		게임프로그램,
		식재료

STEP 3 평가하기	1. 바퀴벌레 놀이를 통한 영어 표현 말하기 – 풍선 터트리고 나라별 핵심 표현 말하기	힌트 종이
	2. Brain Note를 이용한 자기 학습 평가하기 – 연속적인 학습일지 작성	Brain Note
	3. Thank You 카드를 이용한 동료 칭찬하기 – Thank You 카드와 Good Job 카드로 동기부여	Thank You 카드, Good Job 카드

•• CHAPTER 11 ••

그림을 이용하면
어려운 단어도 쏙쏙!

그림 어휘
영어 학습법

Heechul Jun, Best English Teacher!

초당초등학교(강원도 강릉)
전희철 선생님

교육경력 15년 차
다양한 단어학습으로 기본다지기

단어는 외우는 것이 아니라 그림으로 익히는 것이다

Why What?

좀 더 쉽게 하는 단어 공부 방법은 없을까

그림 어휘 영어 학습법이란 이름 그대로 그림을 통해 단어도 익히고 문장도 익히는 공부법이다. 여기서 그림은 단순한 그림이 아니라 그 속에 상황이 펼쳐지고 스토리가 있는 그림이다. 그런 그림 속에서 단어와 문장을 뽑아내고 그림과 함께 이미지를 통해 단어와 문장을 익힌다. 따라서 그 단어는 하나의 독립적인 단어가 아니라 상황과 스토리 속에서 살아 숨 쉬는 유기적인 단어가 되며, 아이들은 저도 모르게 재미있게 그림을 보는 가운데 영어를 익히게 된다. 오늘도 수많은 대한민국의 학생들이 영어 공부에 매달리고 있다. 하지만 많은 사람들이 영어 정복의 문턱에도 도달하지 못하고 실패하고 마는 것이 오늘날 우리의 영어 교육 현실이다. 도대체 그 이유는 무엇일까. 혹자는 10년 공부 도로아미타불로 만드는 학교 영어 교육의 근본적 문제 때문이라고도 하고, 혹자는 기본적으로 어려운 영어 자체의 구조적 문제 때문이라고 한다. 하지만 실제적으로 영어 공부를 하는 사람들 입장에서 보자면 진짜 이유는 따로 있다고 해야 할 것이다. 그것은 바로 다름 아닌 어휘의 문제, 즉 영어 단어의 암기이다. 마치 드넓은 바닷가 모래사장의 끝도 없는 모래알갱이들처럼 외워도 끝이 없는 수많은 영어 단어들. 게다가 단어 하나에 뜻은 또 어찌 그리 많은지….

그래서 웬만큼 인내심과 절제력을 가진 사람이 아니라면 그 태산 같은 단어 암기 앞에서 결국 무릎을 꿇고 만다. 단어를 모르고는 제아무리 문법도사가 된다 한들 회화도사가 된다한들 한계에 부닥칠 수밖에 없는 것이 영어의 현실이다. 요즘 강조되는 니트(NEAT) 시험 역시 단어를 정복하지 않고는 불가능하다. 결국 고학년으로 올라갈수록 실력의 차이는 단어 암기의 차이로 결판나는 것이고 수많은 아이들이 거대한 단어 암기의 벽 앞에 분투를 삼키고 마는 것이 눈물겨운 오늘날 영어 학습의 현장이다.

초당초등학교 전희철 선생님(6학년) 역시 초등학교에서 제법 영어를 잘 하던 애들까지 중학교 가서 단어 때문에 고생한다는 이야기를 듣고 있었다. 많은 중학교 영어 교사들까지 초등학생들이 어휘라도 어느 정도 알고 왔으면 좋겠다는 이야기를 할까. 전희철 선생님의 고민은 이때부터 시작되었다. 지금 아무리 말하기와 듣기 등의 영어 교육이 강조되지만 결국 단어를 정복하지 못하면 모든 것이 헛고생이 되어버릴 수도 있기 때문이었다. 그렇게 전희철 선생님이 오랫동안 고민 끝에 활용하게 된 것이 바로 '그림 어휘 학습법'이다. 수많은 단어 암기 비법을 담은 책들이 쏟아져 나와 있지만 대부분 '암기'에 초점을 맞추고 있다. 하지만 전희철 선생님의 '그림어휘 학습법'은 '암기'보다 '습득'에 초점을 맞추고 있다.

PWIM이란?

- 억지로 단어나 문장을 암기하는 것이 아니라 자연스럽게 그림으로 단어 배우고 – 단어의 공통점 찾아 분류하고 – 그림 속에서 뽑은 단어로 문장 만들고 이야기 만들기의 단계로 구성되어 있으며, 그림을 통해 나무를 자세히 알고 숲을 그리는 과정을 거치는 점진적 구조로 되어 있어 전체를 보기에 매우 효과적인 학습법이다.

How How

어려운 어휘 학습
그림으로 푼다

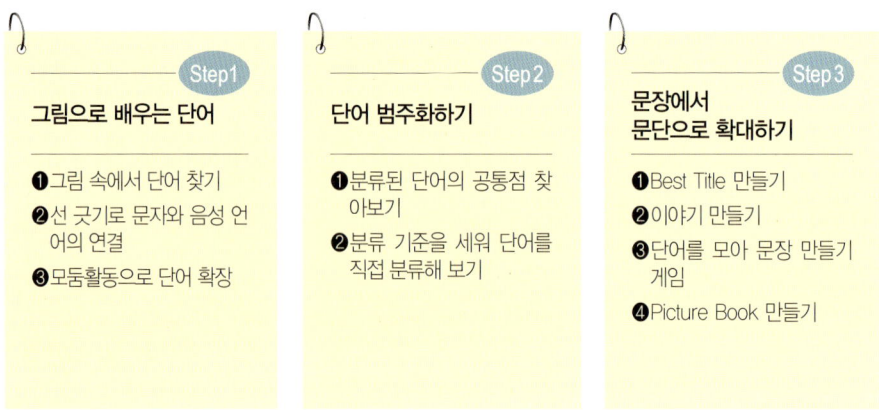

도입 전 활동 영어 인사 나누기

전희철 선생님은 여느 영어 선생님들처럼 학생들과 영어로 인사를 나누며 수업의 문을 연다.

Hello everybody!
Hello. / OK

스텝 1 그림으로 단어 배우기

1. 그림 속에서 단어 찾고 선긋기로 쓰고 말하기

전희철 선생님은 먼저 2개의 그림을 보여준다. 그리고 아이들에게 이 그림의 풍경을 보고 떠오르는 생각을 자유롭게 말하도록 한다. 이것이 전희철 선생님이 선택한 수업 도입이다.

전희철 선생님은 곧바로 이 두 그림 속에서 떠올릴 수 있는 단어를 찾아내 보라고 아이들에게 제안한다. 그러자 아이들은 자연스럽게 cloud, dog 등의 단어를 떠올리며 발표하였다. 전희철 선생님의 독특한 행동은 바로 이 순간부터 나타나

전희철 선생님이 수업시간의 도입에 들고 나온 2개의 그림
1. 그림에서 떠오르는 단어를 선으로 끄집어내어 철자를 정확히 쓴다.
2. 학생들로 하여금 또박또박 정확한 영어 발음으로 따라 읽게 한다.

기 시작한다. 즉, 전희철 선생님은 아이들이 단어를 발표할 때 그림의 해당 부분에서 긴 선을 빼어 빈 공간에 다 직접 단어를 쓰면서 동시에 그 단어를 몇 번이고 발음까지 한 것이다. 그런 후에 아이들에게도 선생님을 따라 같이 발음하기를 유도시켰다. 전희철 선생님은 다음과 같은 효과를 노리고 이런 활동을 한다고 말한다.

선을 긋는 행동을 통하여 아이들을 집중시킬 수 있고, 단어의 정확한 철자와 발음을 함께 익히는 복합적 행동을 이끌어낼 수 있어요.

2. 모둠 활동으로 단어 확장하기

전희철 선생님은 여기에서 한 발 더 나아가 이번에는 각 모둠별 활동으로 넘어간다. 즉, 각 모둠별로 같은 그림을 주고 선생님이 했던 것과 동일한 방식으로 돌아가면서 숨은 단어 찾기를 한다. 이때 전희철 선생님은 모둠을 돌아다니면서 단어를 찾아주고 도와주는 역할을 한다. 이런 활동을 하다보면 생각지도 못한 곳에서 새로운 단어들이 속속 나오게 된다.

모둠별 단어 찾기

모둠별 단어 찾기

1. 모둠별로 단어 찾기와 선긋기를 한다.
2. 새롭게 등장한 단어에 대해서는 학생이 직접 앞에 나와 선긋기를 한다.

그러면 전희철 선생님은 추가된 단어들을 학생들이 직접 앞에 나와 선생님이 했던 것과 동일한 방법으로 하게 한다. 즉, 그림에서 선 그어 빼기 → 단어쓰기 → 직접 발음하여 읽고 나머지 아이들도 함께 읽기를 반복하게 하는 것이다.

스텝 2   효과적으로 단어를 익히는 비법

1. 공통점이 있는 단어끼리 분류하기

이제 전희철 선생님의 수업은 그림으로 단어를 찾아내는 단계를 넘어 이런 단어를 어떻게 효과적으로 배우고 활용하는지를 가르치는 스텝 2의 단계로 넘어간다.

전희철 선생님은 아이들에게 스텝 1에서 찾아낸 bowl, dish 등의 단어가 적힌 단어 카드를 보여주며 어떤 공통점이 있는지 묻는다. 물론 이 두 단어는 부엌에서 쓰인다는 공통점이 있다. 전희철 선생님은 이러한 활동을 통해서 무엇을 노리는 걸까?

우리가 단어를 배울 때, 예를 들어 하루에 100 단어를 배운다고 치면 아무런 연관성 없이 무작정 100개의 리스트를 배운다고 볼 수도 있어요. 하지만 서로 연관 있는 단어끼리 묶어서 배우면 훨씬 효율을 높일 수가 있죠. 예를 들어 비슷한 말끼리, 반대말끼리 서로 묶어주고 분류해 주는 활동을 하다보면 이러한 단어는 이렇게 쓰이는구나 하는 단어의 쓰임새를 알 수 있게 되기 때문에 훨씬 더 효과적이라고 생각합니다.

즉, 효과적인 단어 학습을 위해 단어끼리 공통점을 찾고 분류하는 활동으로 넘어간 것이다.

전희철 선생님의 단어 분류 활동은 단순히 비슷한 말, 반대말 수준을 넘어 발음이 비슷한 단어, 이어서 품사별 분류까지로 넘어간다. 즉, father와 mother란 단어에서 아이들로 하여금 'ther'라는 발음의 공통 분모를 찾아내게 하고 거기에는 '사람'이라는 공통적인 뜻이 있다는 것까지 유추해내는 방식이다. 또 자연스럽게 이 단어가 형용사인지 명사인지도 구분하는 데까지 나아간다.

> **Tip** 단어 분류하기의 효과
>
> 무턱대고 단어를 외우는 것이 아니라 단어 분류활동을 통하여 단어의 뜻과 쓰임새를 제대로 알게 되므로 단어에 대한 기억이 더 오래 간다.

2. 분류 기준을 세워 학생 스스로 분류해 보기

이러한 활동 후에 이제 학생들이 직접 분류해보는 과정으로 넘어간다. 학생들은 품사에 따라, 뜻에 따라, 발음에 따라 단어를 분류하는 활동을 직접해보는 기회를 갖게 된다. 물론 이때 단어를 분류하

아이들이 스스로 단어를 분류하는 모습

는 기준은 학생 스스로가 정한다. 아이들의 분류 활동이 어느 정도 진척되었을 때 전희철 선생님은 이렇게 학생들이 분류한 것을 직접 발표해 보도록 시킨다.

이때 되도록 많은 분류 기준을 보여주기 위해 많은 학생들에게 기회를 주는 것을 잊지 않는다. 과연 전희철 선생님은 이런 단어 분류하기 활동을 통하여 어떤 학습효과를 노리는 걸까?

이와 같은 단어의 분류 활동으로 아이들은 단어의 역할을 인식하고 문장 속에서 단어의 위치를 자연스럽게 익히게 됩니다. 즉, 단어를 문장에 넣을 때 형용사, 명사 등의 문장 내의 위치도 자연스럽게 알 수 있게 된다는 것이죠. 이런 방식이 직접 가르쳐주는 것보다는 느리게 배울 수 있지만 효과는 더 훨씬 크다고 생각합니다.

그렇다면 실제 전희철 선생님의 이런 단어 학습법이 문장에서 어떤 효과를 발휘하는지 스텝 3의 단계를 살펴보도록 하자.

스텝 3 　살아 숨쉬는 단어들의 문장 만들기

1. 그림을 통한 문장 만들기와 'Best Tittle' 만들기

전희철 선생님은 다시 처음 2개의 그림으로 돌아온다. 그림으로 설명할 수 있는 문장 만들기 활동을 하기 위해서다.

　전희철 선생님은 개별적으로 그림을 설명할 수 있는 문장을 만들게 하고 이렇게

Best Tittle 문장 만들기

만든 문장을 짝과 바꾸어 보면서 의견을 나누게 한다. 그리고 나서 다시 모둠별로 확장하여 만든 문장을 서로 나누게 한 후 모둠별 Best Tittle 문장을 선정하여 나와서 발표하게 한다.

Best Tittle 문장 만들기
1. 개별적으로 그림에 대한 문장을 만들게 한다.
2. 짝-모둠으로 확대하며 만든 문장에 대해 서로 나누게 한다.
3. Best Tittle 문장을 선정하여 나와 발표하게 한다.
4. Best Tittle 문장을 반복해서 읽게 한다.

　이때 전희철 선생님은 칠판에 모둠별 Best Tittle 문장을 적어주고 아이들로 하여금 마음속으로 한번 읽은 후에 다시 소리 내서 읽게 하는 두 번 읽기 활동을 반복한다. 전희철 선생님이 이런 활동을 하는 이유는 무엇일까?

학생들 간에 개인차가 있기 때문에 전체적인 속도를 따라오지 못하는 학생도 있을 수 있고 개중에는 정확히 읽지 못하는 학생도 있을 수 있다고 생각해요. 그런 학생들에게 마음속으로 한번 읽게 해주면 준비할 시간을 줄 수도 있고 배운 내용을 확인할 수도 있고 다른 친구와 속도도 맞추어가게 되니 좋다고 생각합니다. 전체적으로 읽기 수준을 향상시킬 수도 있고요.

2. 핵심 문장으로 이야기 꾸며보기

이제 전희철 선생님의 수업은 '핵심 문장으로 이야기 꾸며보기' 단계로 넘어간다. 단어에서 문장, 문장에서 문단으로 점점 시야를 넓혀나가는 것이다. 사실 일반적인 영어 수업에서 갑자기 문장을 만들라

이야기 꾸며보기

고 하면, 더욱이 이야기로 이루어진 문단을 만들라고 하면 당황하기 마련이다. 하지만 이곳의 학생들은 이미 그림에서 단어를 익히고 단어를 활용하여 문장을 만드는 연습을 했기 때문에 이제 문장을 이용하여 이야기를 만드는 것도 큰 부담 없이 해낼 수 있다. 전희철 선생님은 이 역시 모둠별로 과제로 준 후 나와서 발표하게 하였다.

이야기 꾸며보기

1. 모둠별로 그림을 보고 이야기를 만들어 그림 아래에 영어 문장으로 적는다.
2. 모둠이 함께 앞으로 나와 그림 아래의 문장을 읽어내려 간다.

3. 단어 모아 문장 만들기 게임

이제 전희철 선생님은 '단어 모아 문장 만들기 게임'을 하는데 이는 단어 조각을 연결해 하나의 문장을 완성하는 게임으로 선생님이 문장을 불러주면 각 조각을 가진 학생들이 문장 순서에 맞게 누가 빨리 서느냐로 승부가 갈리는 방식이다.

오늘 불러준 문장은 What did you do?이다.

단어 모아 문장 만들기 게임
1. 모둠별로 같은 단어 조각이 주어진다.
2. 선생님이 문장을 말하면 어느 모둠이 먼저 문장을 완성하느냐로 승부가 판가름난다.

전희철 선생님은 수업의 각 단계에서 이런 게임을 활용하는데, 이는 이전까지의 개별 활동이나 모둠별 활동과 달리 전체가 참여하는 활동이기에 아이들로 하여금 색다른 느낌과 흥미를 불러일으키는 효과가 있기 때문이다. 또한 아이들 입장에서도 단순히 즐기는 게임이 아니라 게임을 통해서 다시 한 번 단어의 쓰임새를 이해하게 되니 일석이조라 할 수 있다.

4. 수업 내용을 바탕으로 한 자신만의 Picture book 만들기

이제 전희철 선생님은 아이들에게 마지막 과제를 던지는데 바로 '수업 내용을 바탕으로 한 자신만의 Picture book 만들기'이다. 이는 수업과 관련된 4장의 그림을 보고 자신이 느낀 내용을 영어

아이들이 각자 만든 스토리북의 모습

문장으로 적어보는 활동이다.

  이 경우 동일한 그림인데도 학생들의 성격, 취향, 실력에 따라 다양한 문장이 등장한다. 아마도 아이들은 하나의 그림에 대해서도 서로 다양한 생각을 할 수 있다는 것을 깨닫는 귀중한 시간이 되었을 것이다. 전희철 선생님 역시 Picture book 제작에 이런 효과가 있다고 말한다.

  자신만의 Picture book 제작을 통해 직접 읽고 쓰는 것도 배우게 되고 자료 보관도 하게 되고 그렇게 되면 읽고 쓰는 것뿐만이 아니라 자료 보관하는 습관도 생기게 되어 좋은 것 같습니다.

  전희철 선생님의 수업은 이렇게 그림에서 뽑아낸 단어에서 시작해 Picture book 으로 마무리된다.

Effect Value

어휘 학습에 실제적이며 최고의 효과적인 수업

전희철 선생님이 처음 그림을 통한 어휘 학습법을 활용한 이유는 철저히 학생들의 어려운 입장을 이해하고 있었기 때문이었다. 즉, 영어 공부를 하는 데 있어 어휘 때문에 얼마나 어려움을 겪는지 알고 있었기 때문에 기존의 주입식 단어 암기법을 탈피하여 새로운 방법을 시도하고자 노력할 수 있었다. 사실 효과적인 어휘 학습을 위해 전희철 선생님이 노력한 모습은 그림을 통한 단어 익히기뿐만 아니라 단어 분류하기 등 수업 곳곳에서 느낄 수 있다. 이에 전문가들 역시 이러한 전희철 선생님의 노력이 효과적 어휘 학습에 도움을 주고 있음을 인정하고 있다.

한국교원대학교 김정렬 교수는 전희철 선생님의 그림을 이용한 어휘 학습이 철저히 학습자 중심의 어휘 활동이었다는 점에서 높은 점수를 주고 있다. 사실 어떤 영어 선생님이 학생들의 단어 암기까지 도움을 주려 할까. 그동안 단어 학습은 철저히 학생들의 몫이었지 선생님이 책임질 영역은 아니었다. 그럼에도 전희철 선생님은 여러 가지 도구까지 사용하며 철저히 학생들 입장에서 단어 학습에 도움을 주려하고 있었다. 그렇다면 그림을 통한 단어 학습은 실제로 어떤 효과가 있을까? 이에 대해 목원대학교 전영주 교수는 다음과 같이 평가한다.

그림을 이용하여 단어를 기억하는 방법은 기본 어휘 학습에 효율적이라는 평가가 있어요. 즉, 그림을 활용하면 단어의 파지력, 기억력 증진에 도움을 준다는 것이죠. 그런 면에서 전희철 선생님의 그림을 통한 단어 학습법은 매우 효과적이었다고 생각해요.

목원대학교 전영주 교수는 또한 전희철 선생님의 영어 수업이 중고등학교 영어 학습과도 연계된 매우 체계적인 어휘 학습이었으며 수업 중간 중간에 교사의 목소리, 품성, 학생에 대한 배려 등이 잘 묻어나 있어 학생들의 인성에도 도움을 주는 수업이었다고 평가했다. 특히 모둠활동을 통해 과제를 해결하게 함으로써 개별적 과제 수행에 대한 부담감을 감소시키는 부분은 학생들의 인성 함양에도 도움을 주는 매우 현명한 지도방법이었다는 것이다.

그렇다면 전희철 선생님의 '단어 분류하기'는 실제적으로 어떤 효과가 있었던 걸까? 김정렬 교수는 전희철 선생님의 수업 중 단어를 이용한 품사별, 의미별, 발음별 분류법이 가장 눈에 띄었다고 말할 정도로 어휘의 분류를 통한 활동이 효과가 있었다고 이야기한다. 이런 활동으로 인해 어휘를 구분하여 읽고 쓰고 말하는 것에 대한 다면적인 지식을 습득할 수가 있게 된다는 것이다.

실제 전희철 선생님의 수업은 어휘 학습에 중점을 두는 듯했으나 수업을 잘 관찰해 본 사람이라면 결국 읽기 쓰고 말하는 것으로 확장해가고 있음을 금방 간파할 수 있다. 결국 효과적인 쓰기와 말하기를 위해 이런 그림 단어 익히기, 단어 분류하기라는 장치를 해둔 것이라 할 수도 있다.

전희철 선생님의 수업은 또한 학생들과의 의사소통적인 면에서도 높은 점수를 줄 수 있다. 즉, 수업에서는 교사와 학생 간의 상호작용(teacher Initiation-student Response-teacher Feedback)이 무엇보다 중요한데, 전희철 선생님의 경우 직접 제작한 소품(실물 자료)을 사용하고 학생들에게도 실제 체험을 통한 경험을 하게 함으로써 서로의 마음을 열고 소통을 할 수 있는 수업을 할 수 있었다는 것이다.

요즘 멀티미디어의 발달로 많은 교사들이 수업 시간 자료로 멀티미디어를 활용하는데, 이는 사실 교사 중심의 수업이 될 수밖에 없다. 그에 반해 전희철 선생님과 같이 실제 만들어온 실물 자료를 사용할 경우 선생님 중심의 수업이 아닌 학생이 직접 참여할 수 있는 학습자 중심의 수업이 될 수 있고 따라서 학생과 선생님과의 소통은 자연스럽게 이루어질 수밖에 없다는 것이다. 그런 면에서 전희철 선생님의 수업은 성공적이었다고 할 수 있다.

무엇보다도 전희철 선생님의 수업에 높은 점수를 줄 수 있는 것은 영어의 기본을 이루는 수업 방법이었다는 데 두어야 할 것이다. 국가에서 니트 시험을 도입해야 할 정도로 우리나라의 영어 교육은 말하기와 쓰기에 취약한 구조를 가지고 있다. 사실 그 중심에 어휘가 있으며 단어의 구조와 의미를 제대로 파악하지 못한 채 무작정 암기하려고만 했던 영어 풍토가 있었다. 하지만 전희철 선생님은 이런 문제점을 정확히 파악하고 단어의 이해에서 시작하여 문장의 이해, 문단의 이해로 넘어가는 획기적인 수업 방식을 개발했다. 그림을 통한 단어 학습법 수업은 많은 사람들이 다시 한 번 돌아봐야 할 의미 있는 수업이라 하지 않을 수 없다.

Plus Tip
Know-how

전형적인 영어 수업에서 벗어나라

지금까지 최고의 영어 교사에 등장한 영어 수업들은 의사소통 중심의 형식이 주류를 이루었지만 사실 언어의 형태에 대한 교육(예를 들면 문법 같은) 역시 반드시 필요한 부분이라 할 수 있다. 이전에 행해졌던 언어의 형태 교육이 주제를 먼저 던져주고 그것을 풀어가는 연역적 방법이었다면, 전희철 선생님의 그림 어휘 학습법은 반대로 다양한 자료에서 학생 스스로 문제점을 찾고 그 안에서 새로운 규칙을 발견해내는 식의 귀납적이라는 데 큰 차이점이 있다. 물론 전희철 선생님이 이러한 수업을 진행하는 이유는 가르치는 학생들이 중학교 진학을 앞두고 있기 때문이다.

그렇다고 전희철 선생님이 의사소통 중심의 수업을 전혀 하지 않는 것은 아니다. 원어민 선생님과 함께 수업을 진행할 시에는 활동 중심의 의사소통 증진 수업을 주로 하고 전희철 선생님 혼자 수업을 하는 경우에만 학생들에게 문법을 쉽게 가르치려고 노력하는 것이다. 단, 기존의 문

사진 고르기 게임을 하고 있는 아이들

법책에 나와 있는 순서는 학생들이 이해하기에 적합하지 않아 기능별로 학생들의 오류를 말하기와 쓰기로 확인해 본 후 그에 맞는 단계와 수준으로 수업을 하고 있다.

이러한 교수법으로 수업을 진행할시 학생들이 어느 정도 단어 지식을 갖고 있는지 파악한 후 그에 맞는 절차와 수준의 적용이 필요하다. 또한 그러한 수준에 따라서 그룹의 수와 그룹원들의 구성, 구체적인 그룹 활동을 조직하는 것도 매우 중요하다.

전희철 선생님은 수업이 끝난 후에도 바쁘게 움직인다. 교사 회의를 통해 정보를 공유하거나 새로운 영어 학습 정보를 얻기 위해 이리저리 뛰어다닌다. 새로운 것을 학생들에게 적용하려 하고 자신이 갖고 있는 것을 나누어 주려고 한다. 실제 전희철 선생님은 학교에서도 최신 영어 학습의 동향을 학교 측에 전달하고 조율하는 역할을 한다. 스스로가 전형적인 영어 수업을 벗어나기 위해 내용 통합 영어 수업도 진행하고 있다. 이는 사회나 과학 등 다른 과목을 영어로 진행하는 수업으로 전희철 선생님은 효과적인 의미 전달을 위해 브로슈어 만들기, 역사 속 인물 만나기 등의 프로그램을 진행하고 있다.

그렇다면 전희철 선생님이 생각하는 최고의 영어 교사란 어떤 것일까? 창의적인 교육을 하는 교사, 학생의 입장에서 인성을 생각하는 교사 등 많은 주장들이 있지만 전희철 선생님의 생각은 어쩌면 매우 단순하다.

저는 최고의 영어 교사란, 잘 가르치는 사람이라고 생각합니다. 잘 가르치다보면 아이들과의 관계도 좋아질 것이고 굳이 인성이나 창의성을 키우려고 노력하지 않아도 자연스럽게 그것이 키워지질 것이라고 생각합니다.

무조건 외우지 않아도 좋아요

전희철 선생님이 진행하는 수업은 대부분의 학생들이 부담 없이 참여하는 수업이다. 이런 느낌을 갖는 데에는 여러 가지 이유가 있겠지만 무엇보다 편안한 태도로 수업을 진행하고 수업 진행 방식이 학생 개인에게 부담을 주지 않는 형식이기 때문이다. 실제 전희철 선생님 수업에 참여했던 학생들은 단어를 외우지 않아도 되는 수업 방식에 환호했다. 단어를 외우는 대신 그림 속에서 단어를 찾아내는 것이 흡사 숨은그림찾기 하는 것 같아 재미까지 주었다고 아이들은 이야기한다.

전희철 선생님은 모둠활동 위주로 수업을 진행했는데 아이들 입장에서는 이것이 부담을 줄이고 경험의 폭을 넓히는 데 크게 도움을 받았다고 했다. 혼자하면 자기 주관대로 할 수 있으나 더 좋은 아이디어가 나오기 어렵고 모둠활동으로 하면 의견 수렴은 조금 어려울지 모르나 더 좋은 아이디어가 나올 수 있다. 결국 그림을 통한 단어 학습법 수업을 받은 아이들은 자연스럽게 단어를 쓸 때 단어에 대한 폭이 넓어지므로 더 많은 단어를 사용할 수 있고 어휘 실력이 향상된다.

또한 전희철 선생님 수업에서 빼놓지 말아야 할 것이 게임이다. 전희철 선생님은 매 수업의 단계마다 게임을 활용했다. 그것은 물론 수업의 효율성을 높이기 위한 것이지만, 아이들이 조금 지루해질만할 때 아이들의 흥미를 돋우기 위한 것이었다. 만약 졸리는 아이들이 있을 때 그것을 그대로 두는 것은 선생님으로서의 직무 유기라 힐 수도 있다. 그렇다고 옛날방식으로 조는 아이를 혼내는 것도 요즘 아이들에게 통하지 않는 방법이고…. 오히려 재미있는 게임을 통해 주의를 환기시키는 것이 가장 지혜로운 방법이라 하겠다. 물론 이때 전희철 선생님처럼 수업의 연장선상에 있는 게임을 활용하는 것이 일석이조이자 최고의 방법일 테고 말이다.

[그림어휘 영어 학습법 수업지도안]

오늘의 수업 주제

그림으로 단어 뽑고 스토리 만들기

구분	과정	준비물
STEP 1 그림 단어 배우기	Opening – 영어 인사나누기	원어민 교사 참여
	1. 그림 속에서 단어 찾고 선긋기로 쓰고 말하기 – 2개의 그림에서 단어 찾아 선긋기로 쓰고 말하기	그림 2개

	2. 모둠 활동으로 단어 확장하기
	  – 1에서 했던 활동을 모둠별로 하는 활동
	  – 새롭게 등장한 단어를 앞에 나와 발표하기
		모둠별 그림 자료

STEP 2 단어 분류하기	1. 공통점이 있는 단어끼리 분류하기 – 단어끼리 공통점을 찾고 분류하는 활동	단어 카드
	2. 분류 기준을 세워 학생 스스로 분류해 보기 – 학생 스스로 분류 기준을 세워 단어를 분류하는 활동	단어 카드

STEP 3
문장-
문단으로
확대
	1. 그림을 통한 문장 만들기와 'BEST TITLE' 만들기
	  – 처음 그림을 보고 문장 만들기
	  – 모둠별로 'BEST TITLE' 문장을 뽑아 발표하기
		모둠별 그림

	2. 핵심 문장으로 이야기 꾸며보기 – 그림에 대한 문장을 연결하여 이야기 꾸며보기	모둠별 그림
	3. 단어 모아 문장 만들기 게임 – 모둠별 조각 단어 카드로 제시 문장 빨리 만들기 게임	모둠별 조각 단어 카드
	4. 수업 내용을 바탕으로 한 자신만의 Picture book 만들기 – 수업과 관련된 4장의 그림을 보고 자신이 느낀 내용을 영어 문장으로 적어보는 활동	Picture book

•• CHAPTER 12 ••

단계적으로 배우면
쉬운 영어가 쏙쏙!

**체험 중심
심플 영어 학습법**

Junghwa Eun, Best English Teacher!

개롱초등학교(서울)
은정화 선생님

교육경력 12년 차
서울시교육청 TEE/M 자격증 수여
2007 개정교육과정 영어교과서 5, 6학년 천재(함) 집필
2009 개정교육과정 영어교과서 3, 4학년 천재(함) 집필

쉽게 간단히 할 수 있는 영어 학습을 원한다

Why What?

전체를 아우르는 심플한 영어 수업은 할 수 없을까

체험 중심, 심플 영어 학습법이란 말 그대로 단어 배우고 – 단어 체험하고 – 단어로 대화하기 구조로 이루어진 매우 심플한 영어 학습법을 말한다. 이때 단어를 그냥 외우는 것이 아니라 실제 상황 속에서 체험함으로써 저절로 익히게 만들기 때문에 더욱 쉽게 느껴지는 학습법이라 할 수 있다.

양극화!

어느 순간부터 우리 사회에 유행하기 시작한 말이다. 아주 전에는 모두가 못살았기에, 또 얼마 전에는 두터운 중산층이 형성되어 있었기에 이 말이 필요 없었다. 하지만 우리나라가 세계 경제 10위권 국가로 발돋움하고 세계 경제에 먹구름이 끼면서 양극화 현상은 점점 두드러지고 있다. 양극화 현상 때문에 가장 극명히 피해를 보는 세대 중 하나는 당연히 배우는 학생들이다. 누구는 별로 신통한 머리가 아닌데도 최고급 사교육으로 일류 학교에 척척 진학하는가 하면 사교육의 혜택을 전혀 받지 못하는, 아니 받을 수조차 없는 환경의 아이들은 그저 밑바닥 인생으로 도태되는 것이 현실이기 때문이다. 그래서 과거에 유행했던 '개천에서 용 난다'는 말도 사라진지 오래다.

덕분에 지금의 교실에서 공부하는 아이들은 크게 두 부류로 나뉜다. 사교육을 받는 아이들과 그렇지 못한 아이들! 특히 영어 과목에서의 이 격차는 매우 심하다. 사교육을 제대로 받는 아이들은 이미 초등학교에 들어올 때부터 어느 정도 영어에 익숙해진 채다. 덕분에 그렇지 못한 아이들은 그 격차가 매우 심할 수밖에 없다.

이렇게 양극화된 아이들을 놓고 과연 영어 선생님은 어디에 기준을 맞춰 수업을 진행해야 하는 것일까. 아무래도 다수에 맞춰 커리큘럼을 짤 수밖에 없을 것이다. 그러다보니 영어에 익숙하지 않은 아이들은 더욱 움츠려들고 열등감을 느낄 수밖에 없다.

하지만 여기에 그런 아이들조차 재미있게 들을 수 있는 수업을 하는 선생님이 있다. 바로 서울 개롱초등학교 은정화 선생님(4학년)이다. 그녀의 수업은 사교육을 받지 않은 아이들까지도 쉽고 재미있게 들을 수 있다. 물론 사교육을 받은 아이들도 재미있게 들을 수 있기는 마찬가지다. 도대체 그녀는 어떻게 하기에 전체를 아우르는 수업을 할 수 있는 것일까? 그것은 초등학교 저학년 아이들의 수준에 맞게 다양한 체험 활동으로 수업을 구성하고 내용을 심플하게 구성하는 데 비법이 숨어 있다.

사물의 위치를 묻고 답할 수 있는 최종적인 목표를 이루기 위해 어휘 학습 활동하고 어휘 학습을 할 때 재미있게 하기 위해서 다양한 듣기 활동을 했죠. 듣기 활동이 끝나고 나면 말하기를 하는데, 이때 말하기를 쉽게 하기 위해 연습으로 노래도 하고 간단하게 선생님이랑 묻고 답하는 활동도 했습니다. 최종적으로는 아이들 스스로 내 물건이 내 방 어디에 있는지 친구들과 묻고 답하는 활동을 함으로써 학습 목표를 이루도록 수업을 구성했습니다.

사실, 은정화 선생님의 말에서는 큰 특징을 찾을 수 없을 정도로 수업 구성이 매우 심플해 보인다. 하지만 이 심플함 속에 비법이 숨어 있다. 아이들은 이 속에서 재미있게 기본기를 다질 수 있게 되는 것이다. 이제 은정화 선생님의 쉽고 재밌는 수업 속으로 들어가 보도록 하자.

상황 중심, 심플 영어 학습법이란?
- 단어를 그 단어와 맞는 실제 상황 속의 체험을 통해 배우고 그 단어로 대화하는 심플한 구조를 가진 학습법이다.
- 다양한 듣기 활동을 통한 단어 학습-노래와 게임으로 단어 체험-단어로 대화해 보기의 상향식으로 가는 단계적 구조로 이루어져 있기 때문에 수준에 관계없이 모두가 쉽게 참여할 수 있다는 장점이 있다.

How How

05

재미있게 기본기를
다질 수 있는
상황 중심 수업

수업 전체 구성도

도입 전 활동 : 마술로 오늘의 문장 보이기

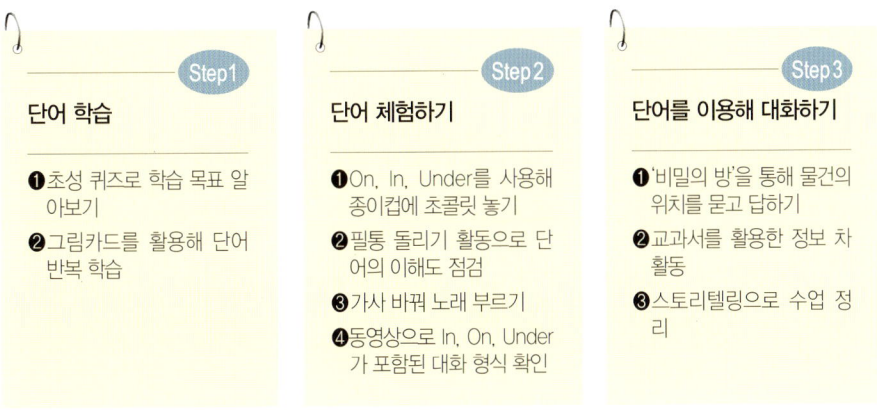

Step 1

단어 학습

❶ 초성 퀴즈로 학습 목표 알아보기
❷ 그림카드를 활용해 단어 반복 학습

Step 2

단어 체험하기

❶ On, In, Under를 사용해 종이컵에 초콜릿 놓기
❷ 필통 돌리기 활동으로 단어의 이해도 점검
❸ 가사 바꿔 노래 부르기
❹ 동영상으로 In, On, Under가 포함된 대화 형식 확인

Step 3

단어를 이용해 대화하기

❶ '비밀의 방'을 통해 물건의 위치를 묻고 답하기
❷ 교과서를 활용한 정보 차 활동
❸ 스토리텔링으로 수업 정리

도입 전 활동 마술

은정화 선생님의 수업은 교과서가 아닌 마술로 시작된다. 마술이란 말에 아이들의 눈이 반짝이고 은정화 선생님은 빈 상자에 손수건을 펼쳐 넣은 후 허공에서 무엇인

가를 잡고는 상자 안에 넣는다. 그런데 이때 상자 안에 선생님의 손이 들어가는 것이 뻔히 보인다. 하지만 선생님의 서툰 마술 솜씨에 아이들은 더욱 재미있어 한다. 사실, 이것은 마술을 잘 하려 하기보

마술을 선보이는 선생님

다 일부러 틀리는 모습을 보여줌으로써 아이들에게도 영어 시간에 뭐든 잘해야 한다는 불안감을 없애주기 위한 선생님의 장치다. 학생 한 명에게 상자 안의 것을 꺼내게 하자 초콜릿이 나온다. 그것은 오늘 배울 내용 It's in the box를 가리킨다.

스텝1 단어 배우기

1. 초성 퀴즈로 학습 목표 알아보기

먼저, 은정화 선생님은 초성 퀴즈를 통하여 오늘의 학습 목표를 찾는 다양한 활동을 한다. 평소 초성 퀴즈 외에도 퍼즐을 사용한다든지 여러 소품을 사용하면서 아이들이 호기심을 가지고 학습 목표를 알게 하도록 한다. 그만큼 학습 목표는 그날 수업에서 핵심 요소이며, 학생들이 확실히 알고 넘어가야 할 부분이기 때문이다. 그렇게 해서 밝혀진 오늘의 학습 목표는 '물건의 위치를 묻고 답해봅시다'이다.

2. 그림 카드를 활용해 단어 학습하기

이러한 학습 목표를 이루기 위해 먼저 단어 공부를 한다. 처음에는 단어에 해당하는 그림 카드만 칠판에 붙이면서 소리만 가르쳐준다. 그리고 그림을 뒤집으면 단어에 해당하는 철자가 나타나는데, 이렇게 하니 마치 단어공부가 놀이처럼 느껴진다. 영

어에 주눅이 들어 있는 아이들은 단어 자체에 겁을 먹기 마련인데 그런 아이들을 배려한 활동인 셈이다. 아이들은 처음에는 그림으로 단어를 익히고 철자를 보며 글자의 형태를 인식한다. 이렇게 하면 눈

그림-철자 단어학습

그림-철자 단어학습

1. 처음에는 그림만 보여주고 영어단어의 소리만 가르쳐준다.
2. 그림을 뒤집으면 철자가 나타나며 이번에는 철자로 영어 단어를 가르쳐준다.
3. 아예 단어 카드를 빼버리고 빈 공간에 카드가 있는 것처럼 하며 영어 단어를 떠올리게 한다.
4. 핵심 단어 카드만 붙이고 나머지는 빼어 단어 학습을 한다.

으로 철자를 익히게 되는 것이기 때문에 단어를 말함과 동시에 글자의 형태를 인식할 수 있게 된다.

　이제 선생님은 카드를 칠판에서 하나씩 빼버리면서 마치 빈 공간에 카드가 있는 것처럼 시늉하며 단어를 떠올린다. 그럼에도 학생들은 거기에 붙어 있던 그림카드가 어떤 것이었는지 기억하며 순서대로 단어를 읽어낸다. 이것은 배운 단어를 내 것으로 만드는 과정으로, 이렇게 반복적으로 읽다보면 자연스럽게 단어를 익힌다. 이번에는 핵심 단어만 남기고 반복해서 읽게 한다. 단어 중에서도 가장 핵심적인 단어를 다시 한 번 확인시켜주기 위한 활동이다. 은정화 선생님은 어떤 것을 기대하며 이런 활동을 하는 걸까?

단어 학습을 할 때 제일 좋은 게 연상되는 어떤 그림을 주면서 단어를 말할 수 있도록

연습하는 게 효과적인데요. 이것이 자칫하다가는 무미건조한 기계적인 연습으로 흐를 수 있어요. 그런데 단어를 붙여가면서 연습을 한 다음에 하나씩 떼어 가면 하면 아 이건 게임이구나. 저 단어가 뭐지? 내가 기억해야 되는데, 라는 생각에 내가 읽을 때 다시 한 번 생각하면서 읽게 되고, 단어가 하나 없어지게 되면 그 단어가 뭐였지? 라고 의식하면서 기억을 되살리기 때문에 아이들의 기억을 강화시키는 요인이 된다고 생각합니다.

스텝 2 익힌 단어, 몸으로 체험하기

1. on, in, under에 맞게 종이컵에 초콜릿 놓기

이제 머리로 익힌 단어를 몸으로 체험하는 시간이다. 은정화 선생님이 오늘 핵심단어로 꼽은 것은 on, in, under이다. 이제 이 단어들을 사용해 종이컵에 초콜릿 놓기 활동을 한다. 이때에도 은정화 선생님은 학생들에게 깜짝 선물이 있다고 호기심을 자극하면서 종이컵과 초콜릿을 나눠준다. 그리고 종이컵과 초콜릿으로 in, on, under를 표현하기 시작한다. 초콜릿을 컵 위에 올려놓고 on the cup, 컵 안에 넣고는 in the cup 하는 식으로…. 학급의 모든 아이들에게 컵과 초콜릿이 나누어졌기 때문에 단 한 명도 예외 없이 선생님과 함께 종이컵과 초콜릿으로 in, on, under을 체험한다.

 종이컵과 초콜릿으로 in, on, under 표현하기
1. 초콜릿을 컵 위에 올려놓고는 on the cup
2. 초콜릿을 컵 안에 넣고는 in the cup
3. 초콜릿을 컵 아래에 놓고는 under the cup

또한 이 활동은 선생님의 말에 따라 액션을 취해야 하기 때문에 자연스럽게 듣기 활동을 연습할 수 있는 기회도 된다. 흔한 초콜릿이고 사탕이지만 학교에서 선생님이 주는 것은 굉장한 의미가 있다. 그런데 그걸 그냥 먹으라고 주는 게 아니라 내가 공부하는 활동에 이용을 하는 것이면 더욱 의미가 있을 수밖에 없다.

2. 필통 돌리기로 단어 이해하기

이제 단어의 이해도 점검하기 위해 필통 돌리기 활동으로 넘어간다. 지우개 같은 주변에서 볼 수 있는 물건을 준비하고 배웠던 노래를 부르며 모둠 안에서 필통 돌리기를 한다. 노래가 멈추는 순간 필통을

필통 돌리기 게임

필통 돌리기 게임
1. 노래를 부르며 필통을 돌린다.
2. 노래가 멈춘 순간 필통을 쥔 사람이 술래이다.
3. 술래는 선생님의 지령에 따라 행동을 취해야 한다.

쥔 학생이 술래가 되고 술래는 일어서서 선생님이 지령을 내리면 문장에 맞게 행동을 보여줘야 한다.

이때 처음에 준비한 물건을 활용해야 한다. 예를 들어 선생님이 Where is the pencil? 하고 묻고 It's on the book이라고 대답하면 술래가 재빨리 책 위에 연필을 올려놓는 동작을 취하는 식이다. 이러한 필통 돌리기 활동의 장점은 무엇일까? 은정화 선생님의 말을 들어보자.

일단 필통만 준비하면 교사의 준비가 전혀 필요 없고 아무 때나 필요할 때 사용할 수 있기 때문에 교사 입장에서는 편리하고 학생 입장에서도 친숙하고 재미있게 할 수 있는 놀이죠.

그렇다. 필통 돌리기는 주변의 친숙한 소품으로 학생과 교사가 편하게 수업을 진행하면서 배운 단어를 복습할 수 있는 활동이다.

3. 가사 바꿔 노래 부르기

배운 단어 체험하기 활동은 계속된다. 이번에는 가사 바꿔 노래 부르기다. 이미 배웠던 노래의 가사를 오늘 배운 내용으로 일부분 바꿔보는 활동이다. 선생님이 초콜릿의 위치를 in, on, under에 맞게 바꾸는 동작을 보여주면 아이들은 그 동작에 맞는 가사를 붙이는 식으로 진행된다. 이것은 혹시 가사가 잘 생각나지 않더라도 리듬에 따라 편하게 부르다보면 자연스럽게 따라할 수 있는 장점이 있다. 즉, 노래라는 도구를 통해 부담 없이 말하기를 할 수 있게 해주는 활동이다.

4. in, on, under가 포함된 대화 형식의 동영상 보기

이번에는 교과서 동영상을 보고 in, on, under를 배우는 시간이다. 동영상은 in, on, under가 포함된 대화 형식의 간단한 내용을 담고 있다. 동영상이 끝나면 선생님은 동영상에 나온 등장인물들을 차례로 그리며 동영상 속의 대사를 확인시켜 준다.

그림으로 동영상 대사 확인하기 활동

그림으로 동영상 대사 확인하기 활동

1. in, on, under가 포함된 대화 형식의 동영상을 보여준다.
2. 동영상에 나온 인물과 소품을 그려가며 동영상 속 대사를 확인시켜 준다.
3. 모둠별로 동영상 속 등장인물 별 대사 말하기를 한다.

등장인물 옆에는 대사 속에 포함된 소품의 그림도 같이 그려 넣어 영상 속 대사를 떠올리는 데 도움을 준다. 이제 모둠별로 등장인물을 나눈 후 역할별로 대사 말하기를 하는데, 신기하게도 아이들은 영어 단어 하나 보이지 않는데도 동영상 속 대사를 술술 말하게 된다.

스텝 3 배운 단어로 대화해 보기

1. 비밀의 방으로 물건의 위치 묻고 답하기

이제 단어를 배웠으니 배운 단어로 실제 대화하기를 해볼 차례이다. 결국 영어를 배우는 목적이 영어로 대화하기이므로 당연히 해야 하는 과정이다. 그런 면에서 은정화 선생님의 수업은 구조가 매우 심플하다. 대화를 하기 위해 대화 속에 나오는 단어를 공부해야 하고 단어를 공부하고 이해했으니 다시 그 단어를 활용해 대화를 시도해 보는 것이다. 어쩌면 이것은 영어 학습의 가장 간단한 원리라 할 수 있는 방법이다.

먼저, 은정화 선생님은 대화의 시간을 가지기 위해 칠판에 부착된 보드판이 중

방 꾸미기 활동

앞으로 이동한다. 보드판 위에는 책상, 침대, 탁자 등의 그림이 그려져 있다. 이제 이 그림을 보며 아이들은 인형, 모자, 야구방망이, 컵 등 다양한 그림카드를 이용하여 방을 꾸며야 한다. 그림카드에는 자석이 부착되어 있어 그림 방에 잘 붙는다. 이 활동은 다음 3단계로 진행된다.

활동 1 : 물건의 위치에 대해서 물어보기 연습

활동 2 : 물건의 위치에 대해서 대답하기 연습

활동 3 : 묻고 답하는 형식으로 대화하기

방 꾸미기 활동
1. 보드판에 책상, 침대, 탁자 등의 그림이 그려져 있다.
2. 아이들은 인형, 모자, 야구방망이, 컵 등 다양한 그림카드를 이용하여 방을 꾸민다.
3. 완성된 비밀의 방을 보고 각 물건의 위치에 대해 묻고 답하는 시범을 보여주며 서로 대화를 나누게 한다.

여기서 질문은 Where is the doll?과 같은 형식이 되고 대답은 It's on the desk 같은 형식이 된다. 활동 1, 2의 시간이 지나면 이제 선생님은 빠지고 학생들끼리 직접 묻고 답해보는 시간을 가지며 대화를 익히게 되는데 이것이 바로 활동 3이다. 학생들은 이런 활동을 통해 친구들과 1:1로 대화하는 법을 배우게 된다. 은정화 선생님은 그림카드를 이용하여 방 꾸미기 활동을 한 이유에 대해 이렇게 말한다.

초등학교 영어 수업의 목표 자체가 상황중심 의사소통 기능이거든요. 그러자면 알맞은 상황을 제공해 줘야 하는데 그 상황이 교실 상황이 아니라 현재 실제 상황에 기반을 두고 있어요. 실제 상황을 교실로 끌어들일 수 있는 가장 손쉬운 게 그림 카드이고요.

비록 실제 상황을 제시하기 위해 그림 카드를 활용한 것이지만 은정화 선생님의 노력이 엿보이는 부분이라 하지 않을 수 없다.

2. 각자 자기 방 꾸미기

이제 아이들의 활동은 각자 자기 방 꾸미기로 이어진다. 교과서에 그려진 두개의 방(A, B)을 꾸며야 한다. 이때 스티커가 사용되며 방 A는 내가 꾸미고 싶은 방으로 꾸민다. 방 B는 짝과 함께 영어로 대화하며 방을 꾸며야 한다. 이때 내가 꾸민 방A와 짝이 내 말을 듣고 꾸민 방B가 같도록 해야 한다. 즉, 내가 꾸민 방B는 짝이 꾸민 방A와 같게 되는 것이다. 이런 과정을 통하여 아이들은 영어로 오늘의 주제에 대해 충분한 대화를 나누게 되는 것이다.

내 방 꾸미기 활동

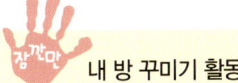 **내 방 꾸미기 활동**
1. 방 A는 내가 꾸미고 싶은 방으로 꾸민다.
2. 방 B는 짝과 함께 영어로 대화하며 방을 꾸민다.
3. 내가 꾸민 방 A와 짝이 내 말을 듣고 꾸민 방 B가 같도록 해야 한다.

3. 스토리텔링으로 학습 마무리

마지막으로 은정화 선생님은 학생들에게 이야기 하나를 들려주겠다고 한다. 대신 학생들이 이야기의 주인공을 도와주어야 한다며 아이들의 시선을 집중시키는 일도 잊지 않는다. 선생님은 그림과 함께 이야기를 시작하는데 성에 사는 왕이 산책을 나갔다 돌아오는 간단한 이야기다.

그런데 신기하게도 그림이 완성되자 커다란 열쇠가 나타난다. 그리고 그제야 학생들이 도와줄 일에 대해 말한다. 너희들이 잃어버린 왕에게 열쇠를 찾아줘야 한다고. 뒤이어 Where is the key? 하고 선생님이 묻자 아이들은 Key is On the board 라고 대답한다. 그야말로 은정화 선생님만의 기지와 재치가 돋보이는 스토리텔링이라 하지 않을 수 없다.

스토리텔링 마무리

1. 왕의 산책 이야기와 함께 그림을 차근차근 그려나가기 시작한다.
2. 이야기가 끝날 무렵 그림은 열쇠 그림이 되도록 해야 한다.
3. 오늘 배운 영어 표현으로 질문하고 대답을 유도한다.
   Where is the key?/Key is On the board

Tip 스토리텔링으로 수업을 마무리한 이유

아이들이 실제 영어로 대화할 때는 배운 문장만 가지고 대화가 일어나는 경우가 거의 없다. 따라서 스토리텔링으로 수업을 마무리하면 오늘 배운 내용도 정리될 뿐만 아니라 아, 영어에는 이런 다양한 소리가 있구나, 영어 이야기가 재미있네, 라는 호기심까지 심어줄 수 있기 때문에 수업의 마무리로 스토리텔링을 선택한 것이다.

Effect Value

단계적 상향식 수업 상황 중심, 체험 중심 수업이 핵심이다

은정화 선생님의 수업은 한마디로 '깔끔하다', '매우 쉽고 심플하게 학습 목표를 이루어냈다'는 평가를 내릴 수 있다. 실력이 천차만별인 아이들이 모두 쉽고 재미있게 들을 수 있는 포용력을 보여주었을 뿐만 아니라 기초 어휘부터 시작해 의사소통에 이르는 모습을 한눈에 그리는 수업이었다. 특히 실생활 중심, 활동 중심으로 가다보면 소홀해지기 쉬운 교과서를 충분히 활용하고도 생활 중심의 수업 효과를 거둘 수 있었다는 것은 높이 평가되어야 할 부분이다. 은정화 선생님은 교과서를 활용한 수업을 충실히 수행했기 때문이다. 무엇보다 실력이 떨어지는 학생을 배려하여 천천히 또박또박 영어를 말해준다든지 쉽게 가르치려고 노력한 부분은 요즘의 교실 현장에 꼭 필요한 부분이라고 하지 않을 수 없다. 처음 종이컵과 초콜릿을 가지고 하는 활동의 경우 모둠이나 전체 활동 때에는 소외될 수 있는 아이들까지 모두 활동에 참여시킨 은정화 선생님의 숨은 배려가 돋보인 활동이다.

 은정화 선생님의 수업의 특징은 첫째, 수준이 낮은 아이들까지도 편하고 쉽게 들을 수 있고 단계적 상향식 수업이었다고 볼 수 있다. 상향식 수업(botton-up)이란 쓰기 위해서는 영어(단어, 발음, 문법)를 먼저 배워야한다는 개념으로 은정화 선생님의 수업 역시 단어-발음-문장-의사소통 활동까지 단계적으로 이루어지는 수업이 상향식 수업 구조를 띠었다.

둘째, 수업의 활동들이 체험 중심이었다고 볼 수 있다. 종이컵에 초콜릿 놓기, 필통 돌리기 등의 활동으로 배운 내용을 체험할 기회를 제공하였는데 이는 의사소통 향상에 크게 기여하는 것으로 나타나 있다. 특히 이런 활동들은 신체의 활발한 움직임을 동반하게 되는데, 이러한 신체적 활동이 원활한 의사소통을 유도하고 기억력을 증진시키는 데 도움을 줄 수 있다. 특히 은정화 선생님의 수업은 상황적 언어 교수법(Situation Language Teaching, 말이 언어의 기본이며, 언어는 실제로 사용되는 상황과 연결하여 습득된다는 교수법)을 잘 활용한 수업이었다. 어휘나 문장을 실제 상황 속에서 학습하도록 유도하여 잘 습득되도록 했다는 것이다.

또한 스토리텔링 과정에서 직접 그림을 그려가면서 아이들의 집중력을 유도한 부분이라든지 스토리 내용에서 기존의 학습 내용보다 더 많은 어휘와 표현을 사용함으로써 심화 학습이 이루어지게 한 부분도 상당히 좋았다는 평가를 받았다. 무엇보다 은정화 선생님의 수업이 돋보이는 것은 다양한 수준별 학습자를 고려하여 학습자들의 수준과 상관없이도 학습이 가능함을 보여주었다는 데 있을 것이다. 목원대학교 전영주 교수는 이런 수업이야말로 권장되어야 할 수업이라고 극찬하였다.

학교에서 수준별 수업이 중요하다고 하는데 하위 그룹 학생들이 잘 못 따라가는 게 문제예요. 하지만 은정화 선생님처럼 하위 그룹 학생들도 쉽게 따라할 수 있는 상향식, 상황 중심의 수업을 하게 되면 영어에 뒤쳐지거나 영어를 무서워하는 학생들도 누구든지 완전학습을 할 수 있을 것 같습니다.

Plus Tip
Know-how

교과서를 활용하되 재미있게 재구성하는 것이 중요

은정화 선생님의 수업을 보다보면 전체적으로 아기자기하고 재미있다는 느낌이 든다. 또한 구성이 매우 단순하여 따라 하기도 무척 쉽다. 이는 전치사 in, on, under가 구체적인 장소를 나타내고 있기 때문에 직접 눈으로 보면서 활동하는 것이 효과적이라는 생각에서 출발한 것이다. 그래서 은정화 선생님이 주로 활용한 것이 그림이었으며, 이로 인해 학생들의 흥미를 끌고 수업의 집중도와 기억에도 큰 도움이 되었던 것이 사실이다. 하지만 그림은 적절한 시기에 잘 활용할 때 효과가 있으며 지나친 그림의 활용은 오히려 수업에 방해가 될 수도 있음을 기억하고 있어야 한다.

지나치게 자료에 치중하여 수업 자료에 이끌리는 수업이 되어서는 안 된다. 아무리 훌륭한 수업 자료라도 지나치게 화려하거나 신기한 자료가 되면 오히려 학생들이 자료 자체에 집중하게 되어 수업에 방해가 될 수도 있기 때문이다. 사실 가장 좋은 수업 자료는 선생님의 말과 표정, 몸짓이다. 그림 자료를 통해 목표한 것을 이루어 냈다면, 선생님의 말과 표정, 몸짓 언어를 매개로 한 의사소통 그 자체로 학생들을 이끌어야 하는 것이다.

아무리 완벽히 준비된 수업이라도 수업 상황과 학생들의 학습 정도, 학생에 대한 이해와 상황에 따라 유연하게 대처하지 않으면 성공할 수 없다. 이에 은정화 선생님 역시 매 상황과 순간에 따라 준비한 수업 내용을 즉석에서 수정해서 지도한다. 예를 들어 활동의 경우 방법이나 규칙을 추가하거나 변경하기, 목표 언어에 어휘를 추가하기, 집중하지 못하는 학생을 주인공으로 수업내용 이끌어가기 등과 같이 비록 사소하지만 유연성을 이끌어낸다.

또 하나 은정화 선생님의 수업에서 배울 것은 지금까지의 많은 영어 교사들이 소홀히 다뤘던 교과서 중심의 수업이다. 실제로 초등학교에서 영어를 가르치는 수많은 영어 교사들은 게임이나 활동을 많이 사용한다. 그러다보니 교과서에 소홀할 수밖에 없다. 그러나 이런 수업들은 자칫 게임만 하고 끝나는, 아니면 활동만 하고 수업이 끝나버리는 경우가 많다. 하지만 교과서야말로 학습 목표를 구현하기 위해 가장 단계적으로 잘 구성되어 있는 것이라는 사실을 잊지 말아야 한다. 문제는, 교과서의 흐름이 딱딱하고 재미없는 것처럼 보인다는 것인데, 이는 학생들의 수준에 맞게 재구성해서 활용하면 얼마든지 손쉬우면서도 효과적인 수업으로 만들 수 있다.

한편, 은정화 선생님은 4학년 담임으로 영어뿐만 아니라 다른 과목도 가르치고 있다. 따라서 국어 시간이나 다른 과목의 시간에도 영어 시간에 배운 것을 물어보기도 한다. 은정화 선생님이 다른 시간에도 영어를 자주 언급하는 데에는 다 나름의 이유가 있다. 영어는 영어 시간에만 해야 한다는 고정관념을 깰 수 있고 또 영어에 노출하는 시간이 더 많아지니까 자연스럽게 아이들이 영어를 더 좋아하고 효과를 보이기 때문이다.

선생님도 실수 하니까 오히려 자신감이 생겨요

은정화 선생님과 함께 수업에 참여하는 아이들의 눈빛은 똘망똘망 빛났다. 그것은 그만큼 은정화 선생님의 수업이 신기하고 쉽고 재미있기 때문이다. 처음부터 마술이 등장한다. 애걔, 그런데 이게 웬일! 선생님의 마술이 수상하다. 일부러 감추는 게 보이기 때문이다. 이때 아이들은 마음속으로 생각하게 된다.

'아, 선생님도 실수를 하는구나.'

이것은 아이들에게 중요한 경험이다. 왜냐하면 아이들은 영어를 배울 때 실수할까봐 입이 떨어지지 않는 경향이 많기 때문이다. 그런데 선생님이 실수하는 모습을 보면서 나도 실수에 대한 부담감을 덜게 되는 것이다. 이제 은정화 선생님과 함께 하는 영어 수업은 그야말로 재미있다. 필통 돌리기에서 방 꾸미기까지. 처음부터 서로 간에 마음의 벽을 허물고 시작하니 이런 효과가 나타난다. 무엇보다 은정화 선생님은 영어를 말할 때에도 천천히 또박또박 해주니 알아듣기도 쉽다. 그리고 가르치는 내용도 실제 상황과 함께 가르쳐 주니 아주 쉽게 머리에 쏙쏙 들어온다.

마지막 스토리텔링 시간에 다른 선생님들은 이야기만 들려주는데 은정화 선생님은 직접 그림까지 그려가며 이야기를 들려준다. 그런데 이건 또 웬일! 갑자기 열쇠 모양이 나타난다. 마치 마법에라도 홀린 기분이다. 이때 아이들의 마음은 이미 현실세계에서 떠나 동화나라에 가 있다. 그리고 그때 은정화 선생님이 오늘 배운 영어 문장이 터져 나온다.

Where is the key?

이에 아이들의 입에서는 거의 반사적으로 다음과 같은 큰 소리가 터져 나올 수밖에 없다. 오늘 배우지 않은 단어까지 써가면서 말이다.

Key is on the board!

[체험 중심, 심플 영어 학습법 수업지도안]

오늘의 수업 주제

물건의 위치를 묻고 답해보기

구분	과정	준비물
STEP 1 단어 배우기	Opening – 마술로 오늘의 문장 보여주며 호기심 자극	손수건, 상자, 초콜릿
	1. 초성퀴즈로 학습 목표 알아보기 – 초성 자음만 적어주고 학생들로 하여금 학습 목표를 추리하도록 함	
	2. 그림 카드를 활용해 단어 학습하기 – 앞뒤로 그림과 철자가 적힌 단어 카드 활용 – 단어 카드를 없애고 상상으로 단어 학습하기	단어 카드
STEP 2 단어 체험하기	1. on, in, under에 맞게 종이컵에 초콜릿 놓기 – on, in, under에 따라 종이컵에 초콜릿 놓으며 단어를 실제로 체험함	종이컵, 초콜릿
	2. 필통 돌리기로 단어 이해하기 – 필통 돌리다 걸린 학생이 선생님이 제시하는 문장대로 동작 취하기 게임	필통
	3. 가사 바꿔 노래 부르기 – 선생님이 초콜릿의 위치를 in, on, under에 맞게 바꾸는 동작을 보여주면 아이들은 그 동작에 맞는 가사를 붙이는 식으로 진행	초콜릿, 종이컵
	4. in, on, under가 포함된 대화 형식의 동영상 보기 – in, on, under가 포함된 대화 형식의 교과서 동영상을 보고 in, on, under를 배우는 시간	동영상
STEP 3 단어로 대화하기	1. 비밀의 방으로 물건의 위치 묻고 답하기 – 보드판 위에 책상, 침대, 탁자 등의 그림이 그려져 있고 여기에 인형, 모자, 야구 방망이, 컵 등 다양한 그림카드를 이용하여 방을 꾸미고 물건의 위치 묻고 답하는 활동	비밀의 방 그림 카드들
	2. 각자 자기 방 꾸미기 – 비밀의 방과 같이 각자의 방을 꾸미고 짝과 대화 나누기	개인별 그림 카드
	3. 스토리텔링으로 학습 마무리 – 교사가 오늘을 대표하는 재미있는 이야기를 들려주며 복습을 시키는 활동	

4부

학습자 중심 맞춤 영어가 정답이다

•• CHAPTER 13 ••

파워티칭으로
맛있는 영어가 쏙쏙!

파워티칭
영어 학습법

Heejeon Oh, Best English Teacher!

동광초등학교(대전)
오희전 선생님

교육경력 8년 차
2010 YBM TEE 경연대회 대상 수상
2009 대전시 원어민 협력수업경연대회 대상 수상
숙명여자대학교 TESOL Certificate 취득
2010 대전광역시 영어교육지원단 활동
2010 대전 신규원어민교사 연수 및 대전 TEE연수 강사 활동
2011 대전광역시 교육자료전(영어) 2등급
2012 대전광역시 교실수업 개선 연구대회 2등급

파워티칭으로
무너진
영어의 질서를 잡는다

Why What?

> 흔들리는 공교육
> 수업 분위기를
> 바로 잡을 수 없을까?

파워티칭 영어 학습법이란 교사와 학생 간에 서로 약속된 규칙을 인지하고 지켜가며 파워 있게 수업을 진행해 나가는 영어 학습법이다. 즉, 파워티칭에는 5가지의 약속된 규칙과 수업 분위기를 이끌기 위한 몇 가지 구호들이 있는데, 이를 적절히 사용하여 수업을 파워 있게 진행해 나가는 교수법이 바로 파워티칭 영어 학습법이다.

공교육이 흔들린다는 이야기가 나온 지는 이미 오래되었다. 사교육이 판을 치고 쏠림 현상이 생기면서 학교의 선생님들이 설 자리를 잃어가는 것이다. 아이들이 수업 시간에 더 이상 집중하지 않는다. 이미 학원에서 다 배웠기 때문이다. 옛날처럼 한두 명이 그런다면 교사의 권위로 분위기를 잡겠지만 다수가 그런다면 이야기가 달라진다. 선생님마저 힘이 빠질 수밖에 없다.

그래서 지금 학교의 분위기는 두 갈래로 나뉘어 있는 듯하다. 그런 침체된 분위기에 휩쓸려 포기한 선생님들과 그래도 학원과는 다른 참다운 교육을 해보겠다며 팔 걷고 나서는 선생님들. 그런데 이것을 알아야 한다. 많은 학부모들도 이제 사교육의 횡포에 지쳐있다는 사실을. 살인적인 사교육비는 차치하고서라도 과연 이게 맞는 교육일까, 의심하는 학부모들이 점점 많아지고 있다는 사실이다. 이에 참다운 교육을 외치는 대안학교들이 속속 생겨났고 학부모들은 과감히 제도권을 포기하고 대안학교에 자신들의 아이들을 보내는 실정이다. 학교 교육이 살아난다면, 학교에서 참다운 교육을 약속한다면 얼마든지 학교로 다시 돌아올 수 있음을 뜻한다. 그들이 아직 움직이지 않는 것은 학교에 대한 신뢰가 회복되지 않았기 때문이다.

그런 면에서 여기 등장하는 최고의 영어교사들은 우리 사회가 다시 한 번 되새겨야 할 인물들이 아닐 수 없다. 이들이 펼치는 수업 모형은 앞으로 공교육이 어떤 방향으로 나아가야 하는지 보여줄 모범적인 사례가 되기 때문이다. 무엇보다 실용성, 창의성, 인성까지 실제로 강조하는 수업 모형은 사교육에서는 흉내조차 낼 수 없는 부분이다.

그럼에도 아직 우리 학교에는 위축되어 있는 교사들이 너무도 많다. 한 번 흐트러진 분위기를 바꾼다는 것이 쉽지 않기 때문이기도 하다. 하지만 역시 교육의 희망은 학교에서밖에 찾을 수 없다고 생각하는 사람들도 많다. 어쨌든 조금이라도 지금의 분위기를 개선해보고자 하는 교사라면 대전 동광초등학교 오희전 선생님(6학년)을 주목하기 바란다.

오희전 선생님은 미국에서 처음으로 시작된 '파워티칭'을 영어 수업에 도입하여 진정한 교사로서의 권위를 지키면서 아이들에게도 영어 실력과 희망을 동시에 던져주는 역할을 하고 있다. 여기서 파워티칭(Power teaching)이란 영어 시간에 지켜야 할 규칙을 미리 정하고 이에 따라서 아이들이 움직이는 수업을 말하며 아이들은 짝끼리 서로 돕거나, 아니면 그룹끼리 서로 도우면서 진행하는 수업을 말한다.

선생님과 아이들이 미리 수업 전에 통제에 대한 약속을 하고 진행하는 수업이기 때문에 일사분란하게 진행되며 산만해질 틈이 없다. 또한 협력 활동으로 재미있게 수업이 진행되기 때문에 아이들의 인성에도 커다란 영향을 미치게 된다.

과연 오희전 선생님의 파워티칭은 어떻게 진행되는 것일까. 오희전 선생님은 파워티칭을 활용한 맛있는 영어라는 수업으로 준비하였다. 이제 오희전 선생님의 파워티칭 수업 속으로 들어가 보도록 하자.

파워티칭 영어 학습법이란?
- 교사와 학생 간에 약속된 규칙을 지켜가며 파워 있게 진행하는 파워티칭 교수법에 따라 수업을 진행하는 영어 학습법이다.
- 파워티칭으로 수업을 열고–맛있게 영어 배우고–만들며 영어 배우기의 구조로 이루어져 있으며 파워티칭을 따라서 아이들이 맛에 대하여 듣고, 말하고, 읽고, 쓰는 활동을 통해서 서로 협력 학습을 하는 수업이다.

How How

좋은 수업 분위기가
좋은 영어 실력을 만든다

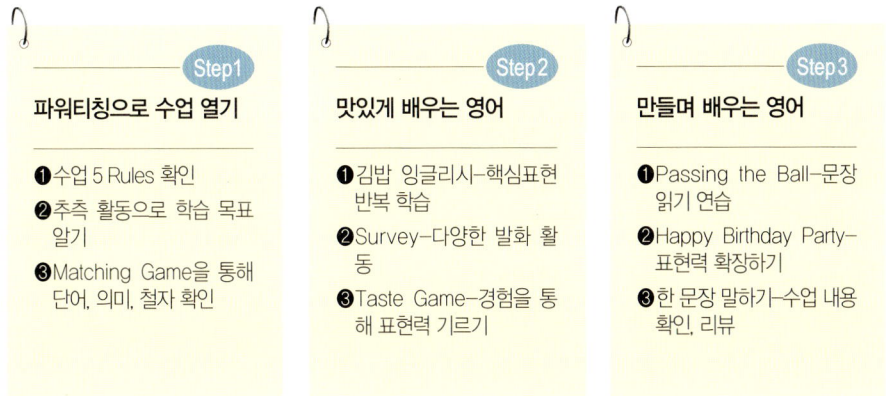

수업 전체 구성도

도입 전 활동 : 파워티칭 구호 외치기

Step 1
파워티칭으로 수업 열기

❶ 수업 5 Rules 확인
❷ 추측 활동으로 학습 목표 알기
❸ Matching Game을 통해 단어, 의미, 철자 확인

Step 2
맛있게 배우는 영어

❶ 김밥 잉글리시-핵심표현 반복 학습
❷ Survey-다양한 발화 활동
❸ Taste Game-경험을 통해 표현력 기르기

Step 3
만들며 배우는 영어

❶ Passing the Ball-문장 읽기 연습
❷ Happy Birthday Party-표현력 확장하기
❸ 한 문장 말하기-수업 내용 확인, 리뷰

도입 전 활동 파워티칭 구호

오희전 선생님의 파워티칭 수업을 이해하기 위해서는 먼저 파워티칭 구호를 알아야 한다. 먼저, class-yes 구호가 있는데 이는 '선생님에게 집중해주세요'라는 뜻이다.

선생님이 class, class를 외치면 아이들이 yes, yes를 외치며 응답하는 식이다. 또 teach-ok 구호가 있는데, 이 역시 하는 방법은 같고 '활동의 시작'을 뜻한다. 오희전 선생님은 수업의 도입에서 이 구호를 통해 아이들의 주의를 환기시킨다.

파워티칭 구호

파워티칭 구호

1. 선생님이 class, class를 외치면 아이들이 yes, yes를 외치며 응답한다.
2. 선생님이 teach, teach를 외치면 아이들이 ok, ok를 외치며 응답한다.

스텝 1 파워티칭으로 수업 열기

1. 수업 5 Rules 확인하기

파워티칭 수업의 특징은 수업의 도입에서 수업의 규칙을 알려준다는 점이다. 오희전 선생님이 준비한 것은 '수업 5 Rules'이라는 것으로, 이것은 1시간 동안

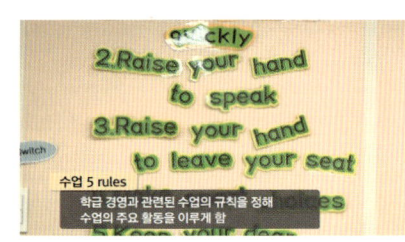

교실 벽면에 비치된 '수업 5 Rules'

아이들이 수업에 집중할 수 있게 하는 행동규범이 되는 것이다. 오희전 선생님은 이것을 교실의 전면에 배치하여 잘 보이게 했고, 아이들이 항상 가지고 있는 스탬프 종이 밑에도 '수업 5 Rules'을 적어놓아 언제든지 볼 수 있도록 준비했다. 오희전 선생님은 '수업 5 Rules'을 아이들과 함께 구호처럼 외치며 읽는다.

> **Tip** 5 Rules이 중요한 이유
>
> 수업을 철저히 관리하기 위해서다. 요즘같이 교실 분위기가 산만할 때 자칫 잘못하면 수업을 망칠 수 있기 때문에 교사와 학생 쌍방을 위해서도 룰은 필요한 것이다.

2. 추측으로 학습 목표 알기

이제 본격적으로 수업을 시작할 차례다. 오희전 선생님은 오늘의 학습 목표와 활동 내용이 적혀 있는 칠판을 아이들에게 보여준다. 그런데 거기 적힌 글자가 이상하다. 'ㅇㅅ의 ㅁ을 묻고 답하는 표현을 배워보자'라고 기재되어 있기 때문이다. 각 활동들도 마찬가지다. M, K, S, T 등 첫 글자만 적혀 있을 뿐이다. 그렇다. 교사가 일방적으로 학습 목표를 알려주는 것이 아니라 학생들로 하여금 추측하도록 하기 위해 오희전 선생님이 고안한 '초성 퀴즈로 학습 목표 추측하기' 활동을 하기 위해서다. 알고 보니 학습 목표는 '음식의 맛을 묻고 답하는 표현을 배워보자'이고 각 활동은 1. Matching Game / 2. Kimbab English / 3. Survey / 4. Taste Game을 가리키는 첫 글자였다. 오희전 선생님은 이러한 초성 퀴즈를 또 이렇게 이용하고 있다고 말한다.

초성퀴즈로 학습목표 추측하기를 하고 있는 모습

제가 초성 퀴즈로 학습 목표를 칠판에 적어놓아요. 그러면 아이들이 교실에 들어서자마자 그 초성 문장부터 봐요. 그러면 아이들이 오늘은 무얼 배울까, 어? 저건 뭐지? 아 알겠다, 이런 식으로 자기들끼리 한 번 생각도 해보면서 오늘의 목표를 더 확실히 인지시켜줄 수가 있습니다.

오희전 선생님은 이제 여러 가지 맛과 관련된 단어를 익히기 위해 Taste Song을 배우는 시간을 갖는다. 노래 가사 속에 맛과 관련된 단어가 거의 다 들어 있다.

3. Matching Game으로 단어 확인하기

다음으로 Matching Game을 하는데 이는 맛과 관련된 단어를 복습하기 위해 하는 활동이다. 이 게임의 방식은 세 종류의 카드를 하나로 연결시키는 것으로, 그림 카드(단어 추측)-단어 카드(단어의 표

Matching Game

Matching Game
1. 그림 카드, 단어 카드, 철자 카드 등 3종류의 카드가 있다.
2. 3종류의 카드가 일치하도록 먼저 나란히 배열하는 모둠이 승리한다.

현)-철자 카드(확실한 글자 알기)를 아이들 간의 협력 활동을 통해 완성해 나간다.

이렇게 완성된 카드는 다시 한 번 또박또박 읽으면서 단어를 확인한다. 오희전 선생님은 아이들이 생각만큼이나 교사의 속도를 따라오지 못한다는 사실을 깨닫고 이 활동을 구상하게 되었다고 말한다.

이제 오희전 선생님은 칠판 한구석에 있는 happy face-sad face 그림이 있는 곳으로 다가가더니 happy face에 체크 표시를 한다. 이는 파워티칭 기법 중 하나로 수업 5 Rules 중 한 가지인 선생님을 기쁘게 해달라는 규칙에 대한 결과를 표시하는 것이다. 오희전 선생님이 happy face에 체크했다는 것은 학생들에게 잘했으니

칭찬한다는 뜻을 나타낸다.

오희전 선생님은 이어서 오늘의 핵심 문장, How dose it taste?를 말해주고 짝끼리 여러 번 핵심 문장으로 묻고 답하기를 시킨다. 그리고 항상 활동의 시작과 끝은 구호를 통해 알려줌으로써 분위기를 잡는다.

스텝 2 맛있게 영어를 배우는 시간

1. 김밥 English로 핵심 표현 반복하기

오희전 선생님의 수업은 반복 학습이 많다. 이제 '김밥 잉글리시' 활동을 하는데 이 역시 핵심 표현을 반복하기 위해 갖는 시간이다. 전체를 두 팀으로 나눈 후 김밥처럼 안쪽과 바깥쪽에 나란히 서서 질문과 대답을 반복한다. 그리고 그 중 한 줄이 옆으로 한 칸씩 이동하면서 질문과 대답을 반복한다. 이렇게 하면 적어도 6번 이상 동일한 말을 해보게 되며 동시에 친구들의 다양한 대답을 듣게 되는 효과도 있다. 오희전 선생님 본인은 김밥 잉글리시의 효과에 대해 이렇게 말한다.

'아~! 이정도면 충분히 연습이 되었겠지?'라고 교사가 생각되더라도 막상 아이들은 아직도 제대로 모르고 있을 때가 많아요. 그 만큼 학생들에게 반복 학습, 반복 훈련이 굉장히 중요한데요. 김밥 잉글리시와 같은 활동들이 반복되면서 학생들이 목표어를 정확히 인지할 수 있었습니다.

김밥 English
1. 전체를 두 팀으로 나눈 후 김밥처럼 안쪽과 바깥쪽에 나란히 선다.
2. 두 줄 중 한 줄이 옆으로 한 칸씩 이동하면서 오늘 배운 주요 표현에 대한 질문과 대답을 반복한다.

2. Survey 활동으로 다양한 말하기 연습

이제 오희전 선생님은 아이들에게 활동지를 나누어준다. 바로 Survey 활동을 하기 위해서다.

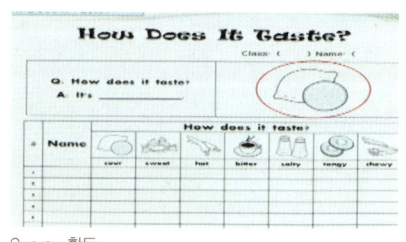
Survey 활동

Survey 활동이란 활동지를 들고 돌아다니며 인터뷰를 하고 활동지를 채우는 활동이다. 활동지마다 다른 그림이 그려져 있으며 다른 사람에게 보여주지 말아야 한다. 선생님은 학생 한명과 함께 Survey활동의 시범을 보여준다. 이 시범 중에도 아이들의 태도가 조금이라도 산만해질 기미가 보이면 그때마가 Class-Yes 구호를 외치며 집중력을 모으는 것을 잊지 않는다. 이제 오희전 선생님도 함께 인터뷰에 참여하는데 이는 학생들이 의사소통에 어려움이 생겼을 때 곧바로 도움을 줄 수 있도록 하기 위해서이다. 이 활동은 학생들이 다양한 친구들과 만나면서 영어를 활용하여 실제로 대화를 나눠볼 수 있다는 데에 의미가 있다.

 Survey 활동
1. 인터뷰를 하기 위한 활동지를 나누어준다.
2. 학생들은 활동지를 들고 돌아다니며 인터뷰를 하고 활동지를 채워야 한다.

3. Taste Game으로 표현력 기르기

이제 활동은 Taste Game으로 넘어간다. 직접 맛을 보고 적어보는 게임으로 실제 경험을 통한 영어 쓰기의 표현력 기르기에 목적이 있다. 모둠별로 진행되며 한 모둠 내 학생들에게 1~4번까지 번호가 지정된다. 그리고 각 모둠에서 동일한 번호를 가진 학생이 모두 일어나서 작은 스푼으로 지정된 번호의 종이컵(번호에 따라 꿀 맛, 레몬 맛, 커피 맛, 소금 맛이 있음)에 가서 액체를 맛본 후 다시 모둠으로 돌아와 모둠 원들에게 자신이 맛본 것을 표현하

Taste Game

게 된다. 그러면 모둠 원들은 그것을 활동지에 영어로 표현하며 써야 한다. 서로 듣고 말하는 의사소통은 물론 실생활에 사용 가능한 맛에 대한 표현과 쓰기 활동이 어우러진 활동이다.

Taste Game

1. 모둠별로 모둠 내 학생들에게 1~4번까지 번호를 지정한다.
2. 각 모둠에서 동일한 번호를 가진 학생이 지정된 번호의 종이컵에 가서 액체를 맛본다.
3. 모둠 원들에게 자신이 맛본 것을 표현하면 모둠 원들은 그것을 활동지에 영어로 표현하며 쓴다.

스텝 3 만들고 배워나가는 영어

1. Passing the Ball 게임으로 읽기 연습

Passing the Ball 게임을 할 차례다. Passing the Ball 게임은 음악에 맞춰 주사위 볼을 돌리다가 음악이 멈췄을 때 주사위를 들고 있는 사람이 술래가 되는 게임으로, 많은 학교에서 사용되는 인기 게임이다. 이렇게 술래가 된 사람은 책상에 놓여있는 문장카드를 뽑는데 여기에 미션이 제시되어 있다. 즉, 미션에 적힌 대로 문장을 3번 읽는 식으로 진행된다.

여기서 중요한 점은 혹시 모둠 안에서 잘 읽지 못하는 아이들이 있을 경우에도 옆의 학생들이 도와서 무조건 읽어야 한다는 것이다. 이 문장을 읽을 수 있어야 다음 단계의 활동(happy birthday party)을 할 수 있다.

Passing the Ball 게임

Passing the Ball 게임
1. 음악에 맞춰 주사위 볼을 돌리다가 음악이 멈췄을 때 주사위를 들고 있는 사람이 술래가 된다.
2. 술래가 된 사람은 책상에 놓여 있는 문장 카드를 뽑는데 여기에 미션이 제시되어 있다.
3. 미션에서 제시된 문장을 읽어야 다음 단계로 넘어갈 수 있다.

2. Happy Birthday Party로 표현력 확장하기

이번에는 반 친구들의 사진을 보여주고 이들의 공통점을 찾는 활동을 한다. 알고 보니 그 달에 생일이 있는 친구들이다. 이제 그 친구들에게 생일상을 차려주는 일을 하는데 이때 음식은 대형마트 전단지를 생일상에 오려 붙이는 방법으로 진행된다. 그와 동시에 만들어진 생일상에 대한 영어 문장을 함께 써보는데 I like……, because It's sour. 등의 방식이다.

물론 이 활동은 철저히 협력 학습으로 이루어지며 서로 배우면서 알아가는 학습이 자연스럽게 진행된다. 이제 아이들은 짝과 만든 생일상에 대해 작성한 글을 발표하는 단계로까지 나아간다. 오희전

happy birthday party 활동

Happy Birthday Party 활동

1. 그 달에 생일이 있는 친구들에게 생일상 차려주기를 한다.
2. 음식은 대형마트 전단지를 생일상에 오려 붙이는 방법으로 진행한다.
3. 차려진 생일상에 대한 영어 문장을 써보게 한다.
4. 생일상에 대해 작성한 글을 발표하는 단계로까지 나아간다.

선생님 스스로는 Happy Birthday Party 활동의 효과에 대해 이렇게 말한다.

우리 반 안에서 생일파티는 언제든지 이루어질 수 있는 거잖아요. 생일파티란 설정으로 아이들의 흥미를 이끌어낼 수 있었다고 봅니다. 또한 아이들의 흥미를 자극하면서 재미있게 쓰기 활동을 하는 것이 중요하다고 생각되어 이런 활동을 준비했습니다.

3. 한 문장 말하기로 마무리하기

이제 오희전 선생님의 수업은 마지막 활동만을 남겨두고 있다. 바로 오늘 배운 것 중 한 문장을 골라 선생님에게 말하기이다. 선생님은 제대로 말한 학생에게 손도장을 찍어주어 긍정적 보상을 준다.

아이들이 손목에 받은 도장 스티커를 보고 있는 모습

아이들 입장에서는 오늘 배운 수업 내용을 확인하고 리뷰할 수 있으며 교사 입장에서도 학생들이 충분히 이해했는지 관찰하고 평가하는 시간이 될 수 있다.

Effect Value

| 어려운 수업을
파워티칭으로 재미있고
쉽게 만든 수업 모델

전체적으로 아이들이 일사분란하게 움직이며 협동 학습이 잘 이루어진 수업이라는 인상이 강했다. 바로 파워티칭의 효과 때문이다. 하지만 제아무리 파워티칭이라도 수업 구성이 너무 어렵거나 활동이 재미없으면 산만해지기 마련이다. 지금 상대는 1시간의 집중력을 견디지 못하는 초등학생들이라는 사실을 기억해야 한다. 그런 면에서 오희전 선생님의 파워티칭 수업은 엄격한 룰에 의해 관리도 잘 되었지만 단어 인지 -> 단어 확인 -> 문장 학습의 단계별 활동으로 쉽게 수업이 구성되었을 뿐만 아니라 개개의 활동 또한 아이들의 관심을 충분히 유발시킬 수 있는 흥미로운 것들로 채워져 있어 성공적이었다고 말할 수 있다.

무엇보다 파워티칭에서는 선생님이 가르친 것을 이해한 학생이 또 다른 학생을 가르치면서 교실 내에서는 가르치고 배우는 일들이 벌어진다. 이것이 학생 상호간의 협력 학습으로 이어져 집중력과 이해도가 높아지는데, 이때 학생들은 선생님에게 배운 것을 다른 친구에게 가르치면서 또 한 번 복습의 개념이 되므로 더 큰 학습 효과를 누린다. 오희전 선생님 수업은 이러한 파워티칭의 장점을 잘 살렸다.

파워티칭에서 중요한 것 중 하나는 역시 파워티칭에 정해진 구호를 외치는 것이다. 이것은 지속적인 집중력 향상과 학습의 이해도를 확인하고, 능동적인 학습 활동을 유도하기 위한 것이다. 오희전 선생님은 이런 세세한 기술을 수업에 도입하여 성공적 수업 분위기를 이끌었다. 또 학습 상황을 실제 상황으로 연결시킨 부분도 높이 평가받을 수 있다. 예를 들어 맛에 대해 공부하면서 실제 음식의 맛을 보게 하는 것은 연결주의(Connectionism) 효과를 누릴 수 있게 한다. 연결주의 효과란 언어를 학습할 때 항목들 간의 강한 연합관계가 형성되어 언어적 자극이 일어나므로 학습자들에게 더 큰 학습 효과를 불러일으키고, 또한 생일상 차리기도 단순한 의사소통을 넘어 체험을 통한 실제 경험으로 이어지게 해 표현력 확장에 도움을 준다.

한편, Matching Game의 경우 단어, 의미, 철자에 대한 조직력을 형성하도록 만들어주어 종합적 사고 능력을 함양하는 데 도움을 주고, 1:1로 돌아가며 상호작용을 하는 활동(김밥 잉글리쉬, Survey 등)이 많았는데, 이로써 동시 다발적 상호작용 활동을 유도하여 의사소통에 크게 기여할 수 있었다. 또한 오희전 선생님은 파워티칭의 한 수단인 Micro-Teaching을 잘 활용했다. 이에 대하여는 한국교원대학교 이제영 박사의 말을 들어보자.

활동을 할 때 아이들에게 정확히 안내해 주는 역할이 중요한데 오희전 선생님은 아주 쉽고 자신 있게 잘 전달해 주신 것 같아요. 특히 Micro-Teaching 기법을 사용해 학생들의 이해도를 높이고 원활한 활동 지도를 할 수 있었던 것 같습니다.

여기서 마이크로 티칭(Micro-Teaching)이란 파워티칭의 한 방법으로 수업에 대한 안내나 활동을 30초 정도 간단히 지도하는 것을 말한다.

파워티칭의 파워 제대로 활용하기

　오희전 선생님이 파워티칭을 알게 된 것은 교사대상 연수 중 파워티칭과 관련된 강의를 들으면서이다. 그때 본 동영상 속에는 12살 어린 여자아이가 학생들을 훌륭하게 이끌고 있는 모습이 비춰지고 있었다. 이를 계기로 오희전 선생님은 유튜브와 홈페이지를 중심으로 자료를 수집한 후, 우리나라 영어교실 실정에 맞는 파워티칭을 만들어낸 것이다.

　이러한 파워티칭의 핵심 포인트는 다음 3가지이다.

1. 몇 가지 교실 약속과 규칙을 기반으로 학생들이 수업할 수 있는 분위기를 조성한다.
2. 짝과 함께 가르쳐주며 배우는 방법을 통하여 학습자가 참여하는 수업을 한다.
3. 동작, 음악, 시각 자료 등으로 우뇌를 자극하여 학생들이 궁극적으로 좌뇌와 우뇌를 활용하여 학습할 수 있도록 한다.

　파워티칭에서는 규칙이 무엇보다 중요한데 이는 학년 초반에 규칙을 정하거나 짝과의 활동을 할 때 교사가 집중적으로 강조하여 가르칠 필요가 있다. 특히 학생들이 서로 가르치면서 배우는 활동을 반복함으로써 서로 도와주는 분위기가 형성될 수 있도록 해야 한다.

또한 Chant 같은 노래 따라하기 활동은 고학년이 되어가면서 부끄러워하거나 꺼려하는 경우가 있는데, 제트로놈이라는 박자 프로그램을 활용하면 힙합이나 가요 느낌의 박자 속에서 Chant를 할 수 있기 때문에 학생들이 좀 더 적극적으로 참여하게 된다. 가사가 익숙해지면, 학생들이 모둠별로 직접 동작을 만들어 부를 수 있도록 하는 것도 고학년의 참여를 높일 수 있는 하나의 방법이다. 또한, 가사를 직접 개사하는 등 더 발전된 심화 활동으로 이어나갈 수도 있다. 이제 파워티칭에 관심 있는 영어 교사들을 위하여 여기에 파워티칭의 5가지 룰을 소개하도록 하겠다.

Rule 1

Follow directions quickly!
(the gesture: make your hand shoot forward like a fish)

지시내용을 빨리 따라 해라!
(몸짓. 물고기처럼 앞쪽으로 손짓을 하라!)

Rule 2

Raise your hand for permission to speak.

말을 하기 위해서는 손을 들어야 한다. 이 규칙은 가장 어기기 쉬운 규칙일 것이다.
(몸짓 : 손을 든 다음에 머리 옆으로 끌어당기고 말하는 동작을 한다.)

Rule 3

Raise your hand for permission to speak. (the gesture: raise your and, and then make a little walking figure with your index and middle finger.)

좌석을 떠나기 위해서는 손을 들어라.
(몸짓 : 손을 들고, 검지와 가운데 손가락으로 걸어가는 흉내를 낸다.)

Rule 4

Make smart choices!
(the gesture: tap one finger to your temple as you say each word.

멋진 선택을 하라!
(몸짓 : 한 단어씩 말하면서 한쪽 손가락으로 관자놀이를 가볍게 친다.)

Rule 5

Keep your dear teacher happy!
(the gesture: hold up each thumb and index finger out like an "L" framing your face; bob our head back and forth with each word and smile really big!)

사랑하는 선생님을 행복하게 해라!
(몸짓 : 엄지와 집게손가락으로 L자 모양을 만든다. 각 단어를 말하면서 머리를 앞뒤로 움직이고 정말로 큰 미소를 짓는다!)

출처 : 파워티칭(연준흠) http://blog.naver.com/yeonjhw/ http://www.powerteachers.net/

파워티칭에서 중요한 것은 이 룰을 교사와 학생들이 완전히 자기 것으로 만들어야 한다는 것이다. 이것이 선행되지 않으면 파워티칭은 매우 어려워질 수밖에 없다.

또한 파워티칭에서 중요한 것이 구호이다. 오희전 선생님이 사용한 Class-Yes, Teach-Ok 외에 'Hands and Eyes!'가 있다. 이것은 주의가 산만할 때 선생님이 'Hands and Eyes!'라고 외치면 학생들도 'Hands & Eyes!'라고 답하면서 동시에 손을 깍지 끼고 선생님을 똑바로 주시하는 것이다.

이것은 유치원부터 고등학교까지 효과가 있다고 알려져 있다. 또 다른 구호로 Mirror my gestures(제 몸짓을 흉내 내세요)도 있다. 이것은 교사가 몸짓과 함께 가르칠 때 유용한 것으로 교사가 'Mirror!'라고 말하면, 선생님의 몸짓을 흉내 낼 준비가 되었다는 뜻으로 학생들도 'Mirror!'라고 답하는 것이다.

파워티칭에 대해 좀 더 자세히 알아보고 싶다면 파워티칭 인터넷 사이트를 참조하면 많은 도움이 될 것이다.

이밖에도 오희전 선생님은 방과후 수업으로 원어민 선생님과 화상수업을 진행하고 있다. 이 수업은 평소 원어민을 접하기 힘든 학생들에게 회화 연습의 기회를 늘리기 위해 개설한 것이다. 화상 전화와 같이 최첨단 기기를 활용하여 다른 선생님과 수업을 해본다는 것이 학생들에게는 매우 뜻 깊은 경험이 될 것이다. 이와 같이 다양한 방법을 통해 오희전 선생님이 학생들의 영어 실력 향상을 위해 노력하는 데에는 남다른 사연이 있다. 오희전 선생님은 해외 여행을 갔다가 소매치기를 당하여 가게 된 경찰서에서 다른 여러 나라 사람들과 꽤 오랜 시간 대기를 하게 되었다. 영어라는 언어를 사용할 수 있다는 하나의 공통점 때문에 그곳에 있던 모든 사람들이 친구가 될 수 있다는 것을 경험하면서 영어라는 언어의 중요성을 다시 한 번 깨닫게 되었다. 이 경험을 바탕으로 본인의 영어 능력 향상을 위해 많은 노력을 하기 시작하였으며 또한 학생들도 좀 더 큰 세상으로 나아가 다양한 사람들과 친구가 되기를 바라는 마음으로 오늘도 아이들의 영어 교육을 위해 최선을 다한다.

계속해서 반복하다 보니 저절로 영어가 돼요

아이들 입장에서 오희전 선생님의 수업을 보면 그리 어렵지 않게 느껴질 것만 같다. 왜냐하면 계속해서 같은 내용을 반복하기 때문이다. 이런 수업은 자꾸자꾸 새로운 것을 해나가는 다른 선생님의 수업과 비교해볼 때 간단하면서도 핵심 내용은 머리에 쏙쏙 들어오기 마련이다.

How does it taste?

아마도 아이들은 오희전 선생님과 함께 했던 1차시 수업시간에만도 이 문장을 몇 번이나 외쳤는지 모를 정도로 반복 학습이 강조되었다. 이 문장은 아주 오랫동안 아이들의 머릿속에 기억될 수밖에 없다. 그리고 아이들은 이구동성으로 이렇게 이야기한다.

계속 반복하다 보니 영어가 되는 것 같아요.

이것이 바로 파워티칭의 효과이다. 또 계속해서 class-yes, teach-ok 구호를 외쳤던 것도 오히려 아이들 입장에서 도움이 되었다. 초등학교 아이들의 집중도는 시간이 그리 길지 못하다. 그래서 자신도 모르게 산만해질 수밖에 없고 이때마다 선생님이 구호를 외쳐대니 오히려 구호 덕분에 수업에 집중하는 데 도움을 받는 것이다.

수업 시간 내내 반 친구 전체와 돌아가며 영어로 대화하고 협력했던 추억은 아이들의 잠재의식 속에 내재되어 영어 실력 향상은 물론 좋은 인성을 형성하는 데 큰 도움을 줄 것이다.

[파워티칭 영어 학습법 수업지도안]

오늘의 수업 주제

음식의 맛을 묻고 답하는 표현을 배워보기

구분	과정	준비물
STEP 1 파워 티칭으로 문열기	Opening - 파워티칭 구호 외치기	
	1. 수업 5Rules 확인하기 - 수업 5Rules을 하나하나 확인하며 서로 지키기로 약속함	수업 5Rules
	2. 추측으로 학습 목표 알기 - 초성 퀴즈로 학습 목표 및 각 활동 추측하기 - Taste Song으로 단어 배우기	초성 퀴즈
	3. Matching Game으로 단어 확인하기 - 그림 카드, 단어 카드, 철자 카드 등 3종류의 카드를 하나로 연결시키는 활동	3종류 카드
STEP 2 맛있는 영어 배우기	1. 김밥 English로 핵심 표현 반복하기 - 전체를 두 팀으로 나눈 후 김밥처럼 안쪽과 바깥쪽에 나란히 서서 질문과 대답을 반복하는 활동	
	2. Survey 활동으로 다양한 말하기 연습 - 활동지를 들고 돌아다니며 인터뷰를 하고 활동지를 채우는 활동	활동지
	3. Taste Game으로 표현력 기르기 - 지정된 번호의 종이컵에 가서 액체를 맛본 후 모둠 원들에게 자신이 맛본 것을 표현하고 기록하는 활동	여러 가지 맛의 액체
STEP 3 만들며 영어 배우기	1. Passing the Ball 게임으로 읽기 연습 - 음악에 맞춰 주사위 볼을 돌리다가 음악이 멈췄을 때 주사위를 들고 있는 사람이 술래가 되는 게임 - 술래가 미션을 해결해야 다음 단계로 넘어갈 수 있음	주사위 볼
	2. Happy Birthday Party로 표현력 확장하기 - 그 달에 생일인 친구들의 생일상 차려주기	광고 전단지 음식 사진들, PPT 자료
	3. 한 문장 말하기로 마무리하기 - 오늘 배운 것 중 한 문장을 골라 선생님에게 말하기	

•• CHAPTER 14 ••

마술 같은 수업으로
듣기 말하기가 쑥쑥!

의사소통, 인성 중심 영어 학습법

Chisun Yim, Best English Teacher!

간재울초등학교(인천)
임지선 선생님

교육경력 12년 차
2009년 ~ 영국문화원 TOT (Trainer Of Teachers)
2010년 인천광역시 원어민대체교사
2011년 전국 교사의 창의적 수업 사례 대회 우수상
2011년 인천광역시 TEE 수업 연구대회 1등급
2012년 인천광역시 수업연구발표대회 2등급

아이들이 좋아하는 것 중 하나는 마술이다

Why What?

말하기, 듣기 중심에 인성까지 함양되는 수업도 가능할까

의사소통, 인성 중심 영어 학습법이란 아이들의 수준에 맞게 맞춤형으로 수업을 진행하되 의사소통에 중심을 두고 자연스럽게 인성을 유도해내는 영어 수업법을 말한다. 이때의 인성 교육은 의사소통 중심의 수업이 결국 상대와의 관계 속에서 이루어지는 것이므로 자연스럽게 서로를 배려하고 도움을 주는 교육으로까지 이어지면서 나타난다고 할 수 있다.

그동안 우리나라의 학교 수업은 너무 교사 위주의 정적인 상태에서 진행되었다고 해도 과언이 아니다. 대부분의 교사들은 자신이 준비한 것을 학생들에게 전달하는 데 급급하며 그나마 학생들이 수업에서 참여하는 부분이라고 해야 선생님이 시킨 것을 발표하는 것 정도라고 해야 할 정도다. 그도 그럴 것이 교과부에서 제시하는 교육 과정을 따라가기 위해서는 어쩔 수 없는 현실이다.

이런 수업 구조에서 무엇보다 우려되는 것은 아이들의 인성 교육이다. 사실 현 교육과정은 인성 교육에 대한 개념조차 없는 상황이고 수업마저 교사 위주로 진행되다 보니 학교에서 아이들의 인성을 가르친다는 것은 사실상 어렵다. 이 때문에 인성

교육을 한다며 꼬드기는 수많은 대안학교들이 생겨나게 되었으며, 실질적으로 수많은 아이들이 대학 등록금 수준의 돈을 대가며 대안학교에 다니고 있는 실정이다.

　상황이 이렇다보니 일반 학교에서는 왕따에, 학교 폭력이 난무하고 집에서조차 관리되지 못하는 아이들의 인성은 거의 내팽개쳐져 있는 수준에까지 이르러 있다. 이제 부모들은 물론 학교 선생님들조차 관리하기 힘든 상황까지 와 있다.

　이런 열악한 상황에서도 아이들의 인성교육에 신경 쓰는 몇몇 선생님들이 있다. 그것도 모든 학부모들의 최대 관심사라 할 수 있는 영어 과목을 가르치는 교사가 그런 생각을 갖고 있다면 이는 진심으로 박수쳐 줄 일이다. 게다가 그렇게 어려운 영어의 말하기와 듣기까지 가능하게 해주면서 말이다.

　인천 간재울초등학교에서 영어를 가르치는 임지선 선생님(3학년)은 초등학교 영어 수업의 핵심을 의사소통이라고 보았다. 사실, 의사소통이 가능한 영어를 구사하는 것은 모든 영어 수업의 목표이다. 하지만 현실의 여건상 실제 영어 수업은 그렇지 못한 경우가 태반이다. 그런데 그것을 가능하게 할 수 있는 곳이 있다. 바로 초등학교이다. 아무래도 아직까지 초등학교의 영어 수업은 교육과정이나 시험으로부터 자유롭다. 또한 아이들의 특성상 이론 중심이 아닌 활동 중심의 수업을 할 수밖에 없다. 그러다보니 선생님 나름대로 구상하는 의사소통 중심의 활동을 가미한 수업을 할 수 있게 된다. 그런데 의사소통 중심의 수업이란 결국 상대와의 관계 속에서 이루어지는 것이므로 자연스럽게 인성 교육을 생각하지 않을 수 없다. 그래서 임지선 선생님이 고안해낸 것이 바로 의사소통과 인성 중심 수업이다.

의사소통 중심의 수업은 학생의 말하기, 듣기 능력을 신장시키기에 적합한 수업 모형이에요. 의사소통 능력을 신장시키면서 동시에 서로 배려하고, 협력하고, 도와주는 인성적인 측면까지 신장시킬 수 있는 그런 수업이 되는 것이죠.

임지선 선생님의 수업은 자문단으로부터 마치 마술사와도 같은 솜씨의 수업이라는 극찬을 받았다. 도대체 어떤 식으로 수업을 하기에 듣기, 말하기 실력을 높이고 인성을 함양하면서 마술 같은 느낌마저 들게 하는지, 자 이제 다함께 임지선 선생님의 수업 속으로 빠져들어 보도록 하자.

의사소통, 인성 중심 영어 학습법이란?
- 단계별 맞춤형으로 진행되는 의사소통 중심 수업을 기본으로 하고 거기에 인성 교육까지 추가하는 학습법이라 할 수 있다.
- 듣고 이해하고–표현하고 말하며–의사소통하기로 나아가는 단계적 구조로 이루어져 있으며, 이때 학생들 간의 관계를 중요시하기 때문에 인성까지 함양할 수 있는 수업이다.

How How

해리포터처럼 마법으로
영어를 익힌다

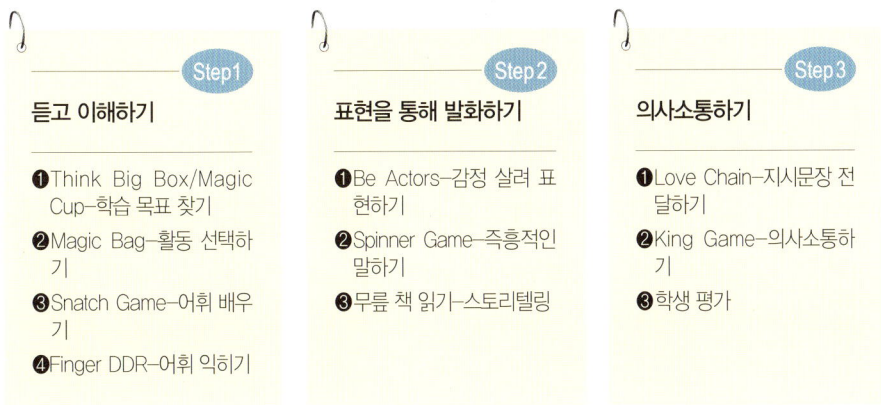

수업 전체 구성도

도입 전 활동 : 노래와 율동으로 지난 시간 복습

Step 1

듣고 이해하기

① Think Big Box/Magic Cup–학습 목표 찾기
② Magic Bag–활동 선택하기
③ Snatch Game–어휘 배우기
④ Finger DDR–어휘 익히기

Step 2

표현을 통해 발화하기

① Be Actors–감정 살려 표현하기
② Spinner Game–즉흥적인 말하기
③ 무릎 책 읽기–스토리텔링

Step 3

의사소통하기

① Love Chain–지시문장 전달하기
② King Game–의사소통하기
③ 학생 평가

도입 전 활동 지난 시간 복습

Hello, Everyone!

왠지 예사롭지 않은 분위기를 풍기는 임지선 선생님은 가볍게 인사하며 아이들

앞에 등장한다.

그녀가 처음으로 아이들과 함께 한 것은 지난시간에 배웠던 날씨 표현에 대한 복습이다. 그런데 복습을 노래와 율동으로 하는 것이 이색적이다. 즉, 임지선 선생님은 매 단원마다 율동과 노래를 접목하여 학생들이 좀 더 쉽게 영어를 익힐 수 있도록 수업하고 있었다.

임지선 선생님은 물레방아 노래로 수업을 시작한다. 아이들이 물레방아가 돌아가듯 짝을 바꿔가며 영어 노래를 통해 서로의 안부를 묻고 수업 분위기를 형성한다. 이러한 활동을 하는 이유는 편안한 분위기에서 친구들과 좋은 관계를 맺고 친밀감을 형성하게 하기 위해서다. 물론 아울러 영어 표현을 습득하는 효과도 누리면서 말이다.

스텝1 듣고 이해하기

1. Think Big Box와 Magic Cup으로 학습 목표 찾기

오늘 수업의 첫 단계는 '듣고 이해하기'이다. 임지선 선생님은 오늘의 주제가 'Put on your gloves'임을 미리 알리고는 갑자기 아이들 앞에 'Think big box'라는 상자를 내보인다. 희한하게 생긴 상자에 아이들은 시선을 빼앗길 수밖에 없다. 알고 보니 오늘 뭐할 것인지 힌트가 들어 있는 상자이다.

Think big box에서 힌트를 하나씩 꺼내보이는 임지선 선생님

임지선 선생님은 Think big box 속의 힌트를 하나씩 꺼내 보이며 아이들의 호기심을 자극한다. 힌트들은 코트, 모자 등의 그림이다. 아이들은 아직까지 알쏭달쏭한

데, 그때 임지선 선생님이 Magic cup을 들고 나오더니 컵 속에서 뭔가를 끄집어낸다. 바로 오늘의 학습 목표 '옷에 관해 지시하는 표현을 알아보자'이다.

2. Magic Bag으로 활동 선택하기

이제 학습 목표에 맞는 활동을 해야 할 터인데 임지선 선생님은 갑자기 마술 주머니 같은 붉은색 주머니를 꺼내더니 아이들에게 무슨 활동을 하고 싶은지 묻는다. 그리고 아이들이 대답한 하고 싶어 하는 활동을 주머니에 담는 시늉을 한다.

Magic Bag

 **Magic Bag**
1. 학생들에게 오늘 하고 싶은 활동을 묻고 그것을 주머니에 담는 시늉을 한다.
2. 드디어 Magic bag에서 오늘 할 활동이 나오는데, 바로 Snatch game, Finger DDR 등이다.

이윽고 선생님은 아이들에게 주머니에 손을 넣고 하나씩 꺼내보라고 한다. 거기에 오늘 해야 할 활동이 적혀 있다. 비록 계획된 도구일 테지만 아이들이 직접 선택하도록 하여 집중도를 높이는 임지선 선생님의 기지가 돋보이는 장면이다. 과연 임지선 선생님은 어떤 생각으로 이런 활동을 만들었을까.

예전에는 콜라 캔을 직접 잘라서 사용하기도 했어요. 그 속에 든 게 목표인지 몰랐다가 목표가 나오니까 너무 재미있어 하더라고요. 이런 활동을 하면 서로 자기들이 하려고 손을 들게 돼요. 뭔가가 감춰져 있다가 짠 하고 나오니까, 자기들이 학습 활동을 선택하는 느낌의 효과도 있어요. 약간 마술적인 요소를 학습에 가미한다면 아이들의 학습에 대한 집중도가 훨씬 높아질 거라고 생각해요.

'마술'이라는 아이템은 아이들의 눈높이에 딱 맞는 것이다. 이러한 마술을 수업에 이용하므로 아이들의 참여도가 높아지는 것은 어쩌면 당연한 일이다.

3. Snatch Game으로 어휘 배우기

이제 임지선 선생님의 수업은 본격적인 게임 활동으로 넘어간다. 일명 Snatch Game으로 어휘를 배우려는 목적으로 하는 게임이다. 지시어를 듣고 해당하는 카드를 찾아 먼저 집는 사람이 이기는 방식

Snatch game

Snatch Game
1. 지시어를 듣고 해당하는 카드를 찾아 먼저 집는 사람이 이기는 방식이다.
2. 모둠별로 리더를 한 명 세우고 게임을 진행시킨다.
3. 카드를 많이 획득한 학생이 최종 승자가 된다.

이다. 먼저 선생님이 시범을 보인 후 모둠별로 리더를 한 명 세우고 게임을 진행시키면 아이들은 서로 먼저 카드를 잡으려고 아우성이 된다. 카드를 많이 획득한 학생이 최종 승자가 된다. 임지선 선생님은 이 게임을 통해 어떤 효과를 기대하는 걸까?

일단은 기본적으로 듣기 능력이 신장될 수 있고, 리더가 됨으로써 말하기도 해볼 수 있

고… 리더가 된다는 것은 선생님이 된다는 것이잖아요? 리더가 되면서 선생님처럼 할 수 있다는 자신감과 주체의식 등을 키워주기 위해서 계획했어요.

4. Finger DDR로 어휘 익히기

임지선 선생님의 어휘 익히기 활동은 계속되는데 이번에는 Finger DDR이다. 노래에 맞춰 임지선 선생님이 만든 DDR판을 손가락으로 짚어가며 하는 일종의 손가락 댄스라 할 수 있다. 아이들은 이 활동을 통하여 노래로는 문장을 익히고 손가락과 눈으로는 어휘를 익힐 수 있다. 임지선 선생님은 아이들로 하여금 짝꿍과 함께 해보도록 하고 노래의 빠르기를 바꿔가며 해보도록 한다.

Finger DDR 활동

Finger DDR 활동
1. 노래에 맞춰 DDR판을 손가락으로 짚어가며 하는 일종의 손가락 댄스이다.
2. 노래로는 문장을 익히고 손가락과 눈으로는 어휘를 익힐 수 있다.
3. 짝과도 함께 해보고 속도에 변화를 주면서도 해본다.

Tip Finger DDR의 속도 변화 효과

속도에 변화를 주는 것은 실제 언어처럼 느끼게 하기 위함이다. 실제 언어를 사용할 때 빠르게 말할 때도 있고 느리게 말할 때도 있듯이 이런 활동을 하다보면 자연스러운 일상적인 억양도 알 수 있게 되고 또 속도에 따른 듣기 능력도 배가될 수 있다.

스텝 2 감정 살려 표현하고 즉흥적으로 말해보기

1. 'Be Actors'로 감정을 살려 표현해보기

이제 의사소통에서 중요한 말하기를 집중적으로 배워보는 시간이다. 말하기를 잘 하기 위해서는 무엇보다 표현력이 뛰어나야 한다. 그래서 임지선 선생님이 선택한 활동이 바로 'Be Actors'로 배우처럼 감정을 살려 표현해 보기이다.

감정 살려 표현하기 활동을 하고 있는 모습

이때 임지선 선생님은 영화 촬영장에서나 볼 수 있는 슬레이트까지 준비하여 아이들 스스로 배우라는 느낌이 들도록 유도한다. 선생님이 슬레이트로 'Ready Action'을 외치면 아이들은 짝을 지어 엄마, 아빠 혹은 아이 역할을 하며 happy, sad 등의 감정을 표현해 보는 것이다. 아이들은 이 활동에 대해 어떤 느낌을 가질까?

사실 처음에는 아이들이 쑥스러워서 못했어요. 행복한 표정으로 하라고 해도 소심하게 하더라고요. 그래서 아이들이 좋아하는 감정부터 건드려가면서 행복했을 때, 아주 행복했을 때, 슬펐을 때 이렇게 감정을 하나씩 늘려가니까 나중에는 정말 잘하게 되더라고요.

2. Spinner Game을 통해 즉흥적인 영어 말하기

감정 살려 표현하기를 한 후 임지선 선생님이 선택한 활동은 Spinner Game이다. 즉, 아이들이 즉흥적인 영어 말하기를 할 수 있는 능력을 기를 수 있도록 고안한 게임으로, 원판을 돌려 화살표에 멈추는 그림에 해당하는 말을 즉흥적으로 하는 방식으로 진행된다.

Spinner Game
1. 원판을 돌려 화살표에 멈추는 그림을 찾는다.
2. 이에 해당하는 말을 즉흥적으로 한다.

임지선 선생님은 이 게임을 하는 이유와 효과에 대해 다음과 같이 말한다.

앞의 활동이 정해진 언어를 반복적으로 하는 활동이라면 이것은 뭐가 나올지 기대하지 않은 상황이 나왔을 때 목표 언어를 말할 수 있는가를 보는 것이거든요. 따라서 말하기 능력이 신장되는데 이때 즉흥적 말하기 능력이랄까요, 그런 것들을 신장시켜 주기 위해서 계획한 활동이에요.

즉, 이 활동은 말하기 능력을 신장하기 위한 좀 더 심화된 활동이라 할 수 있는 것이다.

3. 무릎 책 읽기

이제 임지선 선생님은 갑자기 아이들 앞에 마치 마술의 책처럼 생긴 동화책을 꺼내 보이더니 자신의 무릎 앞으로 모이게 한다. 일명 '무릎책 읽기'를 하기 위해서다. 아이들은 금방 호기심으로 가득 찬다. 어린 시절 할머니의 무릎에 앉아서 이야기를 듣는 기분을 느끼기 때문이다. 임지선 선생님이 읽어주는 동화책은 진짜 마술의 책처럼 끊임없이 선물이 나오면서 아이들의 호기심을 더욱 자극한다. 임지선 선생님은 아이들이 딱딱한 책상에 있다가 옹기종기 모여 앉아서 책 읽기를 듣게 되면 아주 편안한 분위기 속에서 영어 읽기를 듣게 되어 더욱 집중하고 말하기에도 도움이 된다고 한다.

스텝 3 의사소통 + 인성 교육 완성하기

1. 'Love Chain' 게임으로 지시문 전달하기

이제 임지선 선생님의 수업은 학습 목표를 이루기 위한 마지막 단계에 돌입한다. 일명 'Love Chain'이라는 게임을 하는데, 이는 처음 교사가 각 줄의 대표에게 들려준 지시문을 귓속말로 옆 사람에게 전달하여 마지막 학생이 지시문대로 행동하게 하는 것이다. 아이들은 친구들에게 좀 더 잘 전달하기 위해 바짝 다가서 귓속말로 전한다. 그런데 이 활동이 의사소통을 이루기 위한 목적도 있지만 가장 큰 목표는 아이들의 건강한 인성을 길러주기 위함.

Love Chain이란 이름처럼 아이들이 사랑의 끈으로 엮어져 있다는 느낌을 받을 수 있고 또 친구의 말을 잘 들어야 잘 전달할 수가 있다. 그래서 친구의 말을 경청하는 것의 중요성을 배울 수 있고 또 마지막 아이는 실제 옷을 입어봄으로써 이 단원의 목표 표현인 Put on의 의미를 몸으로 익히는 효과를 얻을 수 있다.

Love Chain 게임
1. 처음 교사가 각 줄의 대표에게 들려준 지시문을 귓속말로 옆 사람에게 전달하게 한다.
2. 아이들은 지시문을 계속 전달하여 최종 사람이 맞히는 게임이다.

2. King Game으로 의사소통하기

다음으로 진행한 활동은 일명 King Game으로 한 사람은 왕이 되어 지시하고 다른 사람은 신하가 되어 따르는 역할놀이이다. 아이들은 짝을 지어 역할놀이를 하는데 이때 모두가 돌아가면서 왕, 신하의 역할을 다 해본다. 이때 신하가 되어 명령을 받는 아이들은 지시에 맞는 행동을 했을 때 자신의 손에 스티커를 부착할 수 있다. 이 수업은 일거양득의 효과를 누릴 수 있다. 학생 입장에서 말하기를 다지는 시간인 동시에 선생님 입장에서는 학생들에 대한 평가의 기회가 되기 때문이다. 사실 평가는 교사들이 가장 어려워하는 부분인데, 스티커를 많이 붙였다는 것은 상대의 말을 알아듣고 의사소통이 이루어졌다는 것을 뜻하므로 거기에 따라 평가할 수 있다는 뜻이다. 또 학생 자신도 스티커를 보면서 스스로를 평가할 수 있는 도구도 될 수 있다. 임지선 선생님은 이런 효과를 노리면서 이 활동을 했다.

King Game
1. 한 사람은 왕이 되어 지시하고 다른 사람은 신하가 되어 따르는 역할놀이
2. 모두가 돌아가면서 왕, 신하의 역할을 다 해보게 한다.
3. 신하가 되어 명령을 받는 아이들은 지시에 맞는 행동을 했을 때 자신의 손에 스티커를 부착할 수 있다.

3. 평가로 마무리하기

이제, 임지선 선생님은 오늘 배웠던 'Put on your ○○○'라는 영어 표현들을 다시 한 번 복습하며 수업을 마무리한다. 그런데 수업의 마지막에 임지선 선생님이 하는 행동이 독특하다. 2명씩 아이들의 이름을 지명하며 서로 의사소통하게 한다. 이것은 임지선 선생님이 학생들을 평가하기 위한 활동이다. 왜 임지선 선생님은 특정 아이들을 지명하여 수업 내용을 평가하려는 걸까? 거기에는 놀라운 비밀이 숨어 있다. 즉, 상위그룹 2명, 중위그룹 2명, 하위그룹 2명을 지목하여 평가한 것이다. 만약 하위그룹 아이들까지 제대로 의사소통을 했다면 오늘 반 아이들 전체가 학습 목표에 도달했다고 볼 수 있다. 하지만 중위그룹까지만 해냈다면 오늘 하위그룹 아이들은 조금 어려웠구나, 하는 것을 캐치할 수 있다.

Effect Value

완성도 높은
드라마 구현으로
자연스런 영어 습득 성공

임지선 선생님의 수업에서 가장 인상적이었던 부분은 역시 수업에 마술을 도입했다는 것이다. 매우 참신한 발상이 아닐 수 없다. 사실 일상생활에서 마술은 이미 포화 상태에 이르러 더 이상 참신한 것이 아니다. 하지만 학교 수업에서 마술이 나올 줄은 아마 아이들도 생각지 못했다. 이는 철저히 학생 중심으로 수업을 준비하는 과정에서 탄생한 작품과도 같다. 덕분에 아이들은 마치 마술사 같은 선생님의 수업 진행에 흠뻑 빠져들 수 있었으며 선생님은 자신이 목표로 했던 영어의 듣기, 말하기의 의사소통 활동을 잘 구현할 수 있었다.

전문가들 역시 임지선 선생님의 수업에서 이 부분을 높이 샀다. 즉, 초등학생이 이루어야 할 영어 교육 목표를 학생 관점에서 매우 잘 이끌어나간 수업이었다는 것이다. 무엇보다 임지선 선생님이 여러 가지 활동을 위해 준비한 소품들이 학생들의 흥미를 유발하는 데에 매우 효과적이었다는 평가다. 사실 요즘 수업에서는 PPT나 프레젠테이션 자료를 많이 사용하는데 이게 범람하다 보니 초등학교 아이들의 관심을 잘 끌지 못하는 경향이 있다. 하지만 임지선 선생님의 수업에서는 손으로 만들어

온 여러 소품들이 오히려 아이들의 관심을 끌 수 있었다는 것이다. 목원대학교 전영주 교수의 말을 들어보자.

Think Big Box도 흥미로웠고 Magic Cup 등의 도구를 이용하여 신기한 영어 수업을 연출한 것도 신선했어요. Think Big Box로 학생들 스스로 학습 목표를 추측할 수 있는 시간을 준 것은 스스로 아, 내가 배울 게 이거구나 하는 느낌을 갖게 함으로써 학습 내용을 흡수하고 내재화할 수 있는 장점이 있습니다.

무엇보다 전문가들 역시 수업 시간 중에 인성을 강화하는 활동을 넣었다는 데 높은 점수를 주고 있다. 2011년 이후부터 교과부에서도 창의성과 인성을 강조하고 있는데, 이러한 교육 과정에 부합하는 수업 내용이다. 특히 수업 중간 중간에 자신을 칭찬하고 친구들을 칭찬하는 활동이 있는데, 이는 자신에 대한 존중감은 물론 친구들까지 존중하는 마음을 심어 줄 수 있다는 점에서 매우 좋은 활동이다.

또한 임지선 선생님의 수업은 예상한 것과 같이 평가 부분에서도 높은 점수를 받았다. 평가에는 교사의 평가, 동료의 평가, 자기의 평가가 있는데 많은 연구결과에 의하면 동료의 평가가 교사의 평가보다 더 파워풀 하다고 한다. 그 이유는 선생님들에게 잘 보이고 싶은 마음도 있지만 동료들에게 자신을 잘 보이고 싶다는 욕구가 더 강하기 때문이다. 그런 면에서 임지선 선생님의 수업 중 스티커를 붙이면서 한 활동은 동료의 평가에 해당하는 것으로 이를 잘 반영한 것이라 할 수 있다고 전문가들은 평한다.

전체적으로 임지선 선생님의 수업은 영어 수업의 기본 목표에 충실하면서도 인성 교육까지 강화한 수업, 또한 평가에도 충실했던 수업이었다.

'1+1=2 이상'이라는 원리를 깨달아라

혼자 놀기에 익숙한 요즘 아이들은 '함께하기'를 무척 어려워한다. 특히 공부를 잘하는 학생은 이 '함께 한다'는 것을 느리게 간다라고 생각하는 경향까지 있다. 하지만 협동 학습이 결코 느리게 가거나 손해 보는 것은 절대 아니다. 협동학습은 '1+1=2 이상'의 의미와 원리를 가지고 있다. 협동 학습을 통해 아이들은 학습적 효과도 배가될 뿐만 아니라 소통과 이해하는 법까지 배우게 된다. 더욱이 또래 집단과의 관계가 중요해지기 시작하는 3학년 학생들에게 협동 학습의 기초를 닦아 주는 것은 학년이 올라갈수록 어려워지는 교우 관계에도 긍정적인 영향을 미칠 수밖에 없다. 임지선 선생님의 맞춤형 의사소통 영어 학습법도 사실 이러한 소통을 핵심 포인트로 하여 탄생한 것이라 할 수 있다.

이러한 교수법으로 수업을 진행할 시 미리 간파하고 있어야 할 것은 역시 모둠을 구성할 때 학생들의 성적, 성격, 교우관계 등을 미리 파악하여 모둠 구성을 해 주어야 한다는 점이다. 학습 능력은 우수하나 성격이 내성적인 학생은 외향적인 학생을 짝으로 만나면 상호간에 긍정적인 영향을 주고받을 수 있다. 또한 이러한 소통은 학생 간에만 일어나야 하는 것이 아니라 교사와 학생 간에도 활발한 상호작용으로 일어나야 한다. 이러한 상호 작용의 근간이 되는 것이 바로 '관계'이다. 임지선 선생님의 경우 이러한 관계를 맺기 위해 수업 시간 외에도 함께 놀기, 보드 게임 등을 함께 하고 자연스러운 스킨십을 통해 친밀감 형성한다.

그 외에도 임지선 선생님의 수업에는 배울 것이 참 많다. 마술을 도입한 것이라든지 인성교육을 한 것이라든지 말이다. 임지선 선생님은 하나의 활동이 끝나면 칭찬하기 구호를 외치게 하는데, 이 내용이 자신을 칭찬하고 친구를 칭찬하는 것이다. 또 다른 구호도 있다. 약간 어려운 과제가 등장했을 때 선생님이 Can you do that? 하고 질문하면 아이들은 구호처럼 Yes, yes yes I can! 하고 외친다. 이 역시 아이들 스스로 자신감을 불어넣어줄 뿐만 아니라 수업에 집중하는 효과도 누리게 된다.

임지선 선생님은 수업이 끝난 후에도 교실에 혼자 남아있는 경우가 많은데 이는 온라인 연수원의 수업을 듣기 위함이다. 온라인 연수원 수업은 하나의 일관된 주제를 가지고 여러 모형의 수업 기법을 보여주기 때문에 매우 도움이 된다. 또한 임지선 선생님은 수많은 연수를 받을 때마다 자신만의 언어로 필기하여 이를 자신의 수업 Tip으로 활용한다고 한다.

무엇보다 임지선 선생님에게는 자신을 이끌어주는 멘토가 있다. 수시로 이 멘토를 찾아가 수업과 영어 교육에 대해 도움을 받는다. 임지선 선생님은 연수의 여왕이라고 불릴 정도로 연수 활동을 잘 이용하기로 유명하다. 이러한 임지선 선생님이 꿈꾸는 영어 수업은 아이들의 마음 밭을 일구어주는 영어 수업을 하고 싶다는 것이다. 단순한 지식전달이 아니라 영어를 좋아하고 즐겁게 할 수 있는 수업을 하고 싶다.

마법의 동화나라에 온 느낌이었어요

임지선 선생님의 수업을 받는 아이들의 느낌은 어떨까? 마치 마법의 동화나라에 온 느낌이지 않을까. 평가단들 역시 임지선 선생님의 수업을 보면서 마치 초등학교 교육현장을 보는 것이 아니라 유치원의 선생님이 아이들을 가르칠 때의 모습처럼 보인다고 했을 정도다. 실제 임지선 선생님은 다양한 소품을 직접 만들어 수업을 하는 것이 아니라 아이들과 함께 노는 듯한 모습을 선보였다.

사실 아이들은 유치원에서 이런 느낌의 수업을 받다가 초등학교에 오면 이와는 확연히 달라진 수업을 받기 마련이다. 그런데 임지선 선생님의 수업은 마치 유치원으로 돌아간 느낌을 자아내게 만든다. 하지만 초등학교 저학년에 해당하는 아이들은 아직 마법의 세계 속에 산다. 그래서 이것을 잘 이해해 주지 못하는 선생님들이 야속하기만 하다.

진짜 선생님이 마법을 부리는 것 같았어요.

마법의 동화책에서 끊임없이 선물을 뽑아내는 선생님을 보며 아이들은 누구나 이런 생각에 빠져들 수밖에 없다. 그리고 이제 마법사가 되어버린 선생님에게 자기도 선물을 달라며 아우성친다. 이뿐만이 아니다. 그냥 책상에 앉아서 하는 수업이 아니라 때로는 선생님 무릎에 앉아, 때로는 온 교실을 돌며 재미있고 신기한 소품과 함께 수업을 하다 보니 어느새 영어가 절로 익혀지는 것만 같다. 그래서 임지선 선생님의 수업이 너무 재미있고 또 기다려지는 것이다.

[의사소통 인성 중심 영어 학습법 수업지도안]

오늘의 수업 주제

옷에 관해 지시하는 표현을 알아보기

구분	과정	준비물
	Opening – 노래와 율동으로 지난 시간 복습	

STEP 1
듣고
이해하기
	1. Think Big Box와 Magic Cup으로 학습목표 찾기
	  – Think Big Box 속의 힌트를 하나씩 꺼내 보이며 아이들의 호기심을 자극
	  – Magic Cup에서 오늘의 학습목표를 끄집어냄
		Think Big Box,
		Magic Cup

	2. Magic bag으로 활동 선택하기 – Magic Cup에서 오늘 해야 할 활동이 나옴	Magic Bag
	3. Snatch Game으로 어휘 배우기 – 지시어를 듣고 해당하는 카드를 찾아 먼저 집는 사람이 이기는 방식	카드
	4. Finger DDR로 어휘 익히기 – 노래에 맞춰 DDR판을 손가락으로 짚어가며 하는 손가락 댄스	DDR판
STEP 2 표현하고 말하기	1. Be Actors로 감정을 살려 표현해보기 – 'Ready Action'을 외치면 엄마, 아빠 혹은 아이 역할을 하며 Happy, Sad 등의 감정을 표현해 보는 것	슬레이트
	2. Spinner Game을 통해 즉흥적인 영어 말하기 – 원판을 돌려 화살표에 멈추는 그림에 해당하는 말을 즉흥적으로 하는 방식	원판
	3. 무릎 책 읽기 – 아이들을 무릎 아래에 모아 동화책을 읽어주는 방식	동화책
STEP 3 의사 소통하기	1. 'Love Chain' 게임으로 지시문 전달하기 – 처음 교사가 각 줄의 대표에게 들려준 지시문을 귓속말로 옆 사람에게 전달하여 마지막 학생이 지시문대로 행동하게 하는 것	지시문
	2. King Game으로 의사소통하기 – 한 사람은 왕이 되어 지시하고 다른 사람은 신하가 되어 따르는 역할놀이	왕관 등 소품
	3. 평가로 마무리하기 – 2명씩 짝지어 서로 의사소통하게 하는 것	

•• ● CHAPTER 15 ● ••

맞춤형 활동으로
의사소통 능력 쑥쑥!

고학년 맞춤 이미지연상 영어 학습법

Kyounghee Park, Best English Teacher!

광남초등학교(경기도 광주)
박경희 선생님

교육경력 12년 차
제12회 전국교실수업개선실천연구대회(영어) 2등급
제13회 전국교실수업개선실천연구대회(영어) 3등급
(저서) eEBS 방과후영어교실 초등 정규 Level3-4
초등 방학 Leve3-4
WOW, Smart Vocabulary(다락원), 영어 글쓰기왕 비법 따라잡기(찰리북)

맞춤형으로 다가가면
닫힌 말문도 트인다

Why What?

> 굳게 닫힌 아이들의 입,
> 쉽게 열 수 있는 방법은
> 없을까

고학년 맞춤 이미지연상 영어 학습법이란 말 그대로 학생들의 수준(초등학교 고학년)에 맞는 활동으로 구성하되 아이들이 좋아하는 이미지를 수업 활동에 도입하여 효과를 배가시킨 수업 방법이라 할 수 있다. 즉, 교실 속 학생들의 수준은 천차만별인데, 이때 수준이 좀 떨어지는 학생도 이미지를 형상화하여 얼마든지 재미있게 수업에 참여할 수 있는 교수법이 바로 고학년 맞춤 이미지연상 영어 학습법이다.

대한민국의 영어 교육 문제 있다는 이야기는 이제 듣기조차 거북하다. 그래서 고육지책으로 등장한 것이 TEE(Teaching English in English)이다. 즉, 영어로만 수업하는 몰입 교육이다. 하지만 어느 날 갑자기 영어로 수업한다고 무조건 교육 효과가 높아지는 걸까. 말하기는커녕 아직 기본적인 듣기조차 할 수 없는 아이들은 어떻게 하란 말인가. 여기가 미국이어서 매일 듣고 보는 것이 영어라면 이야기가 다르겠지만 일주일에 두서너 번, 그것도 불과 1시간 남짓 영어로만 실컷 말한다고 귀가 열리고 말문이 트이는 걸까.

이때 아직 어느 정도 수준에 도달하지 못한 아이들은 위축되게 마련이고 그들의 입은 굳게 닫히게 마련이다. 무엇보다 그 어려운 선생님의 영어를 알아듣고 유창하게 영어로 말하는 친구를 보면 더욱 더 심한 열등감을 느낄 수밖에 없다. 그래서 아이들의 입은 더욱 굳게 닫혀버린다. 이는 현장에서 영어를 가르치는 선생님이라면 누구나 겪어야 하는 또 하나의 딜레마이다.

굳게 닫힌 아이들의 입을 열 수 있는 방법은 없을까, 그 아이들의 말문이 트여서 영어로 많은 말을 할 수 있게 하는 방법은 없을까.

경기도 광주에 위치한 광남초등학교 박경희 선생님(6학년)의 고민은 여기에서 출발하였다. 그런 아이들은 무시하고 중상위권 위주로 수업을 진행할 수도 있지만 박경희 선생님의 생각은 달랐다. 더욱이 '니트'를 향해 가는 대한민국의 영어 교육 지도를 볼 때 이들도 꼭 끌고 갈 대상이었다. 그동안 읽기 위주였던 대한민국의 영어 교육이 드디어 말하기와 듣기, 쓰기 위주의 교육으로 일대 방향전환을 하고 있는 이때에 말문이 닫힌 아이들의 말문을 틔게 하는 것은 가르치는 선생님들의 사명과도 같다. 그러기 위해서 가장 필요한 것은 무엇일까? 박경희 선생님은 아이들 입장에서 생각해 보기로 생각하였다. 내가 말문이 닫혀버린 학생이라면 어떤 영어 수업을 받고 싶을까. 철저히 아이들의 입장에서 문제해결을 위해 고민하던 박경희 선생님은 어느 날 아이들이 만화 그리기를 무척 좋아한다는 사실을 발견하였다. 그 순간 박경희 선생님이 생각해낸 것이 바로 '이미지 형상화 활동과 언어가 결합된 수업'이다.

아이들이 만화 그리기를 굉장히 좋아하거든요. 그래서 그림 그리기를 이용해서 자기가 다양한 시각, 청각, 심상 이미지들을 영어에 담아서 영어로 자기 의사를 표현해 내는 수업을 생각해 봤습니다.

사실, 이것은 단순해보일지 몰라도 놀라운 발상이 숨어 있는 아이템이다. 밥 먹기를 죽도록 싫어하는 아이에게 억지로 밥을 아이의 입에 떠밀어 넣는 엄마는 지혜롭지 못한 엄마이다. 그 아이는 밥에 대한 좋지 않은 기억을 갖게 될 것이고 그 때문에 더욱 더 밥을 멀리하게 될 것이기 때문이다. 대신 아이가 좋아할 만한 맛있는 요리를 해서 아이의 입맛을 돋우면 아이는 점점 밥 먹기에 대해 좋은 기억을 할 것이고 어느덧 밥 먹기를 즐겨할 수 있을 것이다. 공부도 마찬가지이다.

세상에 태어날 때부터 공부를 좋아하는 아이는 없다. 그런데 부모나 선생님이 계속 주입식으로 공부하라고 떠밀어 붙이면 어떤 아이들이 공부를 좋아할 수 있겠는가. 하지만 박경희 선생님처럼 아이의 입장에서 생각해주고 아이가 좋아하는 방식으로 접근해 주고 공부에 대해 좋은 기억을 많이 심어주면 이야기가 달라진다. 아이는 공부에 대해 점점 긍정적인 생각을 가질 것이고 그러다가 공부에 흥미를 갖는 지점에 이르면 이제 누가 시키지 않아도 스스로 공부하는 아이가 되어 있을 것이다.

박경희 선생님의 이미지연상 영어 수업은 이런 사실과 맥락이 닿아 있는 수업이다. 과연 아이들은 자신들이 좋아하는 그리기를 수업에 도입했을 때 어떤 반응을 보일까.

고학년 맞춤 이미지연상 영어 학습법이란?

- 초등학교 고학년의 수준에 맞춘 수업이면서도 이미지 형상화 활동을 도입하여 교실 내 수준에 상관없이 모두가 즐겁게 참여할 수 있는 학습법이다.
- 학습 주제를 이미지화하고–맞춤형으로 의사소통 활동을 하며–스스로 학습하기로 마무리하는 구조로 이루어져 있으며, 이때 매 활동마다 이미지 그리기가 추가되어 학생들의 수준 차에 관계없이 모두가 재미있게 참여할 수 있는 수업이 맞춤형 이미지연상 영어 학습법이다.

How How

맞춤형 활동하고
그림으로 내 것 만들고

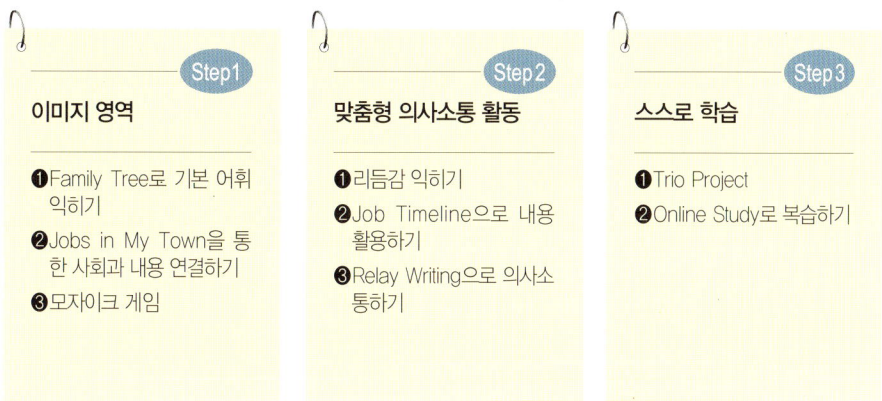

수업 전체 구성도

도입 전 활동 : 학생들의 관심사 물어보기

Step 1
이미지 영역
1. Family Tree로 기본 어휘 익히기
2. Jobs in My Town을 통한 사회과 내용 연결하기
3. 모자이크 게임

Step 2
맞춤형 의사소통 활동
1. 리듬감 익히기
2. Job Timeline으로 내용 활용하기
3. Relay Writing으로 의사소통하기

Step 3
스스로 학습
1. Trio Project
2. Online Study로 복습하기

도입 전 활동 학생들의 관심사 물어보기

What program do you like?

박경희 선생님이 수업을 시작하면서 아이들에게 던진 질문이다. 요즘 아이들의 최대 관심사인 재미있는 TV 프로그램을 첫 질문의 내용으로 삼은 것이다. 아이들은 눈망울을 반짝이며 '하이킥', '런닝맨' 등의 프로그램 이름을 대며 즐거워한다. 이는 학생들의 관심사를 들추어내어 호기심을 자극했다는 점에서 일단 성공적이다. 수업의 도입으로 자연스럽게 아이들의 수업 참여를 유도했다는 점에서 매우 효과적인 방법이었다.

박경희 선생님이 도입에서 이런 질문을 한 것은 이후 시작될 수업과 연계시키기 위해서였다.

스텝 1 수업 주제를 English로 이미지화하기

1. Family Tree로 기본 어휘 익히기

박경희 선생님은 당시 유행했던 TV 프로그램 '하이킥'에 등장했던 가족들의 사진을 영상 자료로 보여주며 grandfather, grandmother 등 가족의 명칭에 대해 기본 어휘 학습을 한다. 그리고 나아가 다음과 같은 질문을 한다.

grandfather, grandmother 등 가족의 명칭에 대한 어휘 학습을 하는 선생님

What does the grandfather do?

드라마에 등장하는 각 가족들이 하는 일에 대해 물어본 것이다. 박경희 선생님은 할아버지부터 아버지까지 가족들의 직업을 물어본 후 그제야 아이들에게 오늘 수업의 주제가 무엇일 것 같은지 질문하였다. 여타 선생님들이 주도적으로 수업의 주제를 일방적으로 제시하는 것과는 달리 아이들에게 앞에서 했던 활동을 바탕으로 오늘의 주제가 무엇일 것 같은지 물어본 것이다. 아이들의 반응은 이미 눈치 챈 듯하다. 그도 그럴 것이 박경희 선생님은 이미 앞의 수업 과정에서 수업의 주제를 암시적으로 보여주었다. 오늘 수업의 주

학생이 그린 패밀리 트리

제는 '직업을 묻고 답하는 말을 활용하여 이야기를 쓸 수 있다'이다.

이때 박경희 선생님만의 독특한 수업 자료가 등장한다. 바로 'Family Tree'다. 단어를 무작정 외우게 하지 않고 패밀리 트리라는 심상이미지를 이용해 어휘 학습을 한 것이다.

이제 학생들은 개별적으로 주어지는 용지에 우리 가족의 패밀리 트리를 그리고 각 가족들의 직업을 적는 활동으로 넘어간다.

그리고 발표를 시키는데 이때에도 학생들끼리 질문하고 답하도록 유도한다. 박경희 선생님은 이런 활동을 통해 어떤 학습 효과를 노리는 걸까?

Family Tree를 그리면서 자기 가족의 직업이 뭔지 생각하며 직접 단어를 쓰다보면 단어와 이미지 연상 작용으로 학습 효과가 더 좋아지는 것 같고 또 단어 활용 능력도 향상되는 것 같아요.

2. Jobs in My Town을 통해 사회과 내용 연결하기

다음으로 박경희 선생님은 우리 동네를 찍은 사진을 제시하며 장소와 직업을 제시하는 'Jobs in My Town'이라는 활동을 한다. 즉, 경찰서와 경찰관

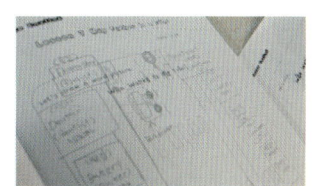
학생이 그린 우리 마을 지도

사진을 보여주고 동네체육관과 관장님 사진을 보여주는 식이다. 박경희 선생님은 이런 활동을 통해 아이들이 자신들의 실제 생활 속 장면을 대입하며 교과서 내용을 자연스럽게 익힐 수 있기 때문에 유익하다고 한다.

이번에는 앞의 Family Tree 활동과 마찬가지로 아이들이 직접 우리 마을 지도를 그리며 다양한 직업 찾아내기 활동을 한다. 이때 아이들의 다양한 성향이 그대로 드러나는데, 자를 대고 그리는 아이가 있는가 하면 단숨에 그림을 그리는 아이도 있다. 박경희 선생님은 이러한 그리기 활동이 장기 기억 속으로 들어가 이미지 연상 작용을 하기 때문에 매우 효과적이라고 이야기한다. 실제 그림 같은 이미지를 통한 어휘 학습이 매우 효율적임은 이미 앞에서도 증명된 바 있다. 더욱이 박경희 선생님의 수업은 아이들이 직접 자신만의 창의적인 그림을 그리는 것이기 때문에 효과는 배가될 수밖에 없다.

Jobs in My Town
1. 경찰서와 경찰관 사진을 보여주고 직업을 묻는다.
2. 체육관과 관장님 사진을 보여주고 직업을 묻는다.
3. 직접 우리 마을 지도를 그리며 다양한 직업 찾아내기 활동으로 이어간다.

3. 모자이크 게임으로 직업 확인하기

박경희 선생님은 첫 단계의 마지막 활동으로 게임을 선택한다. 게임의 내용은 직업에 대한 사진을 모자이크로 가리고 정답을 추리하여 맞히는 것으로 일명 '모자이크 게임'이다.

모자이크 게임. 전체 사진을 모자이크로 가린 채 모자이크를 하나씩 벗기면서 사진 속 인물의 직업을 알아맞히는 방식으로 진행한다.

박경희 선생님이 단계의 마무리로 게임을 하는 이유는 물론 배운 내용을 확인하되 아이들이 지루하지 않고 재미있게 마무리하기 위함이다. 아이들 입장에서도 이러한 모자이크 게임은 자신이 알고 있는 단어를 그림과 매치시키는 특별한 경험을 하게 되기 때문에 자신이 생각하고 있는 단어를 생각해내고 표현하는 데 많은 도움을 받을 수 있다.

스텝 2 익힌 어휘로 맞춤형 의사소통하기

1. 리듬감 있게 문장 익히기

이제 박경희 선생님의 수업은 '스텝 2의 사소통하기'로 넘어간다. 주제에 맞는 기본적인 단어들을 익혔으니 이제 그 단어들로 어떻게 의사소통을 해야 하는지 배우는 것은 당연한 과정이다.

비트에 맞춰 문장을 외치는 아이들

박경희 선생님은 갑자기 손뼉을 치며 리듬감 있게 오늘 수업에서 나온 문장을 말하기 시작한다. 이렇게 하는 이유는 영어 자체가 리듬이 담긴 언어이고 이렇게 리듬감 있는 소리이미지를 활용해 영어 문장을 읽는 활동을 하면 머릿속에 남는 효과가 크기 때문이다. 이렇게 가르쳐준 활동을 학생들은 각 모둠별로 실시한다. 돌림판을 이용해 발표자를 선정하며 발표를 잘하면 스티커를 획득한다. 이때 스티커를 획득한 학생은 스티커를 자신만의 개성으로 장식한다. 이러한 활동은 지속적으로 긴장감을 유지하기 때문에 모든 아이들을 집중시키는 탁월한 효과를 발휘한다.

2. Job Time Line으로 내용 활용하기

다음으로 진행하는 박경희 선생님의 수업은 'Job Time Line'이다. 박경희 선생님은 아이들에게 farmer, docter 등의 사진카드를 보여주며 요즘 직업인지 옛날 직업인지 물어보고는 모둠별로 과거와

Job Timeline

Job Time Line
1. 교사가 먼저 사진을 보여주며 요즘 직업인지 옛날 직업인지 물어본다.
2. 모둠별로 과거와 현재, 미래의 직업을 직접 그리는 활동을 시킨다.
3. 모둠 안에서 두 명씩 짝을 이뤄 과거, 현재, 미래의 직업을 맡아서 그리게 한다.

현재, 미래의 직업을 직접 그리는 활동을 시킨다. 즉, 모둠 안에서 두 명씩 짝을 이뤄 과거, 현재, 미래의 직업을 맡아서 그리게 한 것이다. 박경희 선생님은 이런 통합 교과적인 활동이 어떤 효과가 있다고 생각한 걸까?

과학이나 사회를 영어로 배운다는 거는 좀 부담감이 돼요. 하지만 교과서에 제시된 기본 표현을 바탕으로 재구성해서 아이들이 쉽게 콘텐츠를 익히게 되면 더욱 영어 실력이 향상되고 새로운 내용이 들어가기 때문에 교육의 효과도 높아지게 되는 것 같습니다.

사실, 영어 교육의 콘텐츠 또한 중요한데 다른 데서 어렵게 콘텐츠를 찾을 것이 아니라 박경희 선생님처럼 지금 배우는 다른 과목에서 그 콘텐츠를 끌어온다면 이는 일석이조의 효과 이상을 누릴 수 있다는 점에서 매우 긍정적이라 할 수 있다.

3. Relay Writing으로 의사소통하기

다음으로 박경희 선생님의 수업은 'Relay Writing'으로 이어진다. 이것은 모둠 내의 한 사람이 먼저 만화를 한 컷 그리고 나머지 친구들이 이어가며 그림을 완성함으로써 함께 이야기를 완성해 나가는

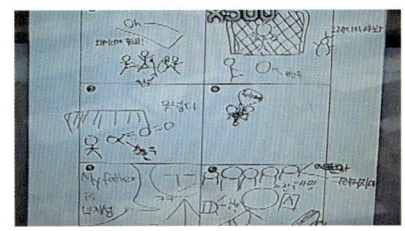
Relay Writing

Relay Writing
1. 6개의 빈 칸이 그려진 종이를 나누어준다.
2. 모둠 내의 한 사람이 먼저 6개의 빈 칸 중 한 칸에 그림을 그린다.
3. 나머지 친구들이 이어가며 그림을 완성함으로써 함께 이야기를 완성한다.

활동이다. 아이들에게 주어진 종이에 6개의 빈 칸이 그려져 있는데 아이들은 이 빈 칸을 차례대로 완성해야 하는 것이다. 물론 주제는 있다. '곤경에 처한 사람에게 도움을 줄 수 있는 직업을 이야기로 만들기'이다. 박경희 선생님은 어떻게 이런 활동을 고안해내게 된 걸까?

교사 해외연수를 갔었는데, 그때 교사들끼리 서로 돌아가면서 이야기를 만들어가는 시간이 있었어요. 그런데 내가 전혀 예상하지도 못했던 이야기가 나와 어떻게 이럴 수가 있지, 라는 생각을 하게 되었고 또 제 차례가 되었을 때 무척 재미있다는 생각이 들었어요. 그래서 이것을 교실 안에서 의사소통 활동에 어떻게 적용해볼까를 고민하며 이런 활동을 하게 되었어요.

하지만 박경희 선생님의 이런 활동에서 자칫 걱정되는 게 있다. 아이들의 수준이 모두 다르기 때문이다. 이에 박경희 선생님은 아이들에게 다양한 옵션을 주었다. 즉, 그림만 그릴 수도 있고 영어 문장과 함께 그림을 그릴 수도 있다는 식으로…. 결국 한 모둠의 아이들은 영어 실력이 서로 다르지만 서로의 부족한 부분을 채워가며 결국 임무를 완수할 수 있다는 점에서 이는 매우 좋은 학습법이 될 수 있다.

스텝3 스스로 학습하며 마무리하기

1. Trio Project로 직업 분류 List 만들기

이제 박경희 선생님의 수업은 스텝 3로 넘어간다. 그런데 다른 선생님들의 수업에 비해 타이틀이 독특하다. '셋이 함께 학습하기' 이기 때문이다. 보통은 학습 목표의 절정에 해당되거나 배운 것을 정리하는 시간으로

Trio Project : 1. 3명이 짝이 되어 직업을 분류하고 List를 만들어본다. 2. 분류기준은 가장 좋아하는 직업, TV에 나오는 직업 등 각자 정한다.

선생님이 주도하기 마련인데 학생 스스로 협동하여 학습하기라니 조금 이상하다.

박경희 선생님의 파격은 계속된다. 스텝 3의 수업을 하기 위해 아이들 전체를 컴퓨터실로 옮겼기 때문이다. 하지만 이는 3명이 짝이 되어 직업에 대한 자료를 수집하고 이것을 직업 List 파일로 정리하기 위함이다. 이제 아이들은 검색 사이트를 이용하여 직업에 대한 자료를 수집하고 직업의 List를 문서로 만들기 시작한다.

이때 박경희 선생님은 3명의 아이들로 짝을 지어줄 때 서로를 돕고 보완해 줄 수 있는 수준으로 짝으로 미리 구성한다. 즉, 컴퓨터 활용 능력이 뛰어난 아이, 컴퓨터 활용 능력은 좀 떨어지지만 영어나 다른 능력이 뛰어난 아이 등으로 말이다. 이에 3명

의 Trio는 서로가 부족한 부분을 보완해 나가면서 프로젝트를 잘 수행할 수 있다.

2. Online Study로 복습하기

온라인을 통한 듣고 말하기에 몰입하고 있는 학생

마지막으로 박경희 선생님은 오늘 배운 수업에 대해 학생들 스스로 복습하는 시간을 준다. 즉, 경기도 교육청이 제공하는 원격 교육 사이트를 활용하여 아이들로 하여금 오늘 배운 내용을 듣고 말하는 훈련을 시키는 것이다. 각자의 아이들은 이 복습 사이트에 접속하여 소정의 과정을 마쳐야 비로소 이 수업을 완수하게 된다. 물론 학교에서뿐만 아니라 집에 돌아가서까지 이 숙제를 해야 한다.

그리고 비로소 숙제를 마친 학생에게 박경희 선생님은 스티커를 부여한다. 즉, 박경희 선생님의 수업은 학교 수업에 국한되는 것이 아니라 집에까지도 이어지는 것이다. 박경희 선생님이 이렇게 아이들의 복습에 집중하는 이유는 무엇일까?

영어 교육의 가장 큰 관건은 얼마나 영어에 많이 노출되어 우리말처럼 영어로 말하느냐 하는 것이잖아요. 그런데 현실은 전혀 그렇지 못하기 때문에 영어가 안 된다고 생각해요. 그래서 온라인으로라도 영어에 많이 노출시키기 위해 학교 수업을 가정과 연계해서 하는 거예요. 반복 학습 효과를 기대하는 거죠.

사실, 박경희 선생님은 우리나라 영어 교육 문제의 핵심을 잘 짚고 있다. 왜냐하면 학교에서 열심히 영어를 배우는 아이들이 막상 집에 오면 영어에서 완전히 손을 놔 버리기 때문이다. 결국 일상생활에서 활용해야 진정한 내 언어가 되는 것인데 수업 따로 생활 따로의 영어를 배우고 있으니 실력이 좀처럼 늘지 않는 것이다.

Effect Value

| 맞춤형 수업이자
| 내용적으로도
| 의미 있는 수업

박경희 선생님의 수업에서 가장 인상적이었던 것은 역시 아이들이 만화를 그리며 의사소통하는 활동이라고 해야 할 것이다. 그리기는 아이들 누구나가 쉽게 할 수 있고 또 좋아하는 영역이다. 따라서 영어는 비록 어려운 영역이지만 그리기라는 재미있는 도구를 통해 어려운 영어의 영역에 침범해 들어갈 수 있다.

수업의 전 과정을 유심히 살펴본 사람이라면 박경희 선생님이 지속적으로 자신이 먼저 시범을 보여준 후 다음으로 아이들에게 이미지형상화 과제를 주고 있다는 사실을 발견할 수 있다. 따라서 아이들은 큰 부담감이나 불편함 없이 자신들이 즐기는 그림 그리기와 영어를 접목시킬 수 있다. 이처럼 박경희 선생님 이미지연상 영어 수업은 재미있고 탄탄하게 구성된 활동들로 짜여 있어 수업 목표에 한층 더 쉽게 다가설 수 있다.

그렇다면 영어 교육의 전문가들은 박경희 선생님의 수업을 어떤 시선으로 바라봤을까? 한국교원대학교 김정렬 교수는 박경희 선생님의 수업이 6학년 학생들의 수준에 맞춘 의미 중심적인 수업이었다고 평한다.

6학년이면 인지적으로도 성숙기로 넘어가는 단계이므로 이에 맞는 맞춤형 학습이어야 합니다. 그런 면에서 박경희 선생님의 수업은 처음부터 끝까지 6학년 학생들에게 적합한 맞춤형 활동 중심이었고, 또 내용적으로도 사회과 과정을 도입하여 콘텐츠를 확장시킨 의미 중심의 수업으로 진행되었다고 할 수 있습니다.

한편, 목원대학교 전영주 교수 역시 'personalized(개인화)'를 잘 살린 수업이었다고 평했다. 즉, 6학년이라는 수준의 아이들에게도 맞는 수업이었을 뿐만 아니라 개개인에게도 내용과 의미적인 면에서 배운 내용이 내 것이 될 수 있는 수업이었다는 것이다. 그것은 수업에서 다룬 내용들이 우리 동네의 직업, 우리 가족의 직업 등 학생 본인의 삶과 관련된 것들이 주를 이뤘고 또 그 외의 드라마나 사회와 관련된 부분들도 결국 나와 연관시키는 활동을 하게 함으로써 내 것이 되게 하는 기능을 했기 때문이다. 즉, 박경희 선생님의 이미지연상 영어 수업은 배운 것을 내 것으로 내면화시키는 작용을 한 성공적인 수업이었다는 것이다.

'쓰기' 학습의 효과가 'Relay Writing' 활동을 통해 드러난다는 것도 빼놓을 수 없다. 즉 초등학생의 영어 수업에서 '쓰기'는 잘 강조되지 않는 편인데, 박경희 선생님은 Relay Writing을 통해 적어도 담화 수준의 쓰기가 가능해지는 학습법을 도입한 것이다. 사실 보통의 초등학교 수업에서는 문장 이상의 수준을 다루기가 어려운 것이 현실이다. 하지만 'Relay Writing' 활동에서는 아이들이 앞의 학생들이 쓴 것을 이어서 해야 할 뿐만 아니라 뒤에 쓸 학생의 입장도 고려해야 하기 때문에 문맥에 맞추어서 쓸 수밖에 없다. 따라서 학생의 입장에서 문장뿐만 아니라 문맥까지 고려해야 하는 상황이 벌어지고 담화 수준의 쓰기까지 이해도가 확장될 수밖에 없다.

한편, 자문단에서는 Trio Proect 활동에도 높은 점수를 주고 있다. 이 활동을 통해 3명의 조원들이 서로 힘을 합하여 다양한 자료를 모으고 조합하여 상당히 높은 수준의 산출물을 만들어냄으로써 자신감 얻을 수 있는 소중한 경험을 할 수 있는 활동이었기 때문이다.

  이 외에도 학교 수업의 공간을 온라인으로까지 확대한 것은 높이 평가할 만하다. 이는 결국 언어 사용의 기회를 확장시켜 준다는 점에서, 언어를 배우고 익히는 경험을 반복할 수 있다는 점에서 무엇보다도 중요한 과정이라 할 수 있다. 한국교원대학교 김정렬 교수는 이러한 온라인 수업의 중요성에 대해 이렇게 말한다.

학교에서 제공해 줄 수 있는 영어는 기회가 한정되어 있어요. 반면에 온라인 영어는 학교에서, 가정에서 언제든지 원하는 시간에 사용할 수 있다는 장점이 있기 때문에 사용의 기회를 확장할 수 있어요. 따라서 진정한 의미로서의 학습을 이룰 수가 있죠. 진정한 의미로서의 학습, 즉 배우고 익히는 환경이 구비될 때 영어의 유창성이 나타날 수 있는데 온라인 학습은 그러한 구비 조건을 갖추고 있다고 볼 수 있습니다.

  박경희 선생님의 맞춤형 이미지연상 학습법은 어떻게 하면 아이들의 닫힌 말문을 열어볼까에서 시작하여 쓰기로까지 확장시킨 성공적인 수업이라고 할 수 있다. 아이들은 이미지형상화 활동을 통해 영어와 친근하게 되어 말문이 트이고, 친구들과 연계된 그리기 활동을 통해 결국 폭넓은 쓰기 실력까지 갖추게 되므로 '니트'에서 그렇게 강조하는 말하기와 쓰기에 다가서는 것이다. 그런 면에서 박경희 선생님의 맞춤형 이미지연상 학습법은 현재의 추세에 적합한 좋은 수업 모델이라 할 수 있지 않을까.

영어 일기를 쓰게 하라

6학년 학생들의 경우 단순 암기가 아니라 자신의 관심사를 생활과 학습 장면으로 연결했을 때 높은 학습 효과를 올릴 수 있다. 따라서 박경희 선생님은 수업에서 이미지를 중요시했으며 개별 활동에 그리기를 포함시켰다. 특히 학습의 정리 단계에서 6컷짜리 만화 그리기 등과 같은 활동은 그 절정에 해당하는 것이라 할 수 있다.

특히 이 교수법에서는 사회 과목을 연계하여 학습 활동을 구성했는데, 이때 목표 언어를 쉽고도 의미 있게 사용할 수 있는 활동을 제시하는 것이 매우 중요하다. 이를 위하여 사전에 미국 교과의 학년별, 과목별 내용과 그에 따른 언어 내용을 파악하고 있으면 활동을 구성하는 데 많은 도움을 받을 수 있다.

영어는 암기한 것을 앵무새처럼 반복하는 것이 아니라 학생들이 자신만의 언어로 재창조하는 기회를 가졌을 때 비로소 의미 있는 것으로 다가올 수 있다. 이를 위해 스토리가 있는 문제 상황을 제시하여 '목표 언어'를 활용함으로써 창의적으로 문제를 해결하는 활동을 하면 도움된다. 이때 영어 도서, TV 프로그램, 학급에서 일어났던 사건 등을 소재로 가상의 문제 상황을 구성하면 학생들이 흥미를 가지고 표현 활동에 적극 참여하니 참고하기 바란다. 한 가지 더 짚고 넘어갈 것은, 박경희 선생님의 수업에서 활동의 시작과 끝에 구호를 넣는다는 점이다. 보통 시작할 때는 구호를 넣지 않는데, 이는 학생들의 상태

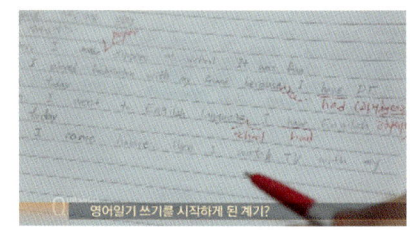
영어일기를 교정해 주고 있는 모습

를 파악하는 데 매우 효과적이다. 즉 지금 아이들이 어떤 상태인지를 알고 그에 맞는 수업을 진행할 수 있다.

박경희 선생님은 수업이 끝난 후에 학생들이 쓴 영어 일기를 보고 있다. 그냥 일기도 쓰기 쉽지 않은데 광남초등학교 아이들은 영어 일기를 쓰고 있었다. 그것은 역시 박경희 선생님의 작은 배려로부터 시작되었다.

실제 박경희 선생님은 일일이 아이들의 영어 일기를 들여다보며 틀린 문장을 교정해 주고 있었다. 아이들은 이런 선생님의 정성에 감동해서라도 영어 일기를 열심히 쓸 수밖에 없다. 박경희 선생님은 퇴근 후에도 인근 지역에 근무하는 영어 교사 모임에 참석하였다. 함께 새로운 영어 교수법을 개발하고 연구하는 일을 하는 모임이다. 이곳의 선생님들은 박경희 선생님에 대해 스스로 연구하여 재미있는 수업을 만들어내고 가르친다고 평한다. 내 아이에게 그렇게 열의를 보이는 선생님을 누가 좋아하지 않겠는가. 박경희 선생님의 꿈은 아이들 스스로 즐겁게 영어를 배울 수 있는 환경을 만들어 주고 철저히 아이들 입장을 잘 이해해 주는 것이다. 이런 태도는 모두가 배워야 할 부분이다.

이미지를 만들어가니 영어가 재미있어져요

아이들의 입장에서 박경희 선생님의 수업은 일단 지루하지는 않을 것 같다. 조금 어렵거나 지루할 만하면 시각·청각·심상이미지를 사용하니 말이다. 물론 소극적이고 수동적인 아이 입장에서는 재미없고 지루한 수업일 수도 있다. 하지만 그런 아이들조차도 지루해할 틈이 없을 정도로 수업은 스피디하게 진행된다.

무엇보다 수업의 도입에 아이들이 관심 있어 하는 좋아하는 TV 프로그램 이야기를 꺼낼 때부터 이미 아이들의 눈빛은 빛나기 시작했다. 박경희 선생님이 아이들의 관심을 끄는 방법을 알고 있기에 가능한 일이었다. 이어서 아이들이 좋아하는 프로그램 '하이킥' 인물들이 등장하고 자신의 가계도를 만들어 보라 하자 아이들은 더욱 신이 나 각자의 개성을 살린 가계도를 그리기 시작한다. 아이의 시각에서 아이들을 바라보면 아이들의 관심을 어떻게 끌지 금방 답이 나온다. 하지만 어른의 시각으로 아이들을 바라볼 때 이미 아이들은 하품을 해댈 수밖에 없다.

박경희 선생님이 모자이크 게임을 할 때 아이들의 눈빛은 절정으로 빛나기 시작했다. 그야말로 궁금해 미칠 지경이라는 표정이 역력하다. 하나씩 모자이크를 벗겨갈 때마다 비밀의 실체가 드러나는 것이 마치 추리극을 보는 것 같아 긴장감을 늦출 수 없는 짜릿함이 느껴지는 활동이었다. 아이들 역시 이런 활동에 빠져들 수밖에 없다.

스텝 2의 의사소통하기 활동에서는 아이들 입장에서 약간 어려워질 수도 있는 상황이었으나 이 역시 박경희 선생님이 만화 그리기 활동을 삽입하여 아이들의 부담감을 줄여주었다. 특히 6칸짜리 만화 완성하기는 매우 소중한 경험이다. 그림으로 표현하는 것도 재미있었지만 무엇보다 친구들을 배려하고 함께 전체적인 스토리를 만들어야 한다는 것은 잊을 수 없는, 훗날에도 자산이 될 수 있는 경험이었다.

그리고 교실을 옮겨 컴퓨터실에서 수업을 이어간 것도 아이들 입장에서 소중한 경험이다. 6학년이면 아직 컴퓨터 조작에 익숙하지 않을 때이다. 게임이야 만날 하는 것이라 도사급 수준이지만 자료를 검색하고 문서를 만들고 하는 것은 아직 서툰 아이들이 대다수다. 그런 면에서 박경희 선생님이 아이들에게 이런 기회를 주는 것은 그저 고마울 뿐이다.

제가 문서 작성은 잘 못하는데 만약 혼자라면 이 숙제를 할 수 없었을 거예요. 하지만 친구들과 함께 하니 어렵지 않게 할 수 있었고 또 몰랐던 것도 많이 배울 수 있었던 것 같아요.

광남초등학교 6학년 학생들은 이처럼 박경희 선생님 덕분에 어려운 영어 학습에 많은 도움을 받고 있었다. 이제 중요한 것은, 선생님에게서 배운 내용을 계속 반복하고 열심히 익혀서 내 것으로 만드는 것이다. 그래서 박경희 선생님처럼 나도 영어로 유창히 말하고 쓸 수 있는 날을 기대하면서 말이다.

[고학년 맞춤 이미지연상 영어 학습법 수업지도안]

오늘의 수업 주제

직업을 묻고 답하는 말을 활용하여 이야기 쓰기

구분	과정	준비물
STEP 1 영어로 이미지화 하기	Opening – 학생들의 관심사 물어보기	
	1. Family Tree로 기본 어휘 익히기 – 드라마 가족의 호칭과 직업을 통해 학습 목표 알아냄 – 우리 가족 Family Tree 그리고 직업 적기	Family Tree
	2. Jobs in My Town을 통해 사회과 내용 연결하기 – 우리 마을 지도를 그리며 다양한 직업을 찾아내는활동	동네 사진, 마을 지도
	3. 모자이크 게임으로 직업 확인하기 – 사진의 모자이크를 하나씩 벗기면서 직업 알아맞히기 게임	모자이크 사진
STEP 2 맞춤형 의사소통 활동	1. 리듬감 있게 문장 익히기 – 손뼉을 치며 리듬감 있게 오늘 수업에서 나온 문장을 말하기	
	2. Job Time Line으로 내용 활용하기 – 모둠별로 과거와 현재, 미래의 직업을 직접 그리는 활동	옛날 직업 사진
	3. Relay Writing으로 의사소통하기 – 6개의 빈 칸을 돌아가며 만화로 채워넣는 활동	빈 칸 그려진 종이
STEP 3 스스로 학습하기	1. Trio Project로 직업 분류 List 만들기 – 3명이 짝이 되어 직업에 대한 자료를 수집하고 이것을 직업 List 파일로 정리하는 활동	컴퓨터실로 이동
	2. Online Study로 복습하기 – 오늘 배운 수업에 대해 학생들 스스로 복습하는 시간 – 경기도 교육청이 제공하는 원격 교육 사이트를 활용 – 복습 사이트에 접속하여 소정의 과정을 마쳐야 비로소 이 수업을 완수	컴퓨터실 이용 원격 교육 사이트

•• CHAPTER 16 ••

노래, 놀이로 배우면
재밌는 영어가 쏙쏙!

저학년 맞춤
놀이 영어 학습법

Eunyong Kim, Best English Teacher!

대덕초등학교(대전)
김은영 선생님

교육경력 16년 차
2008 대전광역시교육청 원어민협력수업경연대회 우수상
2009 전국교실수업개선 실천사례연구대회 영어과 1등급
2011 대전광역시교육청 TOP Teacher 선정

저학년이 좋아하는 것은 놀이이다

Why What?

> 과외 영어 학습도
> 방과 후 수업에
> 맡길 수는 없는 걸까?

저학년 맞춤 놀이 영어 학습법이란 말 그대로 저학년에 알맞게 온통 노래, 이야기, 놀이로 구성된 쉽고 재미있는 영어 학습법을 말한다. 즉, 초등학교 저학년 특성상 집중할 수 있는 시간이 매우 짧고 산만한 아이들의 주의를 끌기 위해 그들이 좋아하는 놀이 위주의 활동으로 구성한 수업이 바로 저학년 맞춤 놀이 영어 학습법이다. 반복적인 이야기지만, 장기화된 경기 침체로 가정경제가 무너진 지 오래건만 사교육비의 규모는 줄어들 기미조차 보이지 않는다. 최근 하우스푸어에 이어 에듀푸어(아이들 교육 때문에 빚쟁이로 몰리는 가정)라는 신조어까지 나올 정도로 우리나라 학부모들은 사교육에 목매달고 있는 형국이다. 한편으로는 빚을 내서라도 자녀 교육은 시키고야 말겠다는 그 열의만큼은 대단하다고 본다.

이러한 사교육비 중에서도 단연 톱을 차지하는 것이 바로 영어다. 덕분에 주위를 둘러보면 온갖 종류의 영어 학원들이 즐비하다. 어떤 걸 선택해야 할지 난감할 정도로 종류도 다양하다. 최근 니트(NEAT) 제도가 발표되고 나서 이 학원이 니트에 맞다느니, 저 학원이 맞다느니 하면서 또다시 경쟁이 가열되는 상황이다.

이렇게 살인적인 사교육비 때문에 에듀푸어를 양산하고, 가정이 파괴되는 상황이 속속 늘어가고 있다. 이러한 때에 각 학교에서 실시하는 방과 후 수업은 눈여겨볼 만한 대안으로 떠오르고 있다. 방과 후 수업마다 대부분 영어, 수학, 과학 등 주요 과목에 대한 보충 수업을 실시하기 때문이다. 물론 아직까지는 인식이 확산되지 않아 학원을 보내는 가정이 더 많지만 계속해서 질 높은 방과 후 수업이 생겨난다면 그때는 이야기가 달라질 것이다.

여기에 기존의 학원보다 훨씬 양질의 방과 후 영어 수업을 하는 선생님이 있어 소개하고자 한다. 대전의 대덕초등학교에서 방과 후 수업을 진행하는 김은영 선생님(1학년)이다. 그녀는 현재 귀국학생들의 한국어 교육을 담당하면서, 오후에는 저학년을 대상으로 방과후 수업을 진행하고 있는데, 대전광역시교육청 TOP TEACHER로 선정되는 등 재미와 동시에 영어 실력까지 높이는 질 높은 수업으로 학부모들의 만족도가 매우 높다. 김은영 선생님은 어떤 식으로 수업을 진행하기에 이런 평가를 받을 수 있었을까?

집중할 수 있는 시간이 매우 짧고 산만하기 그지없는 초등학교 저학년 특성을 살려서 노래와 다양한 활동을 통해 '내가 영어를 할 수 있다'는 자신감을 심어줬습니다.

김은영 선생님의 수업은 단순 반복되는 연습으로 하면 지루해하기 때문에 놀이라는 형태를 빌려서 다양한 연습을 하고 그것을 실제 상황에서 쓰지 않으면 의미가 없기 때문에 맨 마지막에 의사소통까지 해보는 수업으로 구성되어 있다. '이야기 속으로, 놀이 속으로, 생활 속으로'의 형태를 유지하는 것이다.

김은영 선생님이 이런 식의 수업을 준비한 것은 실제 초등학교 3학년부터 시작되는 영어 수업 이전에 영어에 대한 긍정적 환경을 만들어주기 위해서였다고 한다. 이제 초등학교 1학년을 대상으로 김은영 선생님이 어떻게 방과 후 수업을 진행하는지 그 속으로 들어가 보도록 하자.

저학년 맞춤 놀이 영어 학습법이란?
- 집중하기 어려운 저학년의 특성에 맞게 한 가지 주제를 스토리텔링, 단순화된 노래, 재미있는 놀이 형태로 구성하여 지도하는 형태이다.
- 이야기 속으로-놀이 속으로-생활 속으로의 단계로 이루어져 있으며 각각의 단계에서 다양한 활동들이 듣기, 말하기 및 초급 수준의 읽기, 쓰기 활동으로 유기적으로 연계되어, 수업의 마지막엔 학생이 한 문장이라도 자신 있게 의사소통하도록 이끌어주는 영어 학습 방법이다.

How How

이야기 속-놀이 속-생활 속
형태의 저학년 수준에
딱 맞는 수업

도입 전 활동 **노래와 율동**

초등학교 1학년이라면 아직 초등학생보다는 유치원생이 더 가까운 시기이다. 그래서 김은영 선생님은 수업의 시작을 유치원처럼 노래와 함께 한다. 여기 사용되는 노래들은 hello song, weather song, date song 등 다양한 것들이 포함된다. 이때 율동을 함께 하고 옆 친구들과 부딪쳐가며 하기에 아이들은 벌써부터 재미있다.

노래와 율동으로 수업의 문을 여는 김은영 선생님

스텝1 이야기 속으로

1. 학습 목표 및 오늘의 활동 알아보기

이제 오늘 배울 내용에 대해 알려주는데 이때 학습 목표는 초성퀴즈를, 각 활동마다에는 그림 스티커를 칠판에 붙이면서 아이들의 호기심을 모은다. 그림 스티커를 사용하는 이유는 그림만 보고도 대충 무슨 활동을 할 것 같다고 짐작하도록 하기 위함이다. 오늘의 학습 목표는 '할 수 있는지를 말하고 써보기'이다.

이제 오늘 배울 표현과 관련된 노래 부르기를 하는데 이때에도 머리부터 발끝까지 신체 부분을 가리키는 율동을 함께 함으로써 아이들의 집중력을 유지한다.

2. 노래 가사를 이야기 형식으로 풀어보기

노래가 끝나면 노래 가사를 이야기 형식으로 풀어보는 시간을 갖는다. 율동과 함께 불렀던 노래가 동화책으로 재구성되는 순간이다. 선생님은 이렇게 만들어진 동화의 이야기를 아이들에게 들려주는데, 이때 어려운 단어는 실제 관련된 사물이나 그림을 보여주며 이해시켜 준다.

오늘 배울 표현을 이야기로 풀어주는 선생님

이제 막 알파벳을 익히는 아이들에게는 많은 단어의 습득보다 단어의 정확한 이해가 필요하기 때문이다. 김은영 선생님은 아이들에게 단어를 알려줄 때 다음과 같은 것을 주의해야 한다고 말한다.

'I bend my neck'이라는 표현을 할 때 학생들이 만약에 neck이라는 단어와 bend 라는 단어를 모르는 경우에, 도대체 bend라는 표현이 인사를 한다는 뜻인지 아니면 고개를 숙이라는 뜻인지 잘 모를 수가 있어요. 그런데 bend my neck 이라고 그냥 넘어가기보다는 bend라는 개념을 확실히 알려주기 위해서 bend my neck, bend my hair, 또는 bend 할 수 있는 여러 개를 보여주면서 귀납적으로 '아 bend라는 개념이 그거구나'라고 알 수 있게 되죠. 이런 것이 중요하다고 생각합니다.

3. Ping-Pong Game으로 표현을 복습하기

이렇게 이야기 속에서 배운 단어를 활용하여 ping-pong game으로 표현을 복습하는 시간을 가진다. 즉 탁구채가 소품으로 등장하고 선생님이 말하는 문장을 탁구채로 받아치듯이 그대로 따라하는 것이다. 이때 선생님이 속도나 목소리의 크기를 조절해서 연습할 문장을 제시하면 학생들도 그에 맞춰 문장을 연습하게 된다. 예를 들면 선생님이 탁구채를 가지고 탁구를 치는 동작을 하면서 크고 빠르게 "I can do it" 하면 학생들도 공을 받아치듯 동작을 하면서 "I can do it'을 연습하는 것이다.

이번에는 또 다른 반복 학습의 일환으로 같은 문장을 다양한 목소리로 표현하기를 해본다. 할아버지, 할머니 등 다양한 역할에 맞는 목소리로 감정을 표현해 보는 것이다. 이는 실제 언어처럼 사용하게 하려는 목적이 있다.

스텝 2 이야기 속 표현을 다양한 놀이로 즐기기

1. 다양한 놀이로 듣기, 말하기

김은영 선생님의 2단계 수업에서 하는 핵심 활동은 '놀이'이다. 즉, 1단계에서 배운 이야기 속 표현을 다양한 놀이로 익히는 시간이다.

첫 번째 놀이는, 그대로 멈춰라 노래와

그대로 멈춰라 놀이

그대로 멈춰라 놀이
1. 그대로 멈춰라 노래와 함께 춤을 추면서 노래를 부른다.
2. 노래가 끝나면 그대로 멈춘 채 선생님이 말하는 핵심 문장을 따라하면서 그 문장에 맞는 동작을 취한다.

Tip 하나의 활동에도 여러 가지 소활동을 하는 이유
반복 학습을 위한 연습에 있다. 그런데 연습을 같은 방법으로 하면 저학년이기 때문에 아이들이 지루해하고 몰입도가 떨어지므로 연습의 종류를 다르게 하는 것이다.

함께 춤을 추면서 노래를 부르다가 노래가 끝나면 그대로 멈춘 채 선생님이 말하는 핵심 문장을 따라하면서 그 문장에 맞는 동작을 취하는 놀이이다. 이것은 중요한 영어 표현을 들을 수 있는 활동이자 그것을 몸으로 나타내는 표현 활동이다.

이번에는 Ring around Rosie로 핵심 문장 말하기 놀이를 할 차례이다. 이것은 우리나라 전통놀이인 강강술래와 비슷한 것으로, 동요에 맞춰 둥글게 돌아가며 춤을 추다가 노래가 끝났을 때 선생님이 서 있는 곳의 학생이 술래가 되는 놀이이다. 이때 술래는 동화책을 보면서 핵심 문장을 말해야 한다. 그리고 술래가 정답을 맞히면 선생님은 당연히 포인트를 준다. 아이들은 물론 걸리지 않으려고 애쓰지만 포인트 때문에 기대감을 가지고 놀이에 참가한다.

2. 노래로 음가 이해하기

다음으로 하는 놀이는 '노래로 음가 이해하기'이다. 여기서 음가란 해당 철자가 내는 소리를 말한다. 예를 들어 BINGO 노래의 철자를 바꾸어 HINGO에 해당하는 'H'의 음가를 알려주는 식이다. 김은영 선생님은 BINGO 노래를 부르면서 B 대신에 H를 넣어서 부르게 한다.

'H'의 음가를 알려주고 있는 선생님

김은영 선생님이 초등 저학년 아이들을 대상으로 이런 활동을 하는 이유는 무엇일까?

마치 우리나라 어린이들이 ㄱ, ㄴ, ㄷ을 배운 뒤, 길에서 간판을 읽었을 때 성취감을 느끼는 것처럼, 저학년 아이들도 영어 음가를 알면 영어에 자신감을 갖는 데 많은 도움이 됩니다. 그 대신 어렵지 않게 빙고 노래를 활용했고요. 교재에 나와 있는 hair의 H음가를 알려주기 위해 빙고에서 B 대신에 H를 넣어 HINGO의 H가 'ㅎ' 소리가 난다는 것을 아이들이 발견해 내도록 해주고 싶었거든요.

스텝3 생활 속 실제 영어 체험해 보기

1. 주요 단어 학습하기

이제 마지막 단계인 배운 내용을 실생활에서 활용하기를 할 차례이다. 먼저, '할 수 있다'라는 표현을 이용해 한 문장 써보기에 도전해 본다. 그림을 통해 써야 할 문장의 힌트를 얻고 문장을 구성하는 주요 단어부터 차근차근 익혀나간다. 예를 들어 칠판에 머리감는 모습과 관련 단어가 쓰인 사진이 등장하면 선생님은 'H' 음가를 강조하면서 단어(hair)를 읽고 아이들은 따라하는 식이다.

한 문장 써보기
1. 그림을 통해 써야 할 문장의 힌트를 얻고 관련단어를 익혀나간다.
2. 예를 들어 칠판에 머리감는 모습과 관련단어가 쓰여 있는 사진이 등장하면 선생님은 'H'음가를 강조하면서 단어(hair)를 읽고 아이들은 따라하는 식이다.

2. 인터뷰를 통한 말하기 – 쓰기 활동

계속해서 인터뷰를 통한 말하기-쓰기 활동으로 이어진다. 이때 두 가지의 학습지가 주어지는데 아이들의 수준에 따라 선택할 수 있다.

인터뷰 활동

첫 번째 기본적인 학습지는 단어의 첫 시작 철자만 적으면 되고 좀 더 심화된 학습지는 괄호 안에 단어를 적어 넣어야 한다. 오늘 배운 음가인 W와 H가 들어간 두 단어(예를 들어 wash와 hair)가 핵심이며 이 두 단어를 활용해 '할 수 있다(I can wash my hair)'는 표현을 물어보며 인터뷰를 이끌어야 한다. 인터뷰 방식은 서로 짝을 이루어 묻고 답하는 형식으로 이루어진다. 이러한 인터뷰를 통한 말하기-쓰기 활동은 한 사람 한 사람이 어느 정도 내용을 이해했는지 파악할 수 있는 활동이기 때문에 마무리 활동으로 적합하다고 할 수 있다.

인터뷰 활동

1. 2가지의 학습지 중 택일한다. 기본 학습지는 단어의 첫 시작 철자만 적으면 되고 심화된 학습지는 괄호 단어를 적어 넣어야 한다.
2. W와 H가 들어간 두 단어를 활용해 '할 수 있다(I can wash my hair)'는 표현을 물어보며 인터뷰를 이끌도록 한다.
3. 학습지를 완성하고 확인하는 시간을 갖는다.

이제 이렇게 완성한 학습지를 가지고 확인하는 시간을 갖는다. 이때 아이들이 앞에 나와 칠판에 단어를 철자에 맞게 적어야 하는데, 선생님은 미리 '틀려도 괜찮아요, 쓰기는 어려운 거예요'라고 부담을 덜어주는 말을 한다. 이렇게 칠판에 적힌 단어를 보고 나머지 아이들도 인터뷰지에 자신이 적은 알파벳이 맞는지 확인해 볼 수 있다. 이 쓰기 활동은 자칫 초등학교 1학년 학생에게는 부담감을 주고 역효과를 낼 수도 있기 때문에 김은영 선생님은 이 활동에 세심한 주의를 기울인다. '투명 공책'으로 쓰기 활동을 하는 것도 한 방편이다. 이는 선생님을 따라서 허공에다 손으로 단어를 쓰는 것이다.

사실 김은영 선생님이 초등 저학년에게는 자칫 어려울 수도 있는 이 활동을 고집하는 데에는 나름대로의 이유가 있다.

수업 중간에 계속 아이들이 I can do it, You can do it. 물어보고 답했는데, 그게 진짜 자기의 상황에 맞는 건지 아니면 기계적으로 말한 건지 그것을 확인하는 단계가 꼭 필요하다고 생각했습니다. 영어활용 측면에서는 학생들이 앉아서 백 번 이야기해도 실제로는 말 못하는 아이가 있거든요. 반대로 연습할 때는 소홀히 해도 실제로 영어를 쓰는 환경이 되면 원어민과 자연스럽게 말하는 친구들이 있어요. 따라서 영어를 활용하는 의사소통 기능을 실제로 사용하는 측면에서 이 활동이 의미가 있다고 생각합니다.

3. 가위바위보 게임으로 오늘 배운 것을 점검하기

이제 김은영 선생님의 수업은 마지막 활동만 남겨두고 있다. 바로 가위바위보 게임으로 오늘 배운 것을 점검하는 활동이다. 즉, 선생님과 가위바위보 게임을 해서 이기면 말할 수가 있고 정답을 맞힌 학생에게는 포인트가 주어진다. 이때 이기지 못하는 학생이라도 따라하게 되거나 친구들의 정답에 귀를 기울이는 효과가 있다.

김은영 선생님이 마지막 평가 활동으로 가위바위보 게임을 선택한 이유는 역시 아이들의 부담을 덜어주고 재미있게 점검을 마무리하기 위해서다.

이제 김은영 선생님은 hug song으로 수업을 마치는데, 이 노래를 부르면서 선생님은 학생들에게, 학생은 선생님과 친구들에게 수업이 즐거웠었다며 노래하고 서로 안아주며 고마움을 전하는 시간을 갖는 것이다.

가위바위보 게임

 **가위바위보 게임**

1. 선생님과 가위바위보 게임을 해서 이기면 말할 수가 있다.
2. 정답을 맞힌 학생에게는 포인트가 주어진다.

Effect Value

노래와 놀이, 이야기 등 저학년 맞춤 수업 모델

김은영 선생님이 노래와 놀이를 이용한 저학년 맞춤 영어 수업을 개발한 이유는 영어를 배운다는 것이 공부하는 것처럼 어려운 것이 아니라 놀이하는 것처럼 편한 것이라는 느낌을 갖게 하기 위해서다. 특히 노래 같은 경우 자기도 모르게 흥얼거리게 되므로 반복 학습 효과도 누릴 수 있다. 이 덕분에 학생들은 수업이 끝났을 때 자기도 모르게 그날 배운 영어 표현을 말할 수 있다. 즉, 노래와 놀이로 재미있게 영어를 익히고, 자연스럽게 반복 학습을 하다 보면, 실제 생활 속 의사소통이 가능하다.

이번에는 전문가의 시각으로 김은영 선생님의 수업을 들여다보도록 하자. 먼저, 한국교원대학교 김정렬 교수는 김은영 선생님의 수업이 통합 교과에 맞는 영어 수업이었다고 평한다.

현재 초등학교 1~2학년의 교육과정은 통합 교과(여러 과목을 통합적으로 가르친다는 의미)로 움직이게 되어 있는데요. 그런 면에서 김은영 선생님의 수업은 통합 교육 과정에 맞는 수업 활동으로 구성되어 있다고 볼 수 있습니다. 즉, 노래로 하는 음악도 있고 스토리로 하는 국어, 신체적으로 하는 체육, 궁극적으로 생활 주변 이야기로 구성되어 있어 통합 교과를 실현한 수업이라 볼 수 있는 것이죠.

특히 수업 전반에 노래를 활용한 것은 초등학교 1학년 영어 수업에 효과적이었다. 노래로 익힌 가사는 학습 기억력을 자극하고 장기 기억을 활성화시켜 오랫동안 기억 속에 남아 있고 무엇보다 흥겨운 분위기로 재미있고 활기찬 수업을 이끌 수 있기 때문이다. 또 초등학교 1학년 영어 수업에 파닉스(음가)를 도입한 것은 참신해 보인다. 사실 이 시기에 소리와 문자와의 관계를 이해하는 것이 중요한데 김은영 선생님은 다양한 활동으로 소리와 문자와의 관계를 쉽게 이해시켰다. 한편, 김은영 선생님은 수업 중간에 수업 규칙을 알려주는 행동을 반복했는데, 이것이 아이들로 하여금 주의를 환기시키고 올바른 학습태도를 갖게 하는 데 도움을 주었다.

김은영 선생님은 문형을 반복해서 연습하는 활동을 많이 했는데 이때에도 기계적 연습이 아닌 의미와 연관 지어 연습하게 함으로써 효과적인 학습을 하게 했다. 문형의 반복 연습(drill)에는 두 가지 종류가 있다. pattern drill(기계적으로 일부 단어만 바꾸어가며 주어진 문형을 반복 연습하는 것)과, meaningful drill(기계적 문형 연습이 아닌 의미와 연관 지어 문형을 연습하는 것)이 그것으로, 초급자나 단시간에 정해진 문형을 습득시킬 때는 meaningfull drill이 유리하다. 그런 면에서 김은영 선생님은 의미를 이해해야 답할 수 있는 문장으로 핵심 문형을 연습시켰기 때문에 meaningfull drill에 해당한다. 마지막으로 지속적인 포인트 제도를 활용하여 체계적 보상 시스템을 운영한 것도 학생들의 수업 태도를 높이는 데 크게 기여하였다고 할 수 있다. 특히 김은영 선생님의 포인트 제도는 수업 전 시간부터 다음 시간까지 연결되는 것이기에 더욱 유의미하다.

1:1 확인 학습이 중요

일상생활에서는 영어를 쓰기 어려운 환경에 있는 우리나라의 특성상 영어 교육에서 '반복적인 연습'은 필수인데, 초등학교 저학년의 경우 단순 반복 학습을 쉽게 질려하는 경향이 있다. 이에 같은 표현이라도 재미있는 노래, 동작, 이야기책 등 여러 가지 활동을 통해 가르치면 덜 지루해하고 집중하는 효과를 누릴 수 있다.

예를 들어 'I can raise my sholders'라는 표현을 배우게 될 때 대여섯 가지의 활동-그림보고 뜻 추측하기, 노래를 부르며 흥얼거리기, 동작으로 표현하기, 표현을 이용해 수건돌리기 놀이, 그림그리기, 묻고 답하는 인터뷰하기 등-을 하는 식이다. 이렇게 하면 듣기의 쉬운 활동부터 시작해 말하기, 읽기, 쓰기 등의 총체적인 학습까지 할 수 있어 한 시간이 끝났을 때에는 그 시간의 주요 표현을 자신 있게 말할 수 있다. 여기서 주의해야 할 점은 한 가지 표현을 가지고 여러 활동을 하다 보면 아무리 쉬운 표현이라도 학생들의 수준차가 있어서 어렵다고 느끼는 학생들과 쉬운 표현을 여러 번 한다고 지겨워하는 학생들이 생긴다는 사실이다. 따라서 '필수 표현'은 누구나 반드시 해야 하고 '도전 표현'은 하고 싶은 사람만 하면 된다고 학기 초에 별

도의 시간을 할애하여서 수준별 수업에 대한 안내를 하는 것이 좋다. 그러면 하위 수준의 학습자는 학습 내용에 대해 부담을 갖지 않고, 상위 수준의 학습자들은 학습에 의욕을 갖고 참여하게 됨으로써 모든 학생들을 만족시킬 수 있다.

수업 후 1:1 학습을 진행하고 있는 김은영 선생님

이와 같은 저학년 맞춤 영어 수업을 진행할 때 한 단원의 마지막 차시에는 역할극을 활용하는 것도 좋은 방법이다. 자기표현을 좋아하는 학생들에게는 표현력과 영어 학습의 두 마리 토끼를 다 잡을 수 있는 좋은 방법이기 때문이다. 일단 교사가 한 단원에서 꼭 익혀야 되는 표현을 위주로 역할극 대본을 나눠준 후 학생들의 수준에 따라 그 대본 그대로, 또는 새로운 표현을 추가해서 역할극을 발표시키며 정규 수업 끝부분에 시간을 정해놓고 3~4회 정도 연습을 하면 자연스럽게 중요 표현을 말한다. 한편, 김은영 선생님이 하는 맞춤형 학습의 진가는 수업이 끝났을 때 이루어진다. 바로 1:1 확인 학습이 진행되기 때문이다. 수업이 끝났는데도 아이들은 아무도 집으로 돌아가지 않는다. 오히려 김은영 선생님 주변으로 몰려든다.

바로 인터뷰 질문지의 확인과 함께 포인트에 대한 상을 받기 위해서다. 뿐만 아니다. 이때 김은영 선생님은 전체 학습에서 부족한 부분을 보충하면서 추가 학습까지 1:1로 진행한다. 이런 수업이 정규 영어 수업에 진행되어도 전혀 손색이 없을 정도로 말이다. 그런 면에서 김은영 선생님의 방과 후 수업은 아이들의 과외 영어 지도에 대한 대안으로도 모색돼야 할 것이다. 사교육비에 멍든 학부모들의 문제도 해결해 줄 뿐만 아니라 니트에 대비한 영어 교육을 위해서도 권장할 만하기 때문이다.

이제 영어로 말할 수 있게 되어 기뻐요

김은영 선생님은 수업 중간에 갑자기 다음과 같은 학습 규칙을 말하였다.

규칙1. 놀이만 NO! 영어 말하기도 함께 YES!

규칙2. 백점만 NO! 최선을 다해 YES!

과연 아이들의 느낌은 어떨까? 일단 영어 말하기에 대한 부담감과 다 맞아야 한다는 부담감은 떨칠 수 있었을 것이다. 이런 규칙을 만든 이유는 수업 때 정말 놀이만 하고 실제 영어로 말하기는 하지 않는 아이들이 있었기 때문이다. 또 결과보다는 과정이 더 중요하다는 것을 알려주기 위해 이런 규칙을 만든 것이다. 김은영 선생님은 아이들이 맞았을 때에도 스마일을 주지만 틀렸을 때에도 스마일을 준다. 그러면 아이들은 틀려도 괜찮다는 생각을 하고 틀리는 것에 대한 두려움을 떨친 채 최선을 다한다.

어쨌든 김은영 선생님의 수업은 우리 1학년 아이들이 좋아할 만한 재미있는 놀이와 노래들로 가득 찼다. 덕분에 아이들은 한바탕 신나게 영어 수업을 받을 수 있었다. 이 수업에 참가했던 안예빈 학생은 김은영 선생님의 수업을 받은 느낌에 대해 이렇게 말한다.

탁구치기를 많이 하니까 좋았어요. 그리고 영어로 말해보니까 정말로 영어가 미국말로 되는 게 신기했고 정말 재미있었어요. 인터뷰 때는 친구들과 대화를 하면서 정말 기뻤어요.

다른 사람에게 영어로 말하던 경험이 거의 없었던 사람이 어느 날 영어로 말해보고 그 사람이 알아듣고 또 그 사람의 영어를 내가 알아듣는 경험을 한다면 그것은 매우 신선한 충격이다. 아마도 안예빈 학생은 물론 이날 수업에 참여한 많은 아이들이 이런 경험을 했다. 그런 면에서 김은영 선생님의 수업은 아이들에게 실제적인 도움을 준 수업이었다.

[저학년 맞춤 놀이 영어 학습법 수업지도안]

오늘의 수업 주제

할수 있는지를 말하고 써보기

구분	과정	준비물
STEP 1 이야기 속으로	Opening - 노래와 율동	
	1. 학습 목표 및 오늘의 활동 알아보기 – 그림 스티커를 통해 학습 목표 알아보기 – 오늘 배울 표현과 관련된 노래 부르기	그림 스티커
	2. 노래 가사를 이야기 형식으로 풀어보기 – 노래 가사를 동화로 만들어 들려주며 그림과 함께 단어 학습	그림
	3. Ping-Pong Game으로 표현을 복습하기 – 탁구처럼 대화를 주고받는 놀이 – 이 외에도 같은 문장을 다양한 목소리로 표현하기	탁구채
STEP 2 놀이 속으로	1. 다양한 놀이로 듣기, 말하기 – 그대로 멈춰라 놀이 – Ring around Rosie로 핵심문장 말하기 놀이	
	2. 노래로 음가 이해하기 – BINGO 노래를 부르면서 B 대신에 H를 넣어서 부르게 함	BINGO 노래
STEP 3 생활 속으로	1. 주요 단어 학습하기 – '할 수 있다'라는 표현을 이용해 한 문장 써보기에 도전	그림
	2. 인터뷰를 통한 말하기-쓰기 활동 – 2가지의 학습지가 주어짐. 기본적인 학습지와 심화된 학습지 – W와 H가 들어간 두 단어를 활용해 '할 수 있다(I can wash my hair)'는 표현을 물어보며 인터뷰 이끔	2가지 학습지
	3. 가위바위보 게임으로 오늘 배운 것을 점검하기 – 선생님과 가위바위보 게임을 해서 이기면 말할 수가 있고 정답을 맞힌 학생에게는 포인트가 주어짐	